JN330171

八木紀一郎(代表)
有賀裕二
大坂 洋
大西 広
吉田雅明
【編】

# 経済学と経済教育の未来

日本学術会議〈参照基準〉を超えて

桜井書店

# まえがき

　本書は，日本学術会議が作成にあたった大学での経済学教育にかかわる「参照基準」をめぐっての論議のなかから生まれたものである。正式にいえば「大学教育の分野別質保証のための教育課程編成上の参照基準　経済学分野」であり，2014年8月29日に成立した。大学にも小中高のような授業科目にかかわる学習指導要領のようなものがあるのかと驚く方がおられるかもしれない。しかし，この「参照基準」は「学習指導要領」のように教える内容を詳細に規定したものでもなければ，それに必ず従わなければならないという強制性をもつものでもない。日本の科学者のコミュニティを代表するとされる学術会議が，それぞれの分野の科学にかんする共通理解をまとめ，それにもとづいた教育のあり方を示して各大学に「参照」をよびかけるというあくまで任意的な基準である。

　現在，一方における大学教育の大衆化と他方における経済社会の国際化のなかで，大学教育の履修者(卒業生)の知識・能力にかかわる「質保証」が社会の各方面から要求されている。学術会議はこの要請に対して，そのカバーする学問分野の全部にわたってそのような「参照基準」を作成することで応えようとして，2012年以来分野別の「参照基準」を次々に作成・公表してきた。各大学がその分野の教育課程を編成する場合に，どのようなレベルで教育をおこない，どのような知識・能力を学生に得させなければならないかを大学に意識させることで，各大学・各学問分野の自主性を維持しながら大学教育の「質保証」をさせようというのがその趣旨である。

　経済学分野でも，学術会議の内部に専門分科会が設けられ，2013年の年初からにその制定に向けた会合が積み重ねられた。しかし2013年の秋に学術会議内の分科会で検討されている素案・原案の内容が明らかになると，いくつかの学会から経済学教育の画一化・標準化を促進するものになりかねないという懸念が表明され，その内容の是正を求める全国教員の署名運動も展開された。原案のなかに盛り込まれていた経済学についての基本的理解が極めて制約されたものであり，またその教育における具体化についてもわが国の実態に即してい

ない部分が多かったからである。その後，原案に対して大幅な修正がおこなわれ，特定の経済学観を強調あるいは具体化した箇所が削除されるなど，経済学およびその教育の多様性を認める方向が強められた。しかし，経済学とその教育を現代の社会的視野のもとで発展させていくという面での内容は乏しく，政治経済学や進化経済学，フェミニスト経済学などの経済学内部の批判的潮流の存在が無視されていることにも変わりがない。したがってこの署名運動に参加した研究者の多くにとっては，成立した「参照基準」が経済学教育，いや経済学そのものの画一化を促進し，その創造性を抑えつけるものになりかねないという懸念は払拭されていない。

　本書の編集委員5名は，2013年の参照基準「原案」に対する是正の運動に参加した学会の関係者である。しかし本書のねらいは成立した「参照基準」の是非という問題を超えたところにある。私たちは，「参照基準」問題によって生じた緊張関係をばねにして，経済学と経済教育の可能性についてより真摯な議論をよびおこしたいのである。私たちも「参照基準」が経済学についての基本理解を経済学教育のあり方と結びつけたことの意義を否定するわけではない。経済学論，経済教育論はこれまで数多くあったが，「参照基準」はその両者を直接結びつけ，しかも大学に対してそれについて何らかの態度をとることを求めた。これは大学を構成する研究者＝教員に対するひとつの挑戦である。したがって，「参照基準」の内容に批判的な経済学研究者＝教員の側でも，経済学の特性とその教育についての見解を積極的に表明し，「参照基準」を超えた発展可能性を論じる必要がある。成立した「参照基準」もそのような論議の渦の中に置かれることによって，その画一的な理解・画一的な利用の弊から免れることができるであろう。

　本書は，最初に「参照基準」問題の経緯とその国際的背景を説明した編集委員会代表の序論をおいたあとに，「参照基準」問題を超えて経済学および経済学教

育の現状と未来の可能性を論じた本論の各章を配置している。本論各章の執筆者には，所属学会ではなく個人の責任で自由に論じていただくよう要請した。実際，各執筆者の立場や論じ方は多様であり，学術会議版「参照基準」やその作成者たちのよってたつ経済学観に対する評価にも差異がある。しかし，すでに述べたように，本書は論議を生み出すためのものであり，見解を統一するためのものではない。編集委員以外の寄稿者の方々が，執筆依頼から提出締め切りまで2〜3か月という短期間のなかで原稿を執筆してくださったことはありがたいことであった。

　また，本書には問題の学術会議の「参照基準(経済学分野)」とその作成にあたった「経済学分野の参照基準検討分科会」の岩本康志委員長がその個人ブログで公表した文章を参考文書として収録している。岩本氏は一昨年来の「参照基準」の作成過程を通じて一貫して作成資料の公開性を維持されて，私たちの異論にもご対応いただいた。そのうえで，本書の企画に対しても両文書の収録を許可された。改めて感謝を申し上げます。

　「大学の自由(アカデミック・フリーダム)」は，「研究する自由」「成果を発表する自由」「教える自由」から成り立っていると言われる。大学で学ぶ側からいえば，さらに「学ぶ自由」が重要である。しかし大学もそこで研究される科学も社会のなかに存在し，大学は教育機関としての機能を果たさなければ存立しえない。両者を両立させること，また経済学という社会科学の領域において，研究を発展させ，学生の学びを促進すること，そのための方針・方策について議論がさらに深められ，実際にも多くの成果があげられることを編集委員は心から祈念している。

2015年3月1日<br>
編集委員会代表 **八木紀一郎**

# 目次

まえがき　八木紀一郎　3

## 序論　経済学の「参照基準」はなぜ争点になったのか　八木紀一郎　13
Ⅰ　経済学とは何だろうか？……………13
Ⅱ　日本学術会議の「参照基準(経済学分野)」をめぐる経緯……………17
Ⅲ　「参照基準」の骨子……………25
Ⅳ　「参照基準」問題の国際的背景……………34
Ⅴ　「参照基準」を超える経済学教育の可能性……………52

## 第1章　教育に多様な経済学のあり方が寄与できること　大坂　洋　55
　　　　　――教育の意義を再構築する
Ⅰ　「参照基準」最終版の積極面と課題……………55
Ⅱ　職業的・市民的意義と経済理論の多様性……………60
Ⅲ　教室でのコミュニケーションと経済学の多様性……………72
Ⅳ　中学校・高等学校教育における学ぶ意義――数学を中心として……………73
Ⅴ　教育の足場を求めて――「参照基準」を超えるために……………76

## 第2章　経済学はどのような「科学」なのか　吉田雅明　79
Ⅰ　科学とはどういうものか……………80
Ⅱ　経済学にあてはめてみると……………83
Ⅲ　経済学のための科学の三層モデル……………84
Ⅳ　経済学とリアリティ……………87
Ⅴ　おわりに……………89

## 第3章　マルクス経済学の主流派経済学批判　大西　広　91
Ⅰ　はじめに……………91
Ⅱ　「主流派経済学」と「非主流派経済学」……………91
Ⅲ　マルクス経済学にとって「市場の不完全性」は重要ではない……………93

| | | |
|---|---|---|
| IV | 1部門「マルクスの基本定理」モデルによる説明 | 95 |
| V | 「合理的個人」の仮定について | 96 |
| VI | 「主流派経済学」に欠けているもの | 99 |

## 第4章 競合するパラダイムという視点　　塩沢由典　103

| | | |
|---|---|---|
| I | 学士課程における経済学教育 | 103 |
| II | 経済学部における経済学教育 | 106 |
| III | 新しい概念の創造 | 108 |
| IV | 競合するパラダイム | 114 |
| V | 多元主義的な教育 | 120 |
| VI | 結論に代えて | 123 |

## 第5章 純粋経済学の起源と新スコラ学の発展　　有賀裕二　125
—— 今世紀の社会経済システムと経済システムの再定義

| | | |
|---|---|---|
| I | 純粋経済システムはなぜ必要なのだろうか？ | 125 |
| II | 経済学のなかの神学的合理主義 | 126 |
| III | スコラ学と経済学との歴史的遭遇 | 129 |
| IV | 『純粋経済学要綱』の登場 | 130 |
| V | 新しいツールの可能性とそれを取り巻く反論 | 132 |
| VI | 群衆行動は規則の例外であろうか？ | 135 |
| VII | ギンタスの「限定合理的総合」という新スコラ学 | 139 |
| VIII | リベラル・アーツ教育の新展開と経済学教育の未来 | 142 |

## 第6章 「経済学の多様性」をめぐる覚書　　浅田統一郎　145
—— デフレと金融政策に関する特殊日本的な論争に関連させて

| | | |
|---|---|---|
| I | はじめに | 145 |
| II | 日本学術会議「経済学分野の参照基準(原案)」が引き起こした波紋の事実経過 | 146 |
| III | 若干の私的感想 | 150 |
| IV | デフレと金融政策に関する特殊日本的な論争と「経済学の多様性」 | 153 |
| V | 結語的覚書 | 161 |

## 第7章 経済学に女性の居場所はあるのか　　足立眞理子　169
　　──フェミニスト経済学の成立と課題

I　はじめに──経済学に女性の居場所はあるのか……169
II　フェミニスト経済学の成立と展開……171
III　フェミニスト経済学による新古典派経済学批判の要諦──自己選択という隘路……174
IV　フェミニスト経済学の展開過程──ミクロ・メゾ・マクロ・グローバル……177
V　現代における経済学とジェンダーの教育──UNDPを事例として……182

## 第8章 経済学の多様な考え方の効用　　遠藤公嗣　185
　　──パート労働者の労働供給についての研究例から

I　はじめに……185
II　鈴木亘［2010］への批判的コメント……185
III　新古典派経済学ないし鈴木亘氏の功績と，新古典派でない経済学の欠点……188
IV　協業と相互批判の必要……190

## 第9章 地域の現実から出発する経済学と経済教育　　岩佐和幸　195
　　──地域経済学の視座

I　はじめに……195
II　今，地域で何が起きているのか──現代地域経済の断面……196
III　「地域」のクローズアップと地域経済学の展開……200
IV　フィールドに学ぶ経済学教育……206
V　地域の構想力と経済学教育の再構築──「足もとを掘れ！」……210

## 第10章 主流派経済学（ニュー・クラシカル学派）への警鐘　　岩田年浩　213
　　──経済理論の多様性の必然

I　「経済学の参照基準」（原案と第3次修正案）の要点とその問題点……213
II　経済学はなぜ多様になったか……216
III　経済認識と教育政策との関連……223

## 第11章　大学教育の質的転換と主体的な経済の学び　　橋本 勝　233

- Ⅰ　大学教育の質的転換　233
- Ⅱ　大学の変質と大学教育　237
- Ⅲ　学生は大学教育の変容を歓迎していない？　239
- Ⅳ　5年後に国立大学に経済学部は存続しているのか？　240
- Ⅴ　むすびに代えて　241

## 第12章　働くために必要な経済知識と労働知識　　森岡孝二　243

- Ⅰ　はじめに　243
- Ⅱ　経済学の定義と資本主義経済の理解　244
- Ⅲ　経済学部卒業者の産業別就職先　250
- Ⅳ　大学生のアルバイトと若者の雇用状況　253
- Ⅴ　キャリア教育と労働知識　256
- Ⅵ　おわりに　262

資料
- Ⅰ　大学教育の分野別質保証のための教育課程編成上の参照基準：経済学分野　　日本学術会議　265
- Ⅱ　「経済学分野の教育課程編成上の参照基準」の審議について　　岩本康志　289

索引　303

経済学と経済教育の未来
日本学術会議〈参照基準〉を超えて

## 序論 経済学の「参照基準」はなぜ争点になったのか

**八木 紀一郎**
やぎ・きいちろう｜摂南大学経済学部教授／所属学会：経済理論学会・経済学史学会

## I　経済学とは何だろうか？

　10年ぐらい前に当時勤務していた大学の低学年向けの入門的な授業で，次のような設問が最初に来る経済常識テストを実施したことがある。

　どのような経済システムにおいても，人々が選択しなければならない問題は
　①社会の欲求のすべてを満たす方法である。
　②希少資源を最適に利用する方法である。
　③平等な所得分配を生みだす方法である。
　④国の債務を減らすために貯蓄をする方法である。

　正解とされているのは②であり，私のクラスでも解答者102名中の52名がこれを選んだ。しかし，①と③を選んだ学生も50名と，それに匹敵する数となっていた。この授業は「現代の経済」という題目の一般教養の選択科目で，回答者中1回生が91名を占めていたが，経済学部生は18名にとどまっていた[*1]。さて，最初に考えてみたいのは，①と③を選んだ学生に，「あなたは間違っている」と言ってよいのかということである。

　このテストは米国の高校生を対象として開発されたテストを基礎に早稲田大学経済教育総合研究所と消費者教育支援センターが開発し，「生活経済テスト──エコノミックリテラシーテスト」として実施しているもので，私が利用したのはその第4回目の版であった。私がこのテストを知ったのは，経済教育学会の年次大会で前出研究所の所長をされている山岡道男先生がこのテストを用いて日米の経済常識の普及度を比較した研究報告をされたからである。山岡先生のグループは，両国の高校生に同一のテストを実施しただけでなく，日本では

それに加えて大学生・短大生のテストも実施してその結果を示された。それで私は自分の大学の学生の傾向も把握したいと考えて，山岡先生の許可を得て，既に実施結果が出ているその版のテストを利用させていただいたのである。
　その結果は両国共通の全40問の設問のうち，私のクラスの学生の平均正解率は78.9%で，一流校とされている大学ブランドにふさわしく，日本の大学・短大生2877名の平均正解率58.7%を20%上回っていた。ところが，唯一，この第1問については，私のクラスの学生の正解率が上記大学・短大生の正解率53.1%を僅かながら下回ったのである。学生たちも第1問が一番難しかったと感想をもらしていた。
　この結果にはさすがに私も当惑させられた。というのは，この第1問は経済および経済学についての基本的な見方を問いかけた設問であり，正解とされている②は，1920年代にライオネル・ロビンズが経済学の定義として定式化して以来，多くの経済学者が支持してきた主流を代表する見解（いわゆる「新古典派」的な見解）だからである。私自身はそれを支持するものではないが，このテストを学生にやらせてみようと思い立ったのは，アメリカ流のドライな考え方を学生に知らせることも悪くないだろう，という程度の軽い動機からであった。私自身のように，この考えを支持しない場合でも，まず特別な財政制度を前提にした④は論外であり，①は「社会の欲求のすべてを満たす」ことが不可能なことは誰でもわかるであろう，また③についても，「平等な所得分配」を実現するには特別な合意か強制が必要になるであろう。よって消去法でいっても，残る②を正解としなければならなくなるだろうと予想していたのである。
　私のクラスの学生は，このテストの最初に来た設問が「経済とは何か」「経済学とは何か」という本質的な問いかけであることは十分に理解できる学生たちである。そうした優秀な学生たちの半数がなぜここでつまずいたのだろうか。理系の学生であれば，「希少資源の最適利用」というやや難解な表現にも理解に支障はないであろうし，それを数理的に表現することも困難に感じないであろう。しかし，彼・彼女らは「経済学」に対して，「希少資源の最適利用」というようなテクニカルな定義以上の内容を求めていた可能性がある。①「社会のすべての欲求の満足」，③「平等な所得分配」を実現することは，実際上は不可能であるにせよ，倫理的な目標と考えればそれをあらゆる社会の経済的課題と考えるこ

とは間違いではない。その場合，①は社会の福祉の増進を表わし，②は経済的公正の実現を表わしていると解されるからである。そのような場合，経済学はそのような倫理的な目標は取り上げないと言うのはあまりにも興ざめなことだろう。

　次に，②の選択肢それ自体に回答者に疑問を抱かせる要因があった可能性がある。②が退けられた原因としては，説明なしに専門用語があらわれたことへの素朴な反発があるかもしれない。あるいは，何が「希少資源」で何がそうではないのか，どうやって弁別されるのか，「最適に利用」とはどのようなことでまた実際上可能なのか，ということに疑問が生じたかもしれない。テストの作成者たちは，そんなに難しく考える必要はないと言うかもしれないが，これは侮りがたい疑問である。現実にひきおろして考えると，「希少資源の最適利用」は非常に困難，あるいは不可能な課題であり，現実の経済をその視角から見ることはひとつの解釈に過ぎない。現代における経済学の革新的な理論は，この命題の相対化あるいは否定から出発しているのである。

　そのように考えて私は，第1問で①あるいは③を選んで間違いとされた学生たちに，「君たちは間違っていない。しかし，経済学の世界ではしばしば②のような考えが正解とされることがあることは知っておいた方がよいだろう」と言ってなぐさめた。

　この「生活経済テスト」がもとづいているのは米国のNCEE（アメリカ経済教育協議会）が推進してきた経済教育活動推進のフレームワークであり，山岡先生たちはそれを紹介し日本で普及させる活動にも取り組んでいる。そのひとつに『アメリカの高校生が読んでいる経済の教科書』（アスペクト社）がある。そこでは，高校教育を念頭において，NCEEの活動について次のように説明されている。

> 　NCEEは，幼稚園児から大学生までの学生の経済リテラシーを高めることを目的とし，1949年に設立された学会組織です。国内最大の非営利組織として，アメリカにおける経済教育のフレームワークを策定しています。
> 　このフレームワークを基に，アメリカの高校生向けの教科書が作られてい

---

❖1……2001年11月21日京都大学全学共通科目（後期）「現代の経済学」で実施。

るほどです。しかし，アメリカ全土で採用されるにはいたってはいません。

　この理由は，アメリカの教育政策によります。つまり，日本では文部科学省が定めた学習指導要領が教科書の編さんに必要な唯一の基準になるのに対して，アメリカは地方政府(州)に学習指導要領を決める権限があり，日本のような統一基準はありません。

　そこでNCEEは，経済教育のスタンダードという形で一種の学習指導要領を提示しているのです。現在では，このスタンダード「経済学における任意の全国共通学習内容基準」を全面的に教科書に採用している州もあれば，部分的に採用している州もあります。すでに，多くの教科書・教材がNCEEの影響を受けているといっていいでしょう。[※2]

　さらにこのような経済教育が米国で熱心に取り組まれている理由として，1970年代以降に借り過ぎによる自己破産者が増加したことがあげられている。何よりも過消費・過剰借入れに陥らない「賢い消費者」をつくることがこの経済教育の目標なのであろう。山岡先生たちがこのテストを「消費者教育」の一環として「生活経済テスト」と名づけて実施していることもそれに対応している。
2013年以来問題になっている学術会議の「参照基準」というのは，大学レベルでの専門性をもった「経済学」の教育のための基準である。それは，日常の消費生活からはじまる「生活経済テスト」が基礎としている「基準」よりも一段階上に位置づけられるものであろう。大学レベルの「経済学」の教育であるならば，消費者教育の範囲を超えて経済社会についての歴史的・制度的要素も含んだ全体的な把握が求められなければならない。

　しかし，2013年来の経済学教育の「参照基準」をめぐる論議に加わるなかで私が驚いたことは，その作成にあたった経済学者の多くが，大学レベルの「経済学教育」についても，先の「生活経済テスト」と同様のレベルでその効用を考えていたことであった。分科会委員長の言を借りるなら，「現状の経済システムへの批判は当然にあるが，まずは学生が自分の人生と周りの社会を肯定的にとらえることが教育上は必要である。」[※3]そのように言いきってしまうならば，経済学教育のすべては所与の条件のもとでの合理的な選択(つまり賢い適応)のすすめに過ぎなくなるであろう。

## II　日本学術会議の「参照基準(経済学分野)」をめぐる経緯

　さて問題の「参照基準」である。その正式な文書名は,「大学教育の分野別質保証のための教育課程編成上の参照基準　経済学分野」であり,日本学術会議の経済学委員会が特別分科会を設けて作成にあたり,2013年来の作業と分科会内外での討議を経て2014年8月に学術会議の幹事会で承認されたものである。学術会議は,経済学と限らず,他の分野についても同様の方式で分野別の「参照基準」の作成にあたっている。いまのところ経済学分野以外では「参照基準」をめぐる論争は起きていない。経済学分野で論争が起きた背景には,あとで説明するように,この分野の論争的特性に加えて,OECDによって経済学が工学と並んで大学教育の国際的調和をはかる研究と試行がおこなわれる分野とされたことがあるだろう。

　しかし,異なる科学観と教育観をもつ学派が複数存在することは経済学分野に限られたことではない。また高等教育の国際化のもとで教育方法・内容・評価にかかわる調整が課題となっていることも同じである。「参照基準」は高校以下での学校教育における「指導要領」のように開設科目やその内容を拘束するものではなく,教育課程の編成は各大学の自主性にまかされるとされているが,教育課程を実質的に規定する内容を「参照基準」に盛り込むことは可能である。教育内容において具体的な事柄が盛り込まれない場合でも,教育成果の評価基準をとおして大学教育を間接的に規制することも可能である。いうまでもなく,大学教員の採用・配置はそれぞれの大学の教育課程・教育組織に対応しておこなわれているから,教育内容の標準化・画一化は大学における学問研究の標準化・画一化につながる。したがって,学術会議のような権威のある機関が,それぞれの分野にかかわる「参照基準」を作成し各大学にその参照・利用をよびかけることが,それに対応する各大学の反応とあいまって,それぞれの分野の大学教育の画一化・標準化を推進する危険はすべての分野において存在している。その意味では,「参照基準」問題に端を発して,大学における経済学教育の課題と可能性を論じる本書は,他の分野に関心のある読者,とくに大学教員に対して

---

❖2……山岡・浅野(2008), 7ページ。

も問題を提起するものであると私たちは信じている。

　経済学分野の「参照基準」をめぐる経緯については，**表1**をご覧いただきたい。全体の流れは，「中教審答申」にあらわれているような，国際化に対応して大学教育の「質保証」の体制を整えなければならないという教育政策関係者のコンセンサスのもとで進んでいる。大学等の高等教育機関を設置時に厳格に審査する方式から，設置後に認証評価をおこなう方式に代わって久しいが，これまでの認証評価の単位は高等教育機関としての大学であって，分野別の教育に対応したもの(学部・学科・コース)ではなかった。しかし，大学教育の高度の専門性を考慮するならば，「質保証」は分野別でも取り組まれなければならない。そこで権威ある学術機関に分野別の「参照基準」を作らせて，各大学にその分野の教育課程が「基準」に対応したものになることを求めることによってその分野の教育の「質保証」を促進することにした。要するに，「参照基準」は「質保証」を分野別で実質化させるためのツールなのである。

　そのような「質保証」の仕方を編み出したのは学術会議自身である。まず2008年5月に文部科学省高等教育局長が学術会議の金沢会長に対して「大学教育の分野別質保証の在り方に関する審議」を依頼した。それを受けた学術会議は，それについて検討する専門委員会を設置して2年近くの審議を経たうえ2010年8月に回答したが，その回答で分野別に「学士課程教育の質保証を図る枠組み」として提案したものが，各大学が分野別の教育課程を編成するにあたって参照する「基準」を策定することであった。「基準」の前に「参照」を付したのは，科目内容の標準を指定するものではなく，教育課程編成における各大学の自主性・自律性を残そうとしたからである。しかし，それは各大学にフリーハンドを与えるものではなく，大学に対して，①学生に将来職業人あるいは市民として生活するための基礎・基本を身に付けさせることを教育の目標とすることを要求し，さらに，②それぞれの学問分野の「固有の特性」に対する本質的な理解にもとづいた「教育の内容」を明示して各大学にそれへの自主的な対応を求めるものでもある。学術会議自身は，この「参照基準」を利用して個々の大学の分野ごとの客観的評価ないし外部評価をおこなうことまでを提言したわけではない。しか

❖3……「経済学分野の参照基準を考えるシンポジウム」(2014)予稿集・資料集，5ページ。

**表1│日本学術会議の「参照基準(専門分野経済学)」をめぐる経緯**

### 2008年

| | |
|---|---|
| 5月22日 | 文部科学省, 学術会議に審議依頼<br>「大学教育の分野別質保証の在り方に関する審議について」 |
| 6月26日 | 学術会議「大学教育の分野別保証のありかた検討委員会」設置 |
| 12月24日 | 中央教育審議会答申「学士課程教育の構築に向けて」 |

### 2009年

| | |
|---|---|
| 1月 | 学術会議「質保証枠組み」「教養教育・共通教育」「大学と職業との接続」に関する3分科会を設置 |

### 2010年

| | |
|---|---|
| 8月17日 | 学術会議回答「大学教育の分野別質保証の在り方について」 |
| 12月 | 学術会議「大学教育の分野別質保証委員会」設置 |

### 2012年

| | |
|---|---|
| 8月28日 | 中央教育審議会答申「新たな未来を築くための大学教育の質的保証に向けて」 |
| 8月30日 | 文部科学省依頼「分野別の教育課程編成上の参照基準の審議について」 |
| 8月31日 | 学術会議「経営学分野の参照基準」公表 |
| 11月30日 | 学術会議「言語・文学分野の参照基準」「法学分野の参照基準」公表 |
| 12月21日 | 学術会議経済学委員会「経済学分野の参照基準検討分科会」(以降「分科会」)設置 |

### 2013年

| | |
|---|---|
| 2月4日 | 分科会　第1回会議 |
| 6月24日 | 分科会　第1次素案 |
| 7月23日 | 分科会　第2次素案 |
| 10月以降 | 経済理論学会を皮切りに多数の学会の意見表明があいつぐ |
| 10月11日 | 分科会　第3次素案 |
| 11月 | 「参照基準」の是正を要求する全国教員署名開始<br>(公開シンポジウムの開催日までに1000筆を超える署名が集まる) |
| 11月12日 | 同分科会「原案」公表 |
| 12月4日 | 学術会議公開シンポジウム<br>「大学で学ぶ経済学とは〜学士課程教育における参照基準を考える〜」 |

### 2014年

| | |
|---|---|
| 2月12日, 25日 | 分科会「原案」を2次にわたって修正 |
| 3月12日 | 自主シンポジウム「『経済学分野における参照基準』を考える」 |
| 4月24日 | 分科会第11回　最終報告書 |
| 8月29日 | 査読をへて若干の修正をおこなった最終報告書を幹事会で承認<br>「参照基準(経済学分野)」成立 |

し，高等教育にかかわる政策の展開次第で，分野ごと，あるいは学部・学科ごとの認証評価やランキング評価の「基準」として用いられるようになることを拒否しているわけではない。

　この「回答」を受けた文部科学省の再度の依頼にもとづいて学術会議は，各分野の専門委員会の下にそれぞれの分野の参照基準検討分科会を設けてその作成を開始した。経済学分野でも，2012年12月に分科会が設置され，翌年半ば以降の数次の「素案」を経て11月には公開シンポジウムで討議するための「原案」を公表するに至った。

　私がこの問題にかかわりはじめたのは，2013年の8月であった。[4] 私は2011年秋に発足した第22期の学術会議においても21期に引き続いてその連携会員になっていたので，各分野で「参照基準」の作成が始まっていることは知っていた。とくに経済学の隣接分野である「経営学」での「参照基準」をめぐる公開シンポジウムが2012年12月に開催されたので，「経済学」分野でも遠からず策定の動きが出るだろうと考えていた。2013年の年初に開催された経済理論学会の幹事会でそれについて言及し，学会として取り組むことになるかもしれないと語ったこともある。しかし私は学術会議の経済学委員会の動きを逐一知ることのできる正会員ではなかったので，そのとき既に経済学分野の分科会が設置されていたことまでは知らなかった。また経営学分野の「参照基準」が思いのほか包容的なものであったので，経済学分野でもそのようなものになるであろうと楽観していた気味もあった。とくに「経済学」の分野が「工学」と並んでOECDの高等教育部会で国際的調和が試みられている分野であることに気づいていなかったのは私の不覚であった。

　8月はじめに経済学分野の「参照基準」策定の動きが進んでいることを知り，あわてて分科会のメンバーを学術会議のサイトで調べて，その委員長であった岩本康志教授(東京大学)に説明を求めた。岩本教授は，まだ「素案」の段階にとどまるものであるが，広く討議にゆだねられるべき性質のものであるとして分科会内部で討議中の「素案」に最新の修正を加えたものを電子ファイルで提供してくれた。この「素案」が，分野としての経済学の本質をロビンズから引用して「代替的用途をもつ希少な諸手段と諸目的との間の関係として人間行動を研究する

学問」としているのを見たとき，私は10年以上前に私のクラスの学生たちが当惑した設問が，教師でありまた研究者である私に突きつけられていることを知った[5]。

その「素案」は，一言でいえば経済学の定義を「合理的選択の科学」とする経済学観にもとづいて日本の大学の経済学教育を刷新することを意図したものであった。教育課程編成にあたって具体的に参照が求められる部分で，経済学の基礎理論を「ミクロ経済学」「マクロ経済学」に限定し，この2科目に「統計学」を加えたものを基礎科目として，その他のすべてはその応用科目として位置づけられていた。日本の大学の多くで教えられているマルクス経済学や新しく生まれた進化経済学のような異端的な経済学は全面的に排除されていた。さらに，念入りなことに，従来の日本の大学での経済学教育は歴史や制度，学史に偏りすぎていると批判し，それらの科目も基礎理論と結びつけられなければならないと論じていた。私はこのような内容の「素案」が「参照基準」になるならば，大学および大学教員の自主性・多様性は侵害され，日本の経済学教育は新古典派的に画一化されかねないという危機感に駆られた。

「素案」の内容を知った私は，私の関係しているいくつかの学会に私の危惧を伝えたが，夏休みの時期と重なり，学会の動きは遅かった。そのため私はとりあえず個人として行動しなければならないと考え，8月下旬に「素案」は経済学分野での「学者のコミュニティ」を代表できる見解ではなく，わが国の経済学教育の現実との乖離が大きすぎるので，「天下りの理念からではなく，経済学の研究・教育の現実から出発してほしい」と要望する個人的見解を岩本委員長に提出し，また学術会議連携会員としての資格において12月4日に予定されている公開シンポジウムのパネルに加わりたいと申し出た。

秋になると学会も動き出した。まず，10月5日に経済理論学会の幹事会が，(1)自主性・多様性を尊重し，画一化・標準化の促進を避けること，(2)ミクロ・

---

❖**4**……経済学分野の「参照基準」に関して私が個人責任で執筆した文書は資料として公表する必要があると思われたため，下記の「『是正』を求める署名」の呼びかけ文とともに，サイトに置いてある私の研究室のホームページ（http://www.setsunan.ac.jp/~k-yagi/details1006.htm）にアップロードしている。興味のある向きはそれを参看されたい。

❖**5**……分科会は会合に提出された資料の大部分を学術会議の以下のサイトで公開した。本稿執筆時，それらの資料はなお閲覧可能である。http://www.scj.go.jp/ja/member/iinkai/bunya/keizai/gijisanshoukijun.html

マクロ的視角とともに政治経済学的な視角を経済学教育のなかに位置づけること，(3)総合的視野の重要性と経済学的分析に対する自省，の3点を要望する意見書を採択した。引き続いて，進化経済学会，経済教育学会，社会経済史学会，基礎経済科学研究所，経済学史学会，交通経済学会，日本フェミニスト経済学会，日本地域経済学会，社会思想史学会，漁業経済学会，林業経済学会などの意見表明が続いた。岩本分科会委員長は2014年4月の第11回会合で，意見を寄せた学協会の数を19と報告している。私の知りえた意見表明については**表2**に整理している。

また，経済学教育の「参照基準」がどうなるかは，経済学の研究教育に携わる教員全体の問題であるということから，分科会案の是正を求める署名運動が11月に開始された。この署名の呼びかけ人には，決められようとしている「基準」の内容には危惧を抱きながらも組織としての意思表明には至らなかった学会の役員も加わった。分科会の「原案」を公開して検討する学術会議シンポジウムに向けて展開されたこの全国の経済学担当教員による署名運動は，1ヵ月に満たない間に1000筆を超える署名を集め，12月末には全署名筆数は1139筆に達した。[※6]

その間，「素案」にも若干の修正が加えられ，ロビンズの経済学の定義をそのまま引用・踏襲するような生硬さは早い段階で改められた。11月12日には12月4日の公開シンポジウムでの討議のための「原案」が公開された。おそらく「素案」が日本における経済学教育の多様な現実に対応していないという批判を意識したためか，この「原案」は，日本の大学の従来の経済学教育を「多様なアプローチにもとづく経済学教育」として特徴づけ，自らの性格をそれとは異なる「国際的に共通したアプローチ」「標準的アプローチ」として位置づけ，両者の関係を明確にしていた。従来からの多様なアプローチにたった教育は尊重されるべきものではあるが，質保証に向けた改善を主導するのは「標準的アプローチ」でなければならないというのである。

他の多くの分野の「参照基準」と比べた際の，経済学分野の参照基準「原案」の特徴はこの「国際的」「標準的」アプローチの強調にあった。そこでは，OECDのAHELO（高等教育学習成果の評価）や英国のQAA（高等教育質保証機構）における経済学分野でのアプローチがそれにあたるものとして言及されていたが，実際には両者の関連文書以上に基礎科目（「ミクロ経済学」「マクロ経済学」）の内容や教育体

表2 | 学協会の主な意見表明（編集委員会で確認しえたものに限る）

| 学会名 | 発出日 | 論点 |
|---|---|---|
| 経済理論学会 | 2013年10月5日<br>2014年3月17日 | 「自主性・多様性を尊重し画一化・標準化の促進を避けること」、「ミクロ・マクロ的視角とともに政治経済学的な視角を経済学教育のなかに位置づけること」、「総合的視野の重要性と経済学的分析に対する自省」 |
| 進化経済学会 | 2013年11月5日 | 新古典派的フレームワークの問題点、経済学の発展についての一面的見解、経済問題のとらえ方の狭隘さ |
| 経済教育学会 | 2013年11月25日 | 経済学教育の画一化への反対、政治経済学ないし社会経済学を含む学問体系、多角的なアプローチの必要性、柔軟な参照基準を要望 |
| 社会経済史学会 | 2013年11月27日 | 「経済学こそ相対化される必要がある」、「多様な世界を知るためには多様なアプローチが必要」、「〈演繹的思考〉と〈帰納的思考〉の重要性について」 |
| 基礎経済科学研究所 | 2013年11月28日 | 「国際基準」とされるアメリカ流の経済学教育の問題性、新しい経済学の探求には「マルクス経済学」を含む「政治経済学」ないし「社会経済学」の研究教育が不可欠 |
| 経済学史学会 | 2013年12月1日 | 確立された専門知識の習得に力点が置かれ知識を作り出す精神・能力の涵養という視点が弱い、経済学の歴史を学ぶことの意義 |
| 交通経済学会 | 2013年12月4日 | 科目としての「交通経済学」への言及を要望 |
| 日本フェミニスト経済学会 | 2013年12月21日 | 現時点での「主流派」を相対化しうる多面的で幅広い視点、批判という学問における根本的な力の育成 |
| 日本地域経済学会 | 2013年12月27日 | 「多様なアプローチに立脚した参照基準へ」、「社会的広がりや非市場的側面を含めた定義の拡張を」、「方法論のバイアスの是正を」、「功利主義的知識・理解から市民的知識・理解へ」 |
| 社会思想史学会 | 2014年1月10日、28日 | 社会・経済・政治の思想史の社会および教育にとっての意義、経済学の「多様化」の尊重 |
| 漁業経済学会 | 2014年1月17日 | 各種の経済的要素・非経済的要素を取り込んだ分析が多様になされること、教育面でもそれを生かす |
| 林業経済学会 | 2014年3月8日 | 経済学教育の視野を狭めないこと、歴史・制度・思想を含む幅広い研究領域であることの再認識 |

系に踏み込むものとなっていた。歴史・制度・社会問題などから出発する教育の周辺視はなお鮮明に残っていた。私にはこれは、「参照基準」は「一定の抽象性と包括性を備えた考え方」の提示であって、「カリキュラムの外形的な標準化を求めるコアカリキュラムではない」（学術会議「作成の手引き」）とした学術会議の方針

❖6……この署名運動のサイトはhttps://pro.form-mailer.jp/fms/8fe8371a49520であり、本稿執筆時まだ閲覧可能である。

からも逸脱しているものと考えられた。私は日本の大学における経済教育の実態を無視したこのような「参照基準」は混乱を生むだけのものであり、このままの形では「撤回」を要求せざるをえないと考えるにいたった。

11月下旬におこなわれたシンポジウムの打ち合わせの会合で、私は自分の発言内容の説明を求められたので、私は自分の8月での意見に加えて、私が代表者になっている経済理論学会の要望を説明し、さらに自分の見解を分科会で検討してもらうためにA4用紙6ページにわたる「分科会原案に対するコメントと修正提案」(11月25日)を提出した。

公開シンポジウムでは、岩本分科会委員長の原案の説明のあと、5人のパネリストが発言したが、うち2人(池尾和人慶應義塾大学教授と多和田眞愛知学院大学教授)は分科会の委員、あとの3人は、私のほかに日本経済学会会長の本多佑三氏(関西大学教授)と経済同友会専務理事の前原金一氏であった。私は、日本における経済学教育の現実を無視して「国際標準」を推奨するようなものにとどまるかぎり「原案」の撤回を要求せざるをえないと強い調子で発言した。本多氏は個人的見解と断りながらも、現在の経済学には標準的な体系が存在し、それによって教育がおこなわれ、政策形成にも役立っていると発言して「原案」を支持した。同友会の前原氏の発言は、大学時代に教えられたマルクス経済学への不満を中心にしたもので、市場経済に転じた中国における格差の増大をあげてマルクスを難じるような支離滅裂なものであった。パネル間の討論では、「原案」を批判する私は少数派であったが、その後、フロアを含めた討論では、参会していた学会の代表者や一般参加者から「原案」に対する批判が相次いだ。最後に、「参照基準」とりまとめの責任者である学術会議経済学委員会の樋口美雄委員長(慶應義塾大学教授)が、「原案」は最終案ではなく、さらに修正を加えるので、各学会からの意見を本年中に受け付けると発言してこのシンポジウムは締めくくられた。

分科会案に対する是正運動の側では、1月以降の分科会の動向を注視するとともに、この問題についての自主的なシンポジウムを開催することが署名呼びかけ人のあいだで合意された。その開催時期は、「原案」からの修正の時期を予想して3月12日とした。慶應義塾大学の三田キャンパスで開催することになった自主シンポジウムには、分科会の岩本委員長も参加を応諾され、是正署名運

動に協力した学会が推薦したパネリストとともに演壇に立つことになった。私たちがこのシンポジウムの準備にあたっていた2月に、分科会は「原案」に対する大幅な修正を2次にわたっておこない、シンポジウムには2月25日付けの第二次修正案が提出された。❖7

　それは、「原案」が「国際標準」としたアプローチにかかわる文言や、コアカリキュラム類似の教育科目の内容説明を削除し、「原案」で批判が向けられていた歴史・制度・社会問題から出発するアプローチについても許容的な表現を取り入れたものになっていた。「標準的アプローチ」を軸にした「原案」から大幅な改編がおこなわれたと言える。したがって、この3月のシンポジウムで再度発言の機会があった私は、12月のシンポジウムのときのように全面的に反対して「撤回」を要求する立場はとらなかった。私は、修正は一定程度評価するがなお批判の余地があるとして、政治経済学的な要素がなお排除されていること、市民の教育となるための総合的な視野が欠けていると述べるにとどめた。しかし、このシンポジウムのパネルやフロアからの発言には、革新的な経済学の創造の可能性を阻むこと、教育を受ける学生の視点が欠けていること、またジェンダー問題によって経済学を検討しなおす必要、さらに社会からの要望に経営者だけでなく労働者の視点を入れる必要などの、12月のシンポジウムでは尽くせなかった重要な問題提起も含まれていた。本書の成立のきっかけになったのは、「是正」を求める署名運動からこの自主シンポジウム開催にいたる所属学協会を超えての協働であった。

## III 「参照基準」の骨子

　本書は上記のような経緯によって成立した「参照基準(経済学)」を資料Ⅰとして収録する。それには「要旨」もついているが、上記のような経緯のなかで修正に修正を重ねた本文を読まなければ、その論旨を正確に把握することはできないであろう。この節では、「要旨」を参考にしながらその概要と問題点を簡略に説明することにしよう。

❖7……当日配布した報告および資料集(「経済学分野の参照基準を考えるシンポジウム」(2014))に収録された。

まず，その構成(本文)であるが，冒頭で作成の背景・経緯について述べた部分のあとに6節におよぶ本論が続いている。この本論のうち，はじめの5節で取り扱われる内容は学術会議の他の分野の「参照基準」と共通しているが，数学・統計学との関係を取り扱った第7節が最後に加えられている。

1. はじめに
2. 経済学の定義
3. 経済学に固有の特性
4. 経済学を学ぶすべての学生が身に付けることを目指すべき基本的な素要
5. 学修方法及び学修成果の評価方法に関する基本的な考え方
6. 市民性の涵養をめぐる専門教育と教養教育の関わり
7. 経済学の学士課程と数学・統計学

## 1 「はじめに」

「1.はじめに」では，この分野別参照基準を学術会議が作成するにいたった経緯を説明した上で，その性質を以下のように説明している。

> この参照基準は，各大学が，各分野の教育課程(学部・学科など)の具体的な学修目標を同定する際に，参考として供するものである。参照基準は，学力に関する最低水準や平均水準を設定するものでもなく，また，カリキュラムの外形的な標準化を求めるコアカリキュラムでもない。参照基準が企図する分野別の質保証は，学ぶことを通じて，学生が意義あることを身に付けられるよう，各分野の教育改善に努めるべきであるという，最も一般的な問題意識に立脚し，そのことを各大学に促すものである。

これは学術会議の文科省あての「回答」に沿った規定である。2013年の「素案」「原案」をめぐる議論のなかでは，実質的にコアカリキュラムおよび教育体系の標準化の意向が盛り込まれていたことが多くの学会からの批判の的になっていた。また，学術会議としては，あくまで「参考として供する」だけであったとしても，現在および将来の認証評価の体制や，様々な形でおこなわれている

外部評価・自己評価，さらには大学ランキングなどにおいて，この基準，あるいはそれをさらに具体化したものが「評価基準」として用いられる可能性がある。

さらに，経済協力開発機構(OECD)の「高等教育における学習成果の評価(AHELO)」のフィージビリティ・スタディで経済学が工学と並んで「分野別技能」の対象に選定されていることに言及して，経済学分野の質保証が国際的な枠組みのもとで進展していることを指摘し，そのうえで「学士課程において国際通用性を持つ質の高い教育が行われる必要がある」としている。「素案」「原案」は，この「国際的な枠組み」に対応した「標準的アプローチ」を推奨しようとするものであった。しかし，OECDが「経済学」を「工学」と並べて取り上げたこと自体が特殊な経済学観にもとづくものであるし，その試み(AHELO)は参加国も限られた研究段階のものにすぎず，「国際的な枠組み」というのは過大評価である。少なくとも，それに対応するために大学の自主性を犠牲にしなければならないようなものではない。

したがって，この節は次のような大学への「期待」で締めくくられている。

> とはいえ，我が国での経済学教育はその体系の基本から大学間で異なるほど多様である。そのため，学生が身に付けるべき基本的な知識と理解については，ごく限定的な記述に留めている。各大学がさらに項目を充実して，学生が身に付けるべき基本的素養を主体的に設定することを期待したい。

### 2 「経済学の定義」

> 経済学は，社会における経済活動の在り方を研究する学問であり，人々の幸福の達成に必要な物資(モノ)や労働(サービス)の利用及びその権利の配分における個人や社会の活動を分析するとともに，幸福の意味やそれを実現するための制度的仕組みを検討し，望ましい政策的対応の在り方を考える学問領域である。

これは2013年来の議論をへて到達した定義である。経済活動とそれを研究する「経済学」の目的と社会的性格が取り込まれている。「公正」等の価値や倫理にかかわる視点が明示されていないのが残念であるが，私も賛成することので

きる定義である。専門経済学者たちには「幸福」よりも「厚生」(welfare)の方がとおりがよいであろうが、一般市民として考える際にはより広範な意味合いのある「幸福」の方が適切であろう。

## 3│「経済学に固有の特性」

本文では「(1)経済学の方法」と「(2)経済学の現状と発展の可能性」に分かれて論じられているが、「要旨」では以下のように一パラグラフにまとめられている。

> 経済学のアプローチは多様であるが、多くの場合、経済問題の本質的な要素を抽出し、操作可能なモデルを構築し、それを分析することで問題解決の手掛かりとする。多くの経済変数がデータとして表されることから、論理的・数学的に仮説を立ててそれを検証するという手法がとられることが多い。経済学では研究の対象自体は変化し続けている。そのため、対象となる問題の背景にある歴史や社会制度を理解するために、制度的・歴史的アプローチを活用することも有用である。

本文では、(1)においては、「モデル構築」を基本的な方法とみなし、仮説から導かれた命題を実際のデータと対照して検証するという手法が説明され、制度的・歴史的要因は数値データで問題を的確に把握できない場合の手法として補足的に言及されている。そのうえで、「要素還元主義的」な「ミクロ的手法」と「社会全体の経済活動を総体として考え」る「マクロ的手法」が補完的および代替的に用いられるとする。マクロ的手法を説明した箇所では、「経済活動や政策効果の分析には、経済制度や法制度、社会の慣習や歴史、政治と経済の関係などについての理解も求められる」と付言されているが、これはおそらく政治経済学や歴史、制度の重視を要求した諸学会からの批判を考慮したものであろう。

つまり、「経済学の方法」の説明においては、基本は「ミクロ的手法」と「マクロ的手法」に具体化される「モデル的方法」であるという立場が、部分的な譲歩はあるものの堅持されている。そこでは、経済学は他の社会科学分野以上に国際的な共通性があるという文言があるが、これは暗黙のうちに「国際標準」の存在を示唆しているのであろう。

それに対して「経済学の現状と発展の可能性」を取り上げた(2)の部分では、「経済学は発展途上の学問である」という視点から、「経済学者間の視座の相違」も経済学研究自体の発展に寄与するだけでなく、「学生が抱く問題意識に多様性を与える」として積極的な評価が与えられている。特に、市場経済システムで尽くされない歴史的発展や社会問題に対応して歴史的・制度的アプローチや、貧困・格差の是正などの社会問題の観点からする市場経済システムの検討・改善が取り上げられている。最後に、期待にもとづく人間行動の相互依存からなる経済社会システムにおいては、行動変化とともに経済現象自体の変化が起きやすいこと、また実験によるデータを収集したり、理論を検証したりできる自然科学と異なって経済学における実証分析の検定力が弱いことが経済学者の見解の不一致の背後にあることが指摘されている。

## 4 「経済学を学ぶすべての学生が身に付けることを目指すべき基本的な素養」

この節は、2つの小節に分かれていて、(1)「経済学の学びを通じて獲得すべき基本的な知識と理解」については、「要旨」では以下のようにまとめられている。

> ほとんどすべての社会人は日常生活において経済活動を行っており、経済活動の仕組みや市場の役割を理解し、経済政策や制度の当否を判断できるようになることが必要である。また職業人として社会で活躍することが期待されることから、自らの業務との関連で経済社会の仕組みや経済制度・経済政策の意義をその歴史的背景を含めて理解していることで、業務上の的確な判断ができるようになることが望ましい。
>
> 経済学の基本的な概念には、経済を対象にするだけではなく、日常生活の意思決定や職業人としての活動に役立たせることができるようなより一般性を持つものがある。

本文では、経済学に特有な知識と理解は、「社会人の常識」、「一般職業人」、「専門職・研究者を目指す者」の3レベルに分けられるとしている。基本は「経済活動の仕組みや市場の役割について」基本的な知識・理解をもつことであるが、「一般職業人」の場合には典型的な業務として想定される経営・財務・企画・営業

などに関係する経済社会の仕組みや制度・政策の意義をその歴史的背景を含めて理解すること，政府や関連機関で政策担当者になる者の場合は政策の経済効果について一般的社会人以上の知識をもって業務にあたり，またそれを一般にわかりやすく説明できるだけの理解が必要になるとされている。専門職・研究者のレベルでは「より厳密で深い理解」，上級教育機関での学修に備えた「数理解析や情報処理に基礎を置いた理論的分析力や数理統計に基礎を置いた統計的分析力」が必要となるとされている。全体としては，第1および第2のレベルで経済学の効用についての功利主義的見解が基調となっていること，第3のレベルでは前節(2)の論旨に反して数理と統計の能力のみがあげられていることが気にかかる。

　さらに，すべての学生が獲得すべき基本的な知識として，以下の概念があげられている。

「市場経済システム」，「需要と供給」，「市場の均衡と不均衡」，「国民経済計算体系」，「経済成長と景気循環」

　また，日常生活にも役立てることのできる一般性をもった基本概念として，以下があげられている。

「機会費用」，「『限界』概念」，「インセンティブ」，「戦略的行動」，「不確実性と期待」

　私が残念に思うのは，これら列挙された概念が，2013年来の学術会議内外の討議をへて確定された人々の幸福を達成するための学問という定義に対応したものというより，「利己主義的・機会主義的主体」を想定した概念群にとどまっていることである。たとえば，「福祉」，「分業・協業」，「公正」などの概念がなぜあげられていないのであろうか。

　次の小節(2)「経済学の学びを通じて獲得すべき基本的な能力」は「要旨」では以下のようにまとめられている。

経済学を学ぶことを通じて，抽象的思考，演繹・帰納的思考，数量的スキルなどの経済学に固有な能力や，論理的・批判的思考能力，情報収集能力，数値データの理解・活用，コミュニケーション能力などのより一般的な能力が培われる。

　本文では，これらの能力はさらに「①経済学に固有な能力」と「②ジェネリックスキル」に分けられ，それぞれ以下の能力が列挙されている。

①として：
「抽象的思考」，「演繹的思考」，「帰納的思考」，「数量的スキル」，「問題設定能力」，「全体を総合的に把握する能力」
②として：
「論理的・批判的思考能力」，「情報収集能力」，「数値データの理解・活用能力」，「コミュニケーション能力」，「問題解決能力」，「グローバルな市民としての社会的責任」

　これらの能力の説明や順序については批評の余地がないではないが，私としては経済学の教育によって発展させられるべき能力の適切な列挙になっているのではないかと思う。

**5 「学修方法及び学修成果の評価方法に関する基本的な考え方」**
　この節は，第1小節「(1)学修方法」，第2小節「(2)学修成果の評価方法」に分かれているが，「要旨」では次のように一段落にまとめられている。

　経済学を学ぶ学生の学力水準や目指す進路は多様である。すべての学生が最低限必要とする知識の習得のための基本的な教育に加えて，学生の能力に合わせた教育や目的意識に沿った教育を提供していく必要がある。講義と演習，卒業論文や卒業研究を組み合わせる教育方法が一般的であると考えられるが，学修者に対して多様な学びと評価の方法を提供し，それらを組み合わせることが有益である。

まず第1小節の本文では，大学教育が「ユニバーサル段階」を迎えているという認識にたって，「講義」，「演習」，「卒業論文・卒業研究」などの教育方法が検討されている。

　まず経済学の教育方法で中心的な役割を果たしている講義について，その内容とともに十分な教育効果をあげるための工夫が必要とされるとしているとして，学生の積極的な授業参加や授業外学修も視野に入れて学修者の主体的・積極的な学修を促すような授業構成を考えることが望ましいとされる。とくに基礎科目について科目間の難易度の調整や順序の考慮，練習問題の実施やティーチング・アシスタントやスチューデント・アシスタントを使った学修の補助について言及されている。応用科目については，小論文・レポートを書かせ，それをもとに発表・共有させることも有益であるとしている。

　この小節では，「演習」や「卒業論文・卒業研究」が「講義」と組み合わされるのが「一般的」であるとしているが，現実には演習や卒業論文のような少人数あるいは個人指導型の教育が行きわたらないことがあるとか，また学生の自発性・主体性がないまま必修化した演習や卒業論文・卒業研究が専門学修としての教育効果を十分にはあげていないことがあるなどの問題には触れられていない。

　また「その他」の教育方法として，近年普及してきた「外部講師による講義，フィールドワーク，インターンシップ」と「導入教育」があげられている。前者は大学教育と現実経済を結びつける教育方法として評価されている。後者については特に数学のそれが重要であるとしている。

　さらに経済学教育を充実させるにあたっての問題として，大学設置基準による「学生当たり教員数の最低基準」が経済学系の学部では最も低く抑えられていることから，利益重視で大学が運営される場合には，教員の教育負担が過重になりかねないことが指摘されている。過重な教育負担によって教員の研究活動が阻害されないよう適切な体制を整備する必要にも言及している。この学生・教員比率の問題は高校教育との接続における経済学の文系としての位置づけの問題と並ぶ大きな制度問題である。

　第2小節では，講義内容の理解度を確かめながら，講義中の小テストや中間・最終テストにより，さらに授業参加への積極性なども加味して成績評価をおこなうことが推奨されている。また卒業研究や卒業論文の評価においても，最終

成果だけで評価するのではなく，作成プロセスや口頭試問・プレゼンテーションも評価に組み入れることが教育上望ましいとされている。さらに，学生に適切な受講態度を喚起するために，成績評価基準の事前公表や科目間の評価基準の整合性の確保が要望されている。

## 6 ｜「市民性の涵養をめぐる専門教育と教養教育の関わり」

　この節は，世界のほとんどの国の経済が「資本主義(市場メカニズム)」を基礎とするようになり「グローバル化」が進展しているという現状認識のもとで，「(1)経済学を学ぶ学生の教養教育」と「(2)他分野を学ぶ学生の教養教育としての経済学」の2小節にわけて説明されている。「要旨」では，以下のように，両者が一段落にまとめられている。

> 　グローバル化や情報化をはじめ，現代社会には多様で膨大な社会問題が存在する。これらの全体像を知りそれに対処するためには，文系・理系を含めた様々な専門分野を学んだ人々の協働が必要不可欠である。そのためには，経済学を学んだ者には，その素養を持たない者に対して適切な知識や理解を説明できる能力とコミュニケーション能力が求められる。他方，他分野の学生が教養教育として学ぶ際には，市民性の涵養のため市場メカニズムの意義と限界，経済政策の役割と限界を理解させることも重要である。

　第1の小節の主意はこの要旨の第3センテンス，第2小節の主意は同じく第4センテンスに表されている。しかし，「様々な社会問題」への対処に向けた「様々な専門分野を学んだ人々の協働」を可能にするためには「コミュニケーション能力」があればよいというものではないだろう。「経済学」自体の教育内容と教育方法のなかに，そのような協働に必要な総合化への道が組み込まれていなければならないだろう。

## 7 ｜「経済学分野の学士課程と数学・統計学」

　「要旨」では次のようにまとめられている。

経済学では数学と統計学を多用する。しかし経済学は文系科目とされているため入試科目から数学を外す大学も多く，高校時代には数学を勉強してこなかった学生も多くみられるなど，数学・統計学の取り扱いは大きな課題である。経済学で数学を多用するのは，複雑な問題を抽象化して一定の法則を見出すために，数学を使うことが有用だからである。しかし，経済学教育において数学や統計学の比重を無用に高めることは，かえって経済学に関心を持ったはずの学生を失うことにつながりかねない。用いる数学・統計学の水準は，学生の能力や興味の度合い，科目の性質などに依存して判断されるべきである。

　この節では，モデル化による推論と検証という科学観にたった経済学教育にとっての最重要問題というべき数学・統計学教育との関連についての見解が提示されている。本文では，おそらくミクロ経済学の授業を想定して，経済学を学生に理解させるためには，数学を使うか，グラフを多用するか，言葉で説明するかという3つの選択肢があるとして，履修者の能力・興味に応じて数学の利用度を加減しなければならないとしている。数学がもっぱらその操作性・効率性において評価され，基礎としての概念形成および論理性において理解されていないことに私自身は違和感をもつが，「数学・統計学」との関連が経済学教育にとっての大きな問題であることは私自身もつねに感じていることである。この「参照基準」は「わが国の高校での文系・理系の区分けを考えれば，その中で形成されている高校生の数学的素養を与件として，教育課程を考えていかざるを得ないだろう」と現実主義的な考え方をとっているが，この文系・理系の区分が「経済学を学ぶことによって有為な人材を社会に送り出すという要請を必ずしも満たしているわけではない」という認識も必要であるとしている。

## IV 「参照基準」問題の国際的背景

　私は私学を主たる対象にした認証評価機関のひとつである大学基準協会の審議委員を務めた際に，この協会の「経済学教育に関する基準」の審議に加わったことがある。この基準協会の「評価基準」は今回の学術会議の「参照基準」以上に

カリキュラムなどにも例示方式で踏み込んでいたが，その内容は日本の大学教育の多様な現実により即したものであった。その際，審議の焦点になったのは，「経済学教育」を専門的能力を育成する「専門教育」と考えるべきか，一般社会人の基礎能力を育成するリベラルアーツの教育と考えるべきかという問題であった。このときは，経済学の本格的な専門教育は大学院でおこなわれるとして，学士課程での経済学教育は一面では「教養教育」であると同時に，他面では大学院でおこなわれる専門教育の準備段階にあたる「専門基礎教育」であると位置づけて落ち着いた[8]。条件の整っている大学は大学院教育の整備も含めて専門教育としての教育体系を整備するべきであるが，その条件が整っていない大学は「教養教育」にとどまってもよいという併存を許容する考え方である。私は「リベラルアーツ」を「専門教育」に比べて低レベルの教育（「教養教育」あるいは「一般教育」）と考える必要はなく，それは大きな可能性を秘めた「総合教育」となりうると考えてこの併存型解決を支持した。私は現在でも，経済学を中心としたリベラルアーツ教育というのは現実的であるとともに魅力的な教育分野であると思う。

しかし，今回の「参照基準」をめぐる議論では，リベラルアーツとしての経済学教育という視点は消失していた。学術会議の「参照基準」では，経済学教育は何よりも「専門教育」として純化してとらえられていた。当初の「素案」「原案」が，歴史・制度・思想・政治にかかわる科目に対してとっていた態度は，経済学からリベラルアーツとしての性質を払拭しようという志向を看取させるものであったし，最終的に落ち着いた「参照基準」においても，リベラルアーツとしての経済学は，他分野の学生が「教養教育」として学ぶ「経済学」に矮小化された。

その背景は2つあるだろう。第1は，学問を学び人格を形成する場が大学であるという伝統的な大学教育観に対して，職業人としての能力の育成が経済社会から要請されているという「出口」に規定された大学教育観が強まったことである。大学教育は経済面での国際的競争力の基礎とみなされるにいたったことから，悠長な「教養教育」（リベラルアーツ教育）ではなく専門的能力の確保に向けた「質保証」が課題となったのである。

第2には，「参照基準」が冒頭で言及しているように，経済学の教育について

---

[8] ……大学基準協会（2004）1ページ．

も(他の社会科学分野以上に)国際的な調和化の動きが進展していることである。それは言うまでもなく,専門的な人材の国際移動・専門的労働資源の国際的利用の要求に応えるものである。工学などの領域では,これはエンジニアの資格の国際的通用性をはかるための独自機関による教育審査(JABEE)などとして具体化している。

　最近,「国際的な視野をもった質保証」ということばが大学関係者のあいだで飛びかっているように,この2つは結びついている。そのうち第1の国内大学教育にかかわるものについては,文部科学省や中教審によって政策化されているので周知のことであろう。しかし,この「国際面」の動きの実態については十分には知られていないと思われるので,以下でそのことについて説明しよう。ただし,この部分は紹介的な記述が主になるので,関心をもたない方は飛ばしていただいてよい。

## 1│経済協力開発機構の高等教育における学習成果の評価(OECD-AHELO)

　学術会議の「参照基準」作成の任にあたった分科会がもっとも意識していたのは経済協力国際機構(OECD)の高等教育学習成果の評価(AHELO)の動向であった。これは高等教育の拡大や国際化に対応して高等教育の多様な質を評価するためにいくつかの分野を選んで高等教育における学習成果の評価についてフィージビリティ・スタディ(AHELO-FS)を実施するという国際プロジェクトであった。そのフィージビリティ・スタディには,専門分野としては「工学」とともに「経済学」が含まれていた。文部科学省は2008年1月にこのフィージビリティ・スタディへの参加意思を表明し,同年9月に対象4分野(「工学」「経済学」「背景情報(学生教員比率,図書館蔵書数,カウンセリング体制等の教育環境)」「一般的技能(批判的思考能力,分析的論理づけ能力,問題解決能力等)」)のうち「工学」への参加希望を1位とすることを回答した。その後,卒業間際の工学分野の学生を対象に開発されたテストと調査票を用いた学習成果評価に日本でも10大学が参加し,初年度100人,翌年度1000人程度の学生の評価がおこなわれている。[9]

　「経済学」は文部科学省のOECDへの回答での参加希望順位は第4位であったため,日本の大学・大学生を対象にした試行実施はおこなわれなかったが,この

分野でも試行テストの開発がおこなわれ，2012年の前半に7ヵ国60高等教育機関の6000人強の大学生を対象として学修成果評価が実施されている。分科会の多数委員が「国際標準的なアプローチ」にこだわったのは，こうしたフィージビリティ・スタディをもとにして開発された経済学分野の国際共通テストが将来日本でも実施されることになる可能性があると考えたからであろう。しかし，このAHELOの基準自体は以下で見るように，「分科会」の多数委員が早まって考えたように新古典派標準を前提するものではなく，一方ではより一般的に「能力」ないしスキルとしての「学修成果」を評価することを意図したものであった。「分科会」の委員たちは，おそらくAHELOのアプローチを自分たちが「標準」と考える経済学と二重写しにして解釈したか，あるいはAHELOがどのように慎重なアプローチをとるにせよ，試験内容に具体化して登場するのは「標準的な経済学」以外ではありえないと判断したのであろう。

　私も，このうち後者はかなりの確実性を有する見通しであると思う。AHELOなどの国際的質保証の試行を通じて経済学教育の画一化が進行することを打破するには，究極的には「標準的な経済学」とされるもの（理論と方法）に対する根底的な批判が必要である。そのことを認めた上で，AHELO報告書における経済学分野でのフィージビリティ・スタディについての記述をもとに，AHELOのアプローチとその実際を概観してみよう。

　まずAHELOの経済学分野でのフィージビリティ・スタディは2011年に作成された「経済学評価枠組み」の方針にしたがうものであった。それは，次に述べられているように，経済学の学修内容そのものではなく，それを活用するスキルを評価しようとするものである。

> 　AHELOの経済学評価が焦点をあてるのは，事実的な知識を思い出せることではなく，「内容を超えた(above content)」スキルである。それは基本概念を応用し，適切な統計的および非統計的なツールを用い，結論を引き出し，政策

❖9……工学分野でのAHELO-FSに協働した日本チームの代表を務めた岸本喜久雄氏による岸本(2014)を参照。
❖10……OECD (2012) pp. 116–121, 238–251.
❖11……OECD (2011).

を推奨し，「経済学の言語」を話せるようになることを含んだスキルである。

(p. 116)

　この「経済学評価枠組み」は，学生が学士号を取得するまでに到達すべき成果（outcomes）を規定する要素として次の5つの「学修成果（learning outcomes）」があるという考えを基礎にしている。

- その学科の知識があり理解していることを示せること
- その学科の知識を現実世界の問題に応用することを示せること
- 関連するデータと数量的な方法を効果的に用いる能力を示せること
- 専門家および非専門家にたいして説明（communicate）する能力を示せること
- 独立して学修スキルを獲得する能力を示せること　　　　　　　(p. 117)

「枠組み」はさらに，これらの「学修成果」の評価は学生に対して次の4つの力の発揮を要求しなければならないと定めている。

- 抽象力
- 分析，演繹および帰納
- 数量化とデザイン
- 枠組み構成（framing）　　　　　　　　　　　　　　　　　　(p. 117)

　こうしたアプローチを「経済学の評価枠組み」に用いて暫定的な枠組みを開発する際には，以下の諸点に注意が払われなければならないとされた。

- 高等教育で経済学を教えているエキスパートの現行の考え方を広く反映しなければならない
- 対象集団の属性――この場合，学士号という第一サークルの最終学年にいる経済学の学生――の属性を考慮に入れなければならない
- 学科の領域を，その学科が内容とする範囲，スキル，手続き，さらに様々な学派（different schools of thought）にかかわる諸特性によって定義しなければならない

- その学科の評価道具の開発に役立つほど十分に特殊的でなければならないが，さりとて統合的なスキルや概念的理解力，内容を超えた学修成果を排除してしまうほど制限的なものであってはならない
- 最後に，参加各国の文化的および言語的な差異を考慮に入れなければならない

(p. 117)

　このような方針にもとづいてAHELOの専門家チームが開発したのは，「課題構成対応(CRT)」型の1問と「多肢選択(MCQ)」型の45問からなる解答時間90分のテストであった。AHELO報告書では，CRT型の設問としては地域貿易協定についての経済学者の現状認識やその推論を数段にわけてフォローして記述させる問題が例としてあがっている(pp. 238–250)。またMCQ型の設問としては固定係数型の生産関数のもとでの要素価格上昇の効果を選択させる問題と，物価上昇の確率を与えた上で名目賃金による契約の実質期待価値を選択させる問題があげられている(pp. 250–251)。CRT型の出題例は政治経済学的な関心を有する学生にも向いた問題になっている。また新古典派的とはいえない固定係数型の生産関数を用いた出題が例示されていることも興味深い。歴史や制度・思想も含んだ総合性がどの程度確保されているかは多数の出題例を検討しなければわからないが，新古典派的な標準経済学の思想そのものの習得を問うというよりは，経済問題に関する積極的関心や経済分析におけるツールの理解や応用力を問う出題になっているように思われる。

　これはある程度，「内容を超えた」スキルの評価法の開発というAHELOの方針に適合している。かといって，知識テストを超えた「学修成果」テストの開発に成功しているかといえば，それにも確定的な判断を与えることはできない。開発にあたった専門家チーム自身が認めるように，非専門家に口頭で経済問題を説明する能力の評価をおこなうことはできなかった。ペーパー・テストの限界といえばそれまでであるが，AHELOプロジェクト自体に幻想を描くことが不適切であることはそれからもわかる。

## OECD-AHELOの経済学観

　次にAHELOが「エキスパートの現行の考え」を反映するとする「経済学」自体

のとらえ方を見ておかなければならない。それが「標準経済学」に偏ったものであれば，それが将来のAHELOの内容に反映するからである。2011年の「概念的枠組み」の第21節では「経済学」について次のように定義されている。

> 　経済学的な推論，あるいは問題や事象に経済的なやり方でアプローチすることは達成すべき目的とそれを達成しようとする際にあらわれる制約を同定することで始まる。次に目的および制約のモデル（ないしそれらを結びつける方法）が定式化される。それによってモデルは，不確実性を考慮するしないにかかわらず，静態的ないし動態的に関連する制度的な詳細を同定する。モデルは，数学の限界，データの入手可能性，あるいは他の障害についての省察を伴ったうえで，理論的考察，社会規範，歴史的経済理論，ないし経験的推測を包含するか，あるいはそれらに基礎を置くことがありうる。分析は，資源の配分，分配，および利用のされ方とその個人的（ミクロ的）あるいは集計的（マクロ的）レベルでの経済的・社会的厚生に対する帰結を説明するように努めるものでありうる。

　この定義では，制約条件を規範・歴史を含む制度的なものと解し，経済的推論に対する自省を含み，追求目標として社会的・経済的な厚生を置く点で包括性・総合性についての配慮がおこなわれている。しかし，基本は希少な資源の目的達成のための配分のモデリングという枠組みのもとにある。

　「概念的枠組み」は，その前の第18節では「現時の危機は，経済システムとその構造だけでなく経済学という学科の基礎自体についてより注意深く考えるように人々を仕向けている。それは経済学者が用いる概念，モデル，方法の由来と理解についての考察を含むものである」と，現在の経済学についての反省の念を述べていた。ところが，現在の経済学派の状況については，脚注においてではあるが，以下のように明らかに「主流派ないし正統派」を擁護する立場であることを明らかにしている。この点，やはり画一化・標準化への志向を懸念せざるをえない。

> 　今日では，主流派ないし正統派の経済学者は（異端の批判者との対立はあ

るが），JELの分類コードが示す多様なトピックについて，何にせよひとつの特定の学派としてくくられるものではなくなっている。特定のイデオロギーを単に信奉するだけの人々から彼らを区別するのは，彼らのモデルと経験的サポート，およびその強調点である。　　　　　　　　（第23節への脚注。p. 13）

　それはさておき，AHELOにいたる流れのなかで前面に現れ，AHELOのなかにとりこまれている大きな特質を2点，最後に指摘しなければならない。それは，①大学を「教える組織から学ぶ組織に」に位置づけなおすというということと，②各国ごと，各大学ごとに差異のある教育制度・カリキュラムのもとでの調和を図るチューニング（Tuning）という考え方ないし手法が採用されることについてである。

**学修者志向アプローチへの転換**
　第1点は，高等教育の政策にかかわる近年の「大きなシフト」として位置づけられている。それは「教員をキー・エレメントとした『知識志向的アプローチ』から，学位取得プログラムを学生中心的で学生の能力の伸長に重点を置いた『学修者志向的アプローチ』へ」視野の転換が進行しているという認識にもとづいている。

　　まだ知識ベースに重点を置いている国がいまだ残ってはいるが，高等教育に従事する人々のなかでは，教育サービスの質を評価する方法として学修アウトカムを用いることがますます重要になり，それに真剣な関心が払われるようになった。特に，ボロニヤ・プロセスをめぐる教育関係者の間でそれが真実であるが，それは欧州に限定されるものではなく，オーストラリア，ラテン・アメリカ，ニュージーランド，南アフリカ，そして米国に及んでいる。高等教育機関はその教育政策を学生のアウトカム・ベースド・アプローチを反映したものに改革すべく努力を重ねている。この改革の過程は，その強度，広がり，深さの故に，高等教育の領域でかつて経験されたことがないほどドラマチックなものになりうる。　　　　　　　　　　　　　　　　（第17節）

　このような改革は社会とそのなかで将来の職業人・労働力となる学修者の要

請に応えるものとして正当化されている。

> 　これらの教育プログラムはつねに変化している社会および労働力の多様で複雑な領域についての知識および理解を深めるものであるべきである。それはこの知識を運用して実際的なコンテクストのなかで応用する能力を発展させる必要がある。この知識は，非一貫性を判断する能力，解決を生み出し，結果を人々に伝える能力を含み，また学科特殊的および学科横断的な能力を重視するものでなければならない。学修者は将来のアカデミックおよび職業的な挑戦に対応できなくてはならない。教育プログラムが約束するものが実際に提供されるように，それが社会的なニーズに適合するように，また何よりも，学修者が自分の時間，関心そして能力を最適に用いるための能力を発展させることができるように，質的なプログラムが生み出されなければならない。
> (第16節)

　学術会議の「参照基準」は「分野特殊的スキル」と「一般化可能的スキル」への注目などの点において，一応はアウトカム志向を取り入れてはいる。しかし「知識ベース」の「教え」を離れて「学修者主体」の「学び」の基準になっているかというと，それについては深みがない。

## 2｜欧州ボロニヤ・プロセスにおけるチューニング

### チューニング（調和化）という手法

　第2のチューニングというのは，欧州連合(EU)がその加盟国および関心国の高等教育の制度面・カリキュラム面の多様性を保ちながら比較・換算可能な調和化(Tuning)を実現しその内部で学生・教員・学位取得者の通用性・移動性のある「欧州高等教育圏」(EHEA)を創出するというボロニヤ・プロセスにおいて開発されてきた手法である。チューニングのモットーは「多様性と自律性のうえに，教育制度と学習プログラムを調和させること[12]」である。1999年6月の29ヵ国の教育担当大臣が署名したボロニヤ宣言以来，様々な「チューニング・プロジェクト」が取り組まれ，2010年にはボロニヤ・プロセスがその第2段階に入ったとして「欧州高等教育圏」を発足させている。AHELOや日本の経済学分野での「参

照基準」においても，米国の全米経済教育協議会や英国のQAAの経験とともに，英国や欧州を中心とした国際的な高等教育調和化の過程で創始された概念や手法が取り入れられている。

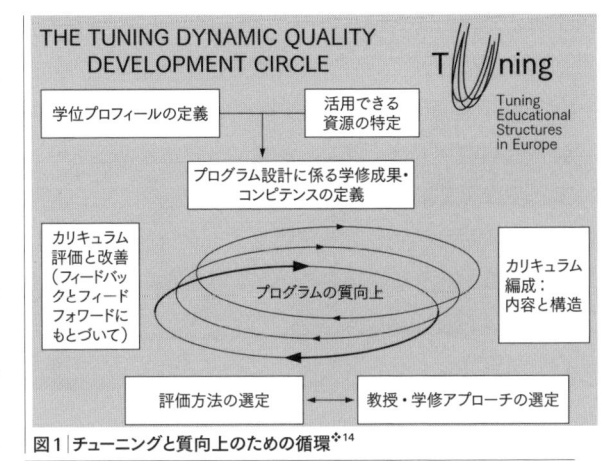

図1 チューニングと質向上のための循環[14]

**THE TUNING DYNAMIC QUALITY DEVELOPMENT CIRCLE**

学位プロフィールの定義 → 活用できる資源の特定 → プログラム設計に係る学修成果・コンピテンスの定義 → カリキュラム編成：内容と構造 → 教授・学修アプローチの選定 → 評価方法の選定 → カリキュラム評価と改善（フィードバックとフィードフォワードにもとづいて）→ プログラムの質向上

このチューニングのプロジェクトにおいては，まず各専門分野ごとに，以下の5項目が整理されていることが前提になる。[13]

(1) 一般的コンピテンスないし汎用的技能
(2) 専門分野別コンピテンス
(3) 単位累積制度としてのECTS（欧州単位互換・累積制度）の役割
(4) 学修・教授・評価の方法
(5) 教育プロセスにおける質向上の役割（教育機関内部の質改善への気運を基盤とするシステムの必要性）

(1)(2)の「コンピテンス」の確定においては卒業生と雇用主に対する調査と大学教員に対する調査がおこなわれている。特に大学教員が重視するコンピテンスと卒業生と雇用主が重視するコンピテンスに差異があると判断して後者をより重視しようとしているのがひとつの特徴である。(3)のECTSというのは学修時間の算定を基礎にした共通の単位量換算システムであり，これがなければ卒業要件などの共通化が不可能になる。これらの5項目を整理したうえで，

❖12……ボローニャ・プロセス／欧州高等教育圏のサイト（http://www.ehea.info）参照。
❖13……ゴンサレス／ワーヘナール（2012）による。また，深堀（2014）も参照されたい。
❖14……ゴンサレス／ワーヘナール（2012）26ページ。

以下のようにして学修プログラムを設計・導入・実施し，改善のサイクルに乗せることが推奨されている。そのプロセスを見取り図にしたものが**図1**である。

(1) 社会的ニーズ，学術的意義，共通参照基準の存在，教育資源の調達可能性等の基本的条件の充足の確認
(2) 学位プロフィールの定義
(3) 学修プログラムの目的と，習得すべき学修成果(知識・理解・技能・能力の観点から)の記述
(4) 学修プログラムをとおして獲得されるべき一般的，専門分野別コンピテンスの特定
(5) カリキュラムへの具体化：教育内容(取り上げるべき学修テーマ)と構造(モジュールと単位)
(6) 定義された学修成果の達成に向けて科目や教育活動への具体化
(7) 教授・学修アプローチ(方法，技法，様式の種類)，評価方法の決定，必要な場合には教材の開発
(8) 不断の質向上のためのカリキュラム評価システムの開発

欧州においてはこれを一歩すすめて共通の成績評価が可能な学修プログラムの開発がいくつかの分野でおこなわれている。たとえば欧州研究とか経営学である。しかし，経済学分野ではまだそこまで踏み込んだ国際調和化は取り組まれていない。

## 3｜英国高等教育質保証機構(QAA)の「科目別ベンチマーク」

OECD-AHELOはまだ試行研究段階であるし，ボロニヤ・プロセスは経済学に直接関連したプロジェクトを実施していない。その点，日本が機関別認証評価を導入する際のお手本になった英国は先進的で，科目別ベンチマーク(Subject Benchmark Statement)を制定して分野別の教育の質保証に取り組んでいる。学術会議の2010年の「回答」でも，日英の学士課程の構造に違いがあることを断ったうえで，英国の「高等教育質保証機構」(Quality Assurance Agency for Higher Education: QAA)のやり方を「一つの重要な試み」と評価している。このQAAの経

済学分野にかかわる「ベンチマーク」の内容についても簡単に紹介しておこう。

## Economics 2007

　英国QAAの経済学分野のベンチマークで，現在利用されているものは2007年版である[15]。本文に入る前の「序(Preface)」では，すべての学科にあてはまる「科目別ベンチマーク・ステートメント」の性質および役立ちが，以下のように数点にわたって説明されている。

- それは学者のコミュニティにその学科あるいはその学科の領域におけるプログラムの性質および特徴を叙述する手段を与える。それはその学科の一定レベルの資格証の標準についての一般的な期待を，その資格の保有者の属性および能力によって示すものである。
- それは高等教育機関がその学科におけるプログラムを整備しようとするときに重要な外部レファレンスとなる。それはその学科のプログラムと結びつく学修アウトカムを明らかにする際の一般的ガイダンスとなるが，その科目の詳細カリキュラムを指定するものではない。
- それは高等教育機関が内部的質保証を追求する際の支えとなる。それは特定のプログラムと結びつけられる学修アウトカムを一般に受け入れられている標準への期待に照らして審査および評価することを可能にする。それは受け入れられている全体的枠組みのなかでプログラム・デザインにおける柔軟性と革新を許容する。
- それは，その学科およびその範囲の学修証の性質および標準についての情報を求めている将来の学生や雇用主にとって関心をよぶものになりうる。

(p. iii)

そのあとに以下のような構成で本文が続いている。

1. イントロダクション

---

❖15……QAA (2007).

2. 経済学の性質およびコンテキスト
3. 経済学における学位プログラムのねらい
4. 科目の知識と理解
5. 科目特殊的なスキルおよび他のスキル
6. 教え方，学び方，および評価
7. ベンチマーク基準

わずか4行で文書の性質・構成をのべた第1節「イントロダクション」のあとに，第2節「経済学の性質およびコンテキスト」が来る。これは学術会議の「参照基準」やAHELOの「経済学」の定義よりも幅が広く，興味深いものになっているので，その3パラグラフを全訳して紹介しよう。

2.1　経済学は所得，富および厚生に影響する要因についての研究である。そのため経済学は経済政策のデザインおよび実施について情報を与えようとする。それは，希少な資源の配分，分配，利用とその経済的・社会的厚生に対する帰結を分析することを意図する。経済学が関心をもつのは，どのようにして現在のような配分が起こるのかということとともに，将来においてどのようにそれが変わりうるかということの双方である。経済学の学修は，資源がどのように用いられ，その際，家計と企業がどのように行動および相互作用するかについての理解を要求する。個人（ミクロ）のレベルと集計的（マクロ）レベルの双方でこの理解が要求される。分析は静態的（略）と動態的（略）の双方である。経済学の学修は資源，エイジェント，制度およびメカニズムの理解を必要とする。また，どんな経済も孤立しては営まれないので，これらの現象を国際的なコンテキストで学修することが重要である。

2.2　経済学は社会科学のなかで鍵になる学科である。それが主題とする事象は，心理学，政治学，社会学，人類学，地理学，歴史学および法学のような他の学科の範囲と結びついている。それはまた数学と統計学を用いるが，生物学，環境科学，医学などの自然科学の利用も増えている。さらに，経済学の知識はビジネスの行動，戦略および会社の業績を理解するために不可欠であ

るので，経済学はビジネスおよびマネージメントとそれらに関連する領域の学修を支える諸学科のうちで中心的なもののひとつである。こうした関連を認識して，ますます多くの学生が他の科目と併せて経済学を選択したり，ビジネスおよびマネージメントの学位に包含される一部として経済学を学ぶようになったため，想像力に満ちた新しい学位プログラムが生まれた。そうした構想は，経済学を含む研修は職業的なエコノミストとして活躍する道に加えて多種のキャリアにわたる重要な雇用機会を提供できるという評価によって影響されている。

2.3 経済学者のアプローチに特徴的ないくつかの枢要な知的特性について指摘しよう。第1は，問題のエッセンスを同定しモデル化するために，抽象し単純化する能力である。第2は，演繹的および帰納的双方の面で分析と推論をおこなう能力である。第3は，証拠を並べ，それを取り入れて構造化し，質的および量的なデータを分析し評価する能力である。第4は，経済学を学んだことのない人を含む広範囲の聴衆に結果を簡潔に伝えることのできる能力である。第5には，広範な社会経済的な文脈のなかで自分の分析の限界について批判的に考えることのできる能力である。第6には，経済政策的な含意を引き出し，その実施にとっての潜在的な制約を認識し，表明された政策目的に照らしてそうした政策の効果の実効性を評価することである。

第3節で学位プログラムのねらいについて列挙したあと，第4節では経済学教育において達成されるべき知識・理解が説明される。経済学の学位プログラムが「通常」含むべき内容としては，次のものがあげられている。

- 経済学の原理のまとまったコア。これらを理解させるのは，ことばによるもの，グラフによるもの，数学によるものがありうる。これらの原理は，意思決定と選択，財の生産と交換，投入の価格形成と使用，市場の相互依存性，プリンシパルとエージェントの関係，そして経済的福祉などのミクロ経済学的論点をカバーすべきである。また，雇用，国民所得，国際収支，所得分配，インフレーション，成長および景気循環，貨幣および金融のマク

ロ経済学的論点も含むべきである。理解はさらにミクロ，マクロの両レベルで経済政策にまで及ぶべきである。学生は，これらのすべてにおいて分析的方法とモデルを基礎にした議論に対する理解を示すとともに，多様な方法論的なアプローチが存在することを理解すべきである。

- 適切な数量的方法および計算技法。これらはエコノメトリクスを含む適切な数学的および統計的な方法を含むことが望ましい。学生はこれらの技法が適切な統計ないし計量経済学の適当なソフトウェアを用いて実際の経済的・金融的ないし社会的なデータに使われる様子を見る機会がなければならない。
- 量的・質的双方の経済データの性質，ソース，および用い方についての理解と評価。
- 学生は，エコノミストがそれらのデータを構造化して分析する際に用いる適切な方法についてある程度の理解をもち，それらを選択し適用できるようになるべきである。
- 経済学の応用。学生は経済学の原理のコアとそれにもとづく推論を各種の応用的問題に適用する能力をもつべきである。また，経済学の原理を商業的，経済的，社会的および環境保全的な政策を構築・ガイド・解釈するために用いることができることを知るべきである。この一部として，学生は政府の政策について討議し分析する能力，英国および他国の経済のパフォーマンスを評価する能力をもつべきである。

(4.1)

そのうえで，以下の到達目標が列挙されているが，これは「達成すべきshould」リストではなく，「達成目標に加えられるかもしれないmight」リストである。

- 関連した数学的および統計的技法の理解
- 理論およびモデル的な分析方法についての批判的な理解
- 経済思想の歴史的発展と経済学者が用いてきた分析方法が多様であることの理解
- 応用トピックスに経済理論を適用して推理する能力

- 推奨される経済政策の違いをそれらを裏づける経済分析の理論的経験的特質と関連づける能力
- 政府の政策を討議，分析し，英国および他国の経済，また世界経済のパフォーマンスを評価する能力
- 経済的概念や分析およびそれらの関連についての，ことば，グラフ，数学および計量経済学を用いた説明に対する理解。関連する統計データを操作し，取り扱い，解釈するための適切な技法も重要になるかもしれない。(4.3)

第5節では，経済学教育で獲得されるべきスキルが示されている。もちろん文章や情報を操作・加工したり，相互にコミュニケーションをはかるという一般的スキルの達成は当然であるが，経済学の教育においては，次の3つの面でスキルの獲得がはかられるとしている。

その第1は，経済学教育によって特に増進される「科目特殊的なスキル」で，「抽象力」，「分析，演繹，帰納」，「数量化とデザイン」，「枠組み構成(framing)」の4つがあげられている。

その第2は，他分野あるいは日常生活に転用して意思決定のガイドになりうる概念の枠組みである。そこであげられているのは，以下の諸概念である。学術会議の「参照基準」と共通している概念が多い。

「機会費用」「インセンティブ」「均衡・不均衡・安定」「戦略的思考」「期待とおどろき」「限界的考量の重要性」「自発的交換によってかなう利益」「システムと動態」

第3にあげられているのは数的な情報を扱う能力(numeracy)で，分野を超えて一般的ではあるが経済学学修にとって決定的に重要なスキルであるとされている。経済学の分野では数的な情報を表やグラフにしたり，それらの平均や相関をとることがよくおこなわれ，数値情報を操作し，またそれを伝達するスキルの獲得がめざされる。しかし，他方で数値によって惑わされないように，数値の意味するものを正確に理解するとともに数値データの取り方の困難さを知るべきであるとも戒めている。

「教え方・学び方・評価」を扱った第6節では,「能動的で深い学びの機会」を生み出す環境整備が強調され,政治的な含意のある情報や問題を学生に探求させることが奨励されている。そのため,「講義」「演習」だけでなく,「チュトリアル」,「ワークショップ」,「相互教授・学修」,「プロジェクト」,「実験」,そして「遠隔学修」などがメニューにあげられている。さらに,そうした学修を支えるには「リソースに基礎を置いた素材」が必要であるとされる。成績評価においても,「試験」だけでなく「卒業論文」,「ポートフォリオ」,「小論文」,「口頭発表」,「問題解決エクササイズ」,「ケース・スタディ」,「その他の課業」があげられているが,学生たちに対して「その進歩と到達点について,時宜にかなった援助的なフィードバックを与えて,その学修アウトカムを増進する仕方をわからせるようにする」べきであるとしている。

　最後の第7節では学位コースの修了学生が達成すべき7項目の「ベンチマーク」をあげているが,現実への妥協も考慮して,「閾値レベル」と「典型的レベル」の2レベルが区別されている。以下の7項目のうち,アンダーライン部が「閾値レベル」であり[　]部分が「典型的レベル」である。ただし,「知識(knowledge)」というのは「教えられた理論や証拠を再生できること」を意味し,「理解(understanding)」というのは「その素材を分析し,また建設的かつ批判的に用いること」を意味していると断っている。

- 経済学の概念と原理についての知識[理解]を示す
- 経済学の理論とモデル化のアプローチについての知識[理解]を示す
- 学修プログラムにふさわしい数量的方法と計算技法について気づいている[習熟している]ことを示し,これらの技法や方法を適用することが適切なコンテキストがわかる[ある範囲の諸問題に効果的に用いる仕方を知っている]ことを示す
- 経済のデータおよび証拠のソースと内容についての知識[理解]を示し,それらのデータを分析するのにどのような方法が適切でありうるかがわかる[適切に適用できる方法を理解していることを示す]
- 経済学的推論を政策問題に[批判的な仕方で]適用する仕方について知って

いることを示す
- 経済問題の多くに対しては1つ以上の接近法があり，またその解決法も1つとはかぎらないという可能性に気づいている［を知悉している］ことを示す

　以上みてきたように，英国QAAのベンチマークは，米国NCEEなどの基準や学術会議の基準よりも，政策問題についての討議への参加能力の形成が重視され，そのために政策問題へのアプローチや解決法が複数ありうることの理解が重視されている。新古典派主流的な経済学理解が潜在してはいるが，それを教え込むことではなく，学生が学んで獲得するスキルとその到達点が中心になっている。

**内部質保証システムとの関連**

　それでは，このベンチマークを用いた分野別の質保証の達成評価が実際におこなわれているかどうかである。現状から言えば，全分野にわたって「ベンチマーク」にそった外部評価がおこなわれているのではなく[16]，「内部質保証システム」が効果的に機能しているかどうかを点検するのが「機関別監査」とよばれる「外部評価」の中心課題になっている。内部の「質保証システム」というのは，学科ごとの学年ごとのモニタリング，約5年ごとの全学レビュー，さらに英国固有の学外委員制度などで，前二者は現在の日本の大学でいう「自己評価」にあたるものであろう。QAAによる「機関別監査」においては，これらの要素からなる「質保証システム」が正しく機能しているかを点検することと，大学がサンプルとして評価資料を準備する学科についてより詳細に点検することとが結びつけられている[17]。したがって，「科目別ベンチマーク」は，主として「内部質保証」における参照事項として利用されるにとどまる。分野別質保証の枠組みとして学術会議が分野別参照基準を提言したのも，そのような利用のされ方を念頭に置

---

❖**16**……英国で高等教育の「質保証」が問題になったのは1990年代以降の大学の大衆化のなかで学位や成績の基準について疑念が起きたためで，1997年に誕生したQAAもその初期には全学科にわたる「分野別評価」を実施していた。しかし，この方式は評価する側と評価を受ける側の双方にとって負担が大きすぎるために，2003年からは「機関別監査」に転換した。安原（2009）参照。
❖**17**……QAA（2003）（日本語訳が「英国高等教育質保証ガイドブック」として大学評価・学位授与機構のウェップサイトで提供されている。）

いていたものと思われる。

　もう1点，注意しておきたいことは，この英国の「質保証」の制度においては学生が重要なアクターとして位置づけられていることである。学生の代表団体は監査チームに対して「学生による意見書」を提出し，監査チームは在学生および卒業生と面談することになっている。また学生は分野別の学内評価にも参加することになっている。「ベンチマーク」自体が学生の「学修成果」に中心を置いたものであることは既に指摘したが，最近の英国の教育界では，高等教育をより徹底して「学生中心」のものに転換することが論じられているとのことである[18]。これはボロニヤ・プロセスが唱導している方向と一致している。

# V 「参照基準」を超える経済学教育の可能性

　以上，OECD-AHELOとそれが多くを継承している欧州ボロニヤ・プロセスにおけるTuning，さらに英国の科目別ベンチマークについて見てきた。まとめて言うならば，①これらの高等教育の国際化および「分野別質保証」の試みにおいては，「内容を超えた」技能，コンピテンスとしての「学修アウトカム」の達成度の評価が意図されていて教育内容に即したカリキュラムの統一化・標準化が意図されているのではない，②それは「知識ベース」での教授中心型の教育から「学修者中心」の教育への方針転換と結びついている。このことは将来の経済学教育に展望を与えるものとして評価してよいだろう。③しかし，専門分野（経済学）の定義や学科の基礎知識・理論・方法において「主流派・正統派」の観点が持ち込まれることへの歯止めは存在せず，「学修アウトカム」の評価テストもそれに対応した標準テスト的なものになる危険がある。④「内容を超えた」技能やコンピテンスなどの「学修アウトカム」のとらえ方においても，就業・雇用を中心とした，経済のグローバル化および労働移動の国際化に対応した視点が主導的である。民主的・包摂的社会の市民の技能・コンピテンスのとらえ方が狭隘であるか，そうではないとしてもリップサービスにとどまりかねない，ということである。

　私たちも，高等教育が国際化しているなかで経済学教育の質の保証の課題があらわれていること自体を否定するものではない。前節においては国際的な教育評価や調和化が経済学教育の画一化・標準化を意図したものでないことはと

もかく確認できた。しかし評価の対象となる「学修アウトカム」の設定に際しては，雇用主や卒業生の視点が重視されていて，民主的な市民社会における代表性が保証されているかどうかには疑問が残る。また，専門分野の定義や基礎知識・理論・方法において標準化的志向が入り込むことは避けられないであろう。

特に危険であると思われるのは，カリキュラム設定の自律性・多様性が承認された場合でも，「学修アウトカム」を評価すると称して平板な知識・技能テストが利用され，それを介して間接的に経済学教育および学生の学修成果の標準化・画一化が進行する可能性である。AHELO-FSの試行テストでも，本来意図されているような知識を超えた「学修アウトカム」の評価が十全に評価しえたかどうかは疑問である。内容で縛られることを拒否しても，出口で縛られることがある。前門の虎，後門の狼である。

おそらく私たちは市民の日常の生産・消費・取引の活動が国の富と繁栄の基礎であるということの確認から成立した経済学Political Economyの基礎にたちかえって，経済学それ自体の革新を学修者中心の経済学教育と結びつける努力をしなければならないだろう。今世紀に入って以来，経済学のなかの革新の動きは異端とされるグループの経済学者のなかにも生まれている。そして何よりも，学生たち自身が経済学の標準化・画一化への異議申し立てを開始している。2000年にパリ第一大学の学生の既存経済学に対する抗議からはじまったポスト・オーティスティック・エコノミクスの運動は，10年を経て異端派経済学者の世界的な連合であるワールド・エコノミクス・アソシエーション(WEA)の結成に結びついた[19]。2011年にはハーバード大学の学生たちの抗議があり，昨年もイギリスの大学での学生たちの声が『ガーディアン』紙で取り上げられた[20]。学修者を中心に置くということは，消費行動にせよ，職業選択にせよ，学生に「経済理論の教え」を授けることではなく，学生とともに考えなおすことであろう。

---

❖**18**……秦(2012)参照。
❖**19**……オーティスティック（自閉症）という表現には批判があり，この運動の雑誌は現在ではreal-world economics reviewに改名している。WEAのホームページ http://www.worldeconomicsassociation.org/ を参照。
❖**20**……ケインズの代表的研究者であるロバート・スキデルスキーの提案によって生まれたInstitute for New Economic Thinkingはカリキュラム委員会を設けて学生たちの抗議に応えて経済学教育の改革を志向している(http://ineteconomics.org/education)。またスキデルスキー(2014)も参照。

日本の大学の経済学教育の場が，教員の学生に対する「教授」(あるいは「授業」)の場から学生と教員の双方協働の経済学の「学修・探究」の場になるように，そのような願いから本書は編集・刊行された。

**参 照 文 献**

経済学分野の参照基準を考えるシンポジウム(2014)，『「経済学分野の参照基準」を考えるシンポジウム予稿集・資料集』．
岸本喜久雄(2014)，「OECD-AHELOの学習成果アセスメント」『IDE』No. 560 (2014年5月号)．
フリア・ゴンサレス／ローベルト・ワーヘナール編著(2012)，深堀總子・竹中享訳『欧州教育制度のチューニング：ボローニャ・プロセスへの大学の貢献』明石書店．
大学基準協会(2004)，『経済学教育に関する基準』(大学基準協会資料第59号，平成16年8月)．
滝澤博三(2013)，「欧米の質保証の取り組み」『教育学術新聞』(日本私立大学協会) 2542号(2013年11月6日号)．
ロバート・スキデルスキー(2014)，「求められる経済学の内部改革」『日経ビジネス』2014年7月21日号．
秦絵里(2012)，「英国における学生中心の高等教育」『教育学術新聞』2478号(2012年4月11日号)，同2479号(同18日号)．
深堀總子(2014)，「チューニングによるコンピテンス枠組の構築と学位プログラムの設計」『IDE』No.560 (2014年5月号)．
安原義仁(2009)，「イギリスにおける高等教育の質保証システム」，羽田貴史・米澤彰純・杉本和弘編『高等教育質保証の国際比較』東信堂．
山岡道男・浅野忠克(2008)，『アメリカの高校生が読んでいる経済の教科書』アスペクト．
OECD (2011), "Tuning-AHELO Conceptual Framework of Expected Learning Outcomes in Economics," *OECD Education Working Papers*, No. 59,
OECD (2012), *AHELO Feasibility Study Report*, vol. 1 Design and Implication, OECD.
Quality Assurance Agency for Higher Education (QAA) (2003), *A brief guide to quality assurance in UK higher education*, 2003. (日本語訳が「英国高等教育質保証ガイドブック」として大学評価・学位授与機構のウェブサイトで提供されている。)
Quality Assessment Agency for Higher Education (QAA) (2007), *Subject Benchmark Statement: Economics 2007.*

# 第1章 教育に多様な経済学のあり方が寄与できること
## ——教育の意義を再構築する

**大坂 洋**
おおさか・ひろし／富山大学経済学部准教授／所属学会：経済教育学会・進化経済学会

## I 「参照基準」最終版の積極面と課題

### 1 経済学教育の職業的・市民的意義

　参照基準において，以下のように経済学教育の職業的意義の指摘と民主主義社会における位置づけが明確になされている。このことは率直に評価したい。

> 経済学は学問としてこのような使命を有しているが，一人ひとりの市民にとっても，経済学を学ぶことで，経済の動きをよりよく理解し，またそのことが生活者・職業人として経済活動に参加するための助けとなる。例えば，学生が大学を卒業して企業などで働く場合，企業活動の意味やそれを支える人々の行動，さらには企業活動に強く影響を与える国内外の市場の動向などについて理解することができる。また，現代経済では市場だけでなく政府による経済政策の果たす役割が大きいが，経済政策の実施は専門職に委ねられるにしても，一般市民としても各種の政策の効果と限界を理解して，政治に対して意思を表明することが求められる。

　1990年代以降，若年層の雇用問題が深刻化するにつれ，日本の中等・高等教育における職業的意義の欠如がしばしば問題にされている[*1]。その背景には若者の多くが教育機関でも，雇用の非正規化によって職場においても職業的素養を身につける機会がもてないことがある。大学教育における職業的意義の構築は近年の労働市場の変化を考慮すれば極めて緊急性の高い問題といえる。就職指導やいわゆるキャリア教育の充実など，各大学での努力はなされてきてはいるが，経済学部の教育内容の中心にある経済学教育において，職業的意義が十分に位置づけられているとはいえない。この点で参照基準は大学の現状より先進

的な理念を示している。

　本田由紀氏によれば教育の職業的意義には〈適応〉と〈抵抗〉の二つの側面がある。

> 　そのような仕事の世界への準備として欠かせないのが、第一に、働く者すべてが身につけておくべき、労働に関する基本的な知識であり、第二に、個々の職業分野に即した知識やスキルである。総じて、前者は、働かせる側の圧倒的に大きな力、しばしば理不尽なまでの要求を突きつけてくる力に対して、働く側がただ翻弄されるのではなく法律や交渉などの適切な手段を通じて〈抵抗〉するための手段であり、後者は働く側が仕事の世界からの要請に〈適応〉するための手段であるといえる（ただし、このような性格づけは相対的なものであり、いずれも内容に応じて〈抵抗〉／〈適応〉の両面をもちうる）。[2]

　本田氏の議論と比較すれば、参照基準は〈抵抗〉的な側面への言及が欠けていることが気にならなくもない。しかし、〈適応〉の側面は明確にされており、この認識がベースとなれば、〈抵抗〉的側面を大学教育がサポートしていくことも容易になろう。この点における参照基準の認識が、建前ではなく、私たちが教育に取り組むときのベースとして定着すれば、この国の若い人々の現状もよい方向に変わっていくであろう。

　しかし、参照基準の検討分科会各位にお聞きしたいことは、この経済学教育の意義が現状での実現されている経済学教育の意義とみなしているか、経済学教育の大きな改革・改善を通して私たちが目指さなければならない目標とみなしているかである。この点については、私は参照基準はせいぜい小さな改善で上記の教育の意義が達成可能であるとみなしているように感じている。

　しかし、現状は参照基準が明確した教育の意義を大学の経済学教育が発揮できないことによって若者の生存権がおびやかされている状況である。それは現在の大学教育の根幹と関わっている。上記の教育目標の達成のためには、教育方法、教育内容の大幅な改革が求められている。

## 2　参照基準は経済学アプローチの多様性を本当に認めているか？

　参照基準は経済学における多様なアプローチの存在に配慮する多大な努力が

なされている。しかし，参照基準での「配慮」の内実は主流派アプローチと非主流派アプローチの混合である。主流派と異なる**理論**の存在を明記すべきであった。

このことをいうのは，複数の経済学のアプローチの悪しき混合物が高校・中学の公民分野の経済学分野で広くゆきわたっているからである。本来，経済学の多様性は日本の経済学教育の長所となりうるものだが，中等教育では教育上の欠点を凝縮したものになっている。

以下はある高校入試向けの公民分野の受験参考書の2006年版にある「資本」についての用語説明である。

> (3)資本─生産の三要素の一つ
> 　会社をつくるのに必要な元手であり，生産の三要素の一つである。生産活動が始まると，これまで生産されてできた蓄えも生産のために資本として使われる。生産は新たな価値(付加価値)を生み出すので，資本はどんどん大きくなる。したがって，資本は多面で多様である。[3]

この記述は，主流派経済学とマルクス経済学でまったく違うことがらに同じ用語「資本」があてられていることを意識せずに書いている。「会社をつくるのに必要な元手」というのは，ややマルクス経済学の定義に近いといえないこともないが，単なる日常語での使用ととるのが妥当であろう。「生産の三要素の一つ」は主流派のとらえかたである。「生産は新たな価値(付加価値)を生み出すので，資本はどんどん大きくなる」という部分はマルクス経済学における資本の説明である。

おそらく，この説明の著者は「資本」の主流派経済学における定義もマルクス

---

❖1……すぐ後で参照する本田由紀氏の仕事に加え，濱口桂一郎[2013]『若者と労働』(中公新書ラクレ)参照。
❖2……本田由紀[2009]『教育の職業的意義』(ちくま新書)，11ページ。
❖3……同参考書の最新版の索引には「資本」という語句がない。特定の参考書やその著者の批判を目的としないので，出版年以外の書誌情報は省略する。ただし，出版社が受験関連の最大手の一つであることは指摘しておく。インターネット上の辞書サービスで広く使用されている国語辞書の「資本」の項目に非マルクス経済学の用語法とマルクス経済学の用語法の違いが曖昧な記述があり，この参考書と内容が酷似している。その国語辞書の最新の印刷版の記述は修正されているが，いくつかの辞書サービスではこの記述が用いられ続けている。

経済学の定義も理解していない。また，経済学において学派によって「資本」という言葉で違う事柄が表現されていることも知らないのであろう。さらに類推すると，この用語説明を平気でできる人物は経済理論は演繹的に説かれるものとは思っていないだろうし，経済学の学習とは関連のない用語を丸暗記することだと思って，そのように生徒を指導している可能性もある。もしそうであれば，そのような教育は参照基準であげている「経済学の学びを通じて獲得すべき基本的な能力」のひとつである演繹的思考の向上を大学入学以前においていちじるしく損なうものといわざるをえない。

高校・中学の公民分野の教科書・参考書では主流派経済学のミクロ理論由来の用語とマルクス経済学由来の用語が両方記載されている。さすがに教科書では，上記の受験参考書のようにひどい例はみあたらない。しかし，経済学において複数の理論が並立していることを意識できるように書いてはおらず，生徒がまとまった体系として経済学を認識することは困難である。

同じような危惧は参照基準にも感じる。参照基準にも，上記の例に類似の，複数の立場の主張を理論の違いを明確にせずに記述したために意味不明になっている箇所があるからだ。

その箇所のひとつは，経済学における最重要概念である「均衡」を説明する部分である。

> ・ 市場の均衡と不均衡
> 　市場の均衡とは，一定の価格や生産量が持続する状態を表している。均衡状態では，必ずしも完全雇用や資源の最適配分が実現するわけではない。不均衡では，一部の経済主体が行動を変更しようとするため，この状態が持続せず，通常は均衡に向かう。したがって経済分析では流動的な不均衡の状態よりも安定的な均衡状態に焦点が当てられることが多い。

一般均衡理論以外の市場へのアプローチにたいへん配慮をした記述ではある。「市場の均衡とは，一定の価格や生産量が持続する状態を表している。」という文章は再生産を重視する立場に最大限配慮した均衡の「定義」なのだろう。しかし，その立場の人々でさえ，「一定の価格や生産量が持続する状態」を均衡の

定義としては採用しないであろう。もっといえば，この記述が私の1年生向けのミクロ経済学の答案であったとすれば，満点は付けられない。委員各位が自分たちと異なる経済学のアプローチの存在に最大限配慮したことに，感謝の念は堪えない。しかし，複数の経済理論の存在を不明確なまま，様々な立場からの批判に配慮した結果，「お役所的」で，経済学的にも不適切な記述になってしまったのであろう。

私なら，均衡の定義として，教科書どおりの「需要量と供給量が一致する状態」とし，そのうえで，財市場での均衡が経済全体の安定性を導かないとする理論や，均衡を経済学の中心的原理におかない理論があることを指摘し，その上で，非主流派を含めて多くの経済分析において，均衡が経済分析の中心的な役割を果たしていることを指摘するであろう。複数の理論があることを明示すれば，上記の記述の不適切さは簡単に避けられたと思われる。

私たちは経済学の多様性を大学の教育現場で生かす方向をすすめる立場である。しかし，現在の高校・中学の公民分野の教育の現状は，日本の経済学の多様性の負の側面を凝縮した形で表している[❖4]。その多様性に配慮した参照基準においてもそのような負の側面を再現する傾向がすでに表れている。このような傾向を避ける意味で中学・高校の公民分野や大学初年では，主流派の理論にカリキュラム内容を統一すべきという意見には一定の根拠がある。しかし，私たちは教育からの多様性の排除ではなく，複数の経済学の体系や理論があることを明示しながら，多様性を生かしていくことが王道だと考えている。なぜならばそれが現実の経済学の姿だからであり，複数の立場がありうることを理解することが，参照基準も明記している他分野とのコミュニケーションや民主主義社会における経済学学修の意義において重要と考えるからである。

以下では，参照基準にも明確にされた職業的意義と民主的社会における責任を大学の経済学教育で実現することに向けた議論を行う。そこにおいて，新古典派の経済学の否定的な側面をとりあげる。それは教育において主流派の地位を非主流派に明け渡せと要求するのではなく，現状において複数の理論の並立を明示することが教育現場で必要であることを示すためである。

---

❖4……本書，浅田統一郎論文に大学教育においての同様の傾向への憂慮が表明されている。

# Ⅱ 職業的・市民的意義と経済理論の多様性

　大学における職業的意義のある教育への最大の抵抗勢力は大学の教員たちである。彼らの教育的意義をもつ教育内容へのよくある批判は「大学を専門学校にするのか」というものである。もし，現在の大学より専門学校が学生にとって望ましいなら当然そう変わるべきという当たり前の指摘はあえてしない。また，そんなことすら考えない思考停止をあしざまにいうのも控える。この種の批判を生む心情は研究者として地位が失われることへのおそれかもしれない。しかし，日本の大学が職業的意義のある教育に舵をきるとき，新たなアカデミックな研究への膨大な需要が生じることだろう。

　職業的意義のある教育カリキュラムにおいては特定の産業，職種，職場などが具体的な素材としてとりあげられる。それらについて明確な理解を得るためには，適切な理論的枠組みと実証研究の裏づけが必要となる。以下，本田氏が提案する「職業教育各論」を引用するが，いずれの項目も学問的な十分な裏づけなしには教科内容を組めないものである。

> ①当該分野が人々の生活にもつ意味と重要性，従事する者の責任と倫理
> ②当該分野に関する基本的な理論と概念
> ③当該分野に関する実践的な手法と技能(実習を含む)
> ④当該分野の歴史的な展開過程と世界的な布置
> ⑤当該分野の抱える課題と将来展望
> ⑥当該分野と隣接・関連する諸分野の梗概[5]

　実技と関係する部分に経済学が関わる可能性は薄いが，職業と関係する分野が経済と無関係であるとは考えられない。

　しかし，このような実学を学問的に裏づけることを経済学がサポートする場合，既存の学問の体系，あるいは慣習が障害になる可能性がある。一つの分野はそれぞれが経済学の対象となりうるので，既存の経済学の研究者がそのまま取り組むことにより，一定の寄与は期待できるかもしれない。しかし，そのような対象は通常，政治的・社会的・心理的といった経済的でない側面をもち，な

おかつ，政治システム，法システム，家族といった経済システムの外の制度と相互に影響を与えあっている。

たとえば，2012年に年収約5000万円とされるタレントの母親が生活保護の受給をうけていることが大きな問題になった。このことが問題視された背景には「働けない親の面倒は(社会保障制度ではなく)子どもがみるべきだ」という人々の無意識の思い込みがある。このような思い込みは日本においては夫が企業の正社員であることが標準的な家族とみなされており，様々な社会保障制度がそれを前提につくられ，欧米では社会保障制度によってまかなわれているものが，定期昇給をともなう賃金で肩代わりされてきたことと無関係ではない。そして，夫が正社員であることが標準とみなされる状況は日本独自の企業システムと関連づけられる。そのように考えると，この生活保護の「不正」受給への人々の反応は単なる芸能人のゴシップではなく，日本の家族制度，社会保障制度，企業システムの相互依存とその問題点を明るみにだしているといえる。また，経済的貧困が問題視されてきた中で生活保護の受給条件を厳しくするような方向への支持が，この問題を通じて広がったという逆説的状況の理解には社会学的，心理学的な分析が必要であろう。このような問題には，経済システムへのアプローチが不可欠であるが，それだけでは問題の全体を解明できないことは明らかである。

社会において経済システムが重要性をもっているのは，他のシステムと重要なつながりをもっているからである。大学の教室や研究室を別とすれば，私たちにとっての経済問題とは，そのほとんどが対象の非経済的側面や他の社会システムとの関係を無視しては理解できない。

しかしながら，かなりの数の経済学者の習慣として，経済システムの自律的な側面のみを強調し，経済的側面のみに注意を集中したり，経済システム以外の社会システムの存在を無視する傾向がある。これは学派の立場をこえて，とりわけ，理論分野の一部に広くある傾向だと思われる。

もう一つの障害になりうる面は，初期賦存量，目的関数，技術が与えられれば，その時点の経済状態が一意的に決定されるという特殊な(ただし，主流派経

❖5……前掲，本田[2009]，204ページ．

済学では少数派でない）理論的立場に固執するのでなければ，現状の当該分野を理解するためには歴史的研究は不可欠である。理論的研究，数量的研究を歴史的研究より高級視する一部の傾向は，後の将来の経済学を活用した職業的意義のある教育にとって有害である。

　参照基準においても，以上で指摘した歴史的研究，政治的，社会的，心理的側面の重要性は適切にも認識されている。しかし経済的でない側面へのアプローチにおいては，ミクロ経済学，マクロ経済学といった主流派の理論のコアを見直さざるをえない。次の項では職業的意義のある教育に不可欠な特定の仕事を理解するという観点から，経済理論のコアのあり方を検討する。

## 1｜仕事を理解することために必要な理論

　いうまでもないが，職業的意義をもつ教育においては，仕事内容を理解することが重要である。また，仕事は人間の行う行動であるから，それを分析する場合，職場における人間行動を一定の枠組みにおいて理解する必要がある。そこでは，それぞれの経済学における人間行動についての基本的な想定が重要となる。

　問題なのは主流派で採用されている最適化行動の枠組みが職場レベルの人間行動の分析として適切かどうかである。

　職場において，多くの仕事は「〇〇のときに××をしなさい」という形で与えられる[6]。そのルールの多くは一定の時間の間隔で，定期的に行われる。

　このようなルールはほとんどが他の同僚とのとるルールと組になっている。つまり，個々人の個々のルールはチームワークのなかで意味をもつ。

　他方，通常，新古典派の経済学は生産関数によって生産を表現する。職場レベルで考えれば，たとえば，個々の従業員の労働時間を適当な関数で計算すれば，その職場での産出量（たとえば，工場における生産量）が求められるような場合が考えられる。このようなケースでは，ある従業員の1時間分の生産への寄与といったものが簡単に計算できる。これを限界生産物という。

　しかし，現実のルールにしたがったチームでの作業の場合，どの個人がどのくらい職場全体の産出量に寄与しているかは計算できない。新古典派的な生産分析の基礎は限界生産物による分析であるが，ほとんどの職場の分析にはそのような分析手法は役に立たない。

つぎに,「○○ならば××をする」というルールにおいて,○○にあたる部分,つまり,ルールを実行する状況はすでに知られたものでなければならない。頻繁にルールにあてはまらない状況が起こるとすれば,このようなルールは役に立たない。

　このような対処への方法の一つはルールの数を考えられうるだけ増やすことである。しかし,これはしばしば実行不可能である。そもそも,起こりうるパターンを全部数えあげることは大変であるし,それが100とか1000とかであったとしたら,ルールをつくるのも大変である。

　この困難さは主流派においてゲーム理論による契約理論で不完備契約の問題として扱われている。その理論では契約書に書かれない場合も考慮にいれた契約書を書くことで契約の双方が困難を乗り切ることを想定している。

　しかし,現実の職場の多くは根本的に違った方法でこの困難を乗り切る。それは,ルールに書いていないことが発生しにくい環境をつくりあげることである。たとえば,在庫調整はそのための仕組みのひとつである。在庫調整がなければ,注文の数に応じて,たえず産出量を調整しなければならない。その産出量の変更にともなって,たえず違うルールで適応しなければならない状況も生じうる。在庫調整のような仕組みは職場の外部の変化から,職場を切り離し,職場内部の環境を安定させる働きがある。このような性質を持つ仕組みをバッファー装置,あるいは,緩衝装置という。

　実はこの行動のルール化と緩衝装置は人間の注意力や思考力に限りがあることへの対応としてとられる代表的なものである。

　人間の能力に限界があることは,主流派の経済学でも限定合理性の問題として認識されているが,不完備契約理論の例でみたとおり,基本的な考え方は能力を複雑な場面では,普段よりもっと複雑な意思決定をするという発想である。しかしながら,現実の職場では複雑な外部から職場の環境を切り離し,その上で行動を比較的単純なルールで対応する方法が一般的な複雑さへの対処である。

---

❖6……このような状況の定式化の詳細は,塩沢由典[1990]『市場の秩序学』(筑摩書房,文庫版は[1998]ちくま学芸文庫)11章§3,塩沢由典[1997]『複雑さの帰結』(NTT出版)第Ⅰ部第1章,吉田雅明[1997]『ケインズ 歴史的時間から複雑系』(日本経済評論社)第5章,江頭・澤邊・橋本・西部・吉田編[2010]『進化経済学 基礎』(日本経済評論社)第5章などを参照。

新古典派的な分析を様々な職場に応用する際の悪しき副作用として，本来，成果のはかれないチーム生産の個々のメンバーの成果をひねりだすことによって，効率の悪い，チームワークを破壊する形の成果主義に寄与する可能性があることである。このことの危険性は〈抵抗〉の側面で職業的意義のある知識として広く識られるべきである。

　このような職場のルールの体系は一朝一夕にできるのではなく，長い試行錯誤を経て形成されていくのが普通である。したがって，職場のメンバーでも，そのルールがなぜ有効性を持つのか理解できない場合が多い。その意味で職場の外部の研究者による研究はそのルールを発展させる上での有益な示唆を与えうる。

　以上の論点は多くの経済学者が参照する企業研究においても明確に位置づけられている観点である。トヨタ自動車研究をはじめとする多くの企業研究で世界的にも広くしられた藤本隆宏氏の一般書籍の冒頭での研究の枠組みについての記述を引用しよう。

>　競争戦略論において，企業間の競争力や収益性の差を説明する概念として重視されてきたのが「組織能力」である。／組織能力には，企業によって異なる，各々の企業に特有の能力である。つまり，トヨタと本田と日産は，それぞれ異なる組織能力を持つ。また，組織能力は，文字通り組織の属性であり，例えば，たまたまその組織に在籍するひとりが持つ天賦の才能は組織能力とはみなされない。確かに組織能力も個人能力の束であるが，それは，その組織にいたからこそ身についた調整された体系なのであり，すなわち，組織能力とは組織全体の底力なのである。／そして，一般に，組織の中で継承される慣例で，常軌的な行動パターンを「組織ルーチン」と呼ぶが，組織能力とは，組織ルーチンの体系，とりわけ他社が模倣しがたい組織ルーチンの束を指す。／ところで，組織能力は「組織学習」によって構築されるが，計画的に獲得されるものに限らず，運や「意図せざる理由」，あるいは予想を超えた「雪だるま効果」から「創発」されることも多いため，歴史分析や進化論的枠組みによる分析が有効である。[7]

ここで取り上げた観点からの職場研究に学生が取り組むことは学問的な意義のみならず，深い職業的意義をもちうるであろう。

## 2│前項への補論
### ──限定合理性をめぐる主流派経済学への批判への反批判とそのまた反批判

前項の内容は現在の新古典派的経済学とそれと対立する経済学の人間行動の想定に関連している。現在の主流の経済理論である新古典派経済学においては，すべての人間の行動はなんらかの最適化行動と考えられている。それに対して前項で私が拠った理論的立場は限定合理性の主唱者であるサイモンの手続き合理性にしたがって，経済システムを解釈する立場である[8]。この立場に立つ論者は，そのような限定合理性の理論が新古典派以前のリカード，マルクスなどの経済理論の現代的な基礎づけとなるものと考えている[9][10]。

新古典派経済学においては，近年，ゲーム理論によって，限定合理性の問題を解決したかのように考えられている。単純化していえば，不完備契約理論のように，通常よりも複雑な最適化の方法で，個々人は限定合理性の問題を乗り切るという発想である。

これ以降，限定合理性を分析できないことを理由とする新古典派理論批判は

---

[7]……藤本隆宏，東京大学21世紀COEものづくり経営研究センター[2007]『ものづくり経営学 製造業を超える生産思想』光文社新書，22ページ。

[8]……ハーバート・サイモン[2009]『新版 経営行動──経営組織における意思決定過程の研究』ダイヤモンド社。サイモンの手続き的合理性概念についての，主流派経済学，経済心理学に対するサイモン自身の応答も含めた，わかりやすいサーベイとして，米川清[2013]「限定合理性への謬見」(『熊本学園商学論集』17(2)，29-52ページ)がある。

[9]……前掲，塩沢[1997]7章に加え，塩沢由典[2014a]「価値と数量の二重調整過程」，塩沢由典[2014b]「古典派価値論のリドメイニング」。塩沢[2014a]，[2014b]は塩沢由典・有賀裕二編[2014]『経済学を再建する──進化経済学と古典派価値論』(中央大学出版部)所収。

[10]……本論文は，本書所収の岩田年浩論文とは異なる経済学史観に立っている。岩田論文は主として，全体としての資本制経済の不安定性，安定性に焦点をあてて経済理論を分類しており，その観点から，アダム・スミス，リカードなどのマルクス以前の古典派経済学と限界革命以降の新古典派経済学の類似性，マルクスとケインズの不安定性理論としての類似性に焦点があてられている。

これに対して，本論文は，経済主体の行動をどのように定式化するかに焦点をあてており，理論の想定する意思決定の観点から，古典派経済学はむしろマルクスやケインズと類似性をもつものと位置づけている。

経済学史は，様々な歴史上の経済学者の思想や理論を実証的に明らかにする側面をもつが，それと同時にどのような理論の土台に立つかによっても，多様な歴史を描きうる。

不当なものであるという印象が広まっているが，その中身はおそらく次の二つにつきるのではと思う。

(1) 一つはそのような批判は現状の新古典派を知らない人間の批判であり，新古典派はすでに限定合理性の問題を解決している。
(2) 新古典派の枠組みで十分に扱えない限定合理性の問題があるとしても，批判者は新古典派にケチをつけたいだけで，限定合理性の問題について積極的な見解をもっているわけではない。

　前項の議論から，(1)に関しては，新古典派の限定合理性の問題の「解決法」は現実で観察される組織の限定合理性への対応とは異なるという点，(2)に関しては，この節で示したような積極的な論点が確立されている点からして，新古典派の論者がこのような主張をいまだにするとすれば，対立者の論点を理解していないのは新古典派の論者の側だというのが妥当であろう。
　ただし，この点に関しては，非主流派経済学の側の努力がより必要であることに留意しなければならない。上記の論点は主流派に属する経済学者に十分に理解されているとはいえない。参照基準をめぐる経緯は主流派経済学者の無理解と同時に，彼ら中の良心的な人々は私たちの議論を聞く用意をもっていることを明らかにした。私たちはそのような人々との創造的な議論を続けなければならない。上記の批判の論点を学会後の懇親会での憂さ晴らしのネタにとどめることで満足するならば，過去の参照基準案のような非主流派経済学への無理解と私たちは付き合いつづけるほかはあるまい。

## 3｜価値づけの選択問題

　仕事において，どのように賃金が決まるかは重要な問題である。主流派経済学ではそれは労働市場論の中で扱われる。そこでは私たちが仕事の報酬の決まり方をどのように感じるかという問題にはふれられていない。
　私たちは自分の給与表をみて，不満や満足を覚える。隣で働いている人と比較し，「遊んでいる奴が俺と同じ金をもらっているのか」と感じたり，「〇〇さん，がんばっていて，奥さんも出産間近なのに，俺よりもっともらったってい

いのに」などと感じたりもする。これは報酬自体への感じかたというより, 報酬の決まり方への感じかたである。

このような問題にストレートに切り込んだ最新の研究として徳丸夏歌・宇仁宏幸[2014]「協業下における公平性理念とは何か：経済実験によるアプローチ」[11]がある。この研究では, 生産過程が個人プレイによる単業か, もしくは, チーム生産か, 生産結果についてどの程度の情報が開示されているかで, どのような収益の配分を生産に従事する実験の参加者が提案するかが検討された。[12]

参加者の提案する配分案は利己主義的, 成果主義的, 平等主義的の三種類の配分方法をウェイトづけしたものとしての解釈のもとで, 以下のような主要な結果が有意に導かれている。なお, 以下の結果は参加者から提案される配分方法を問題にしていることには注意が必要である。すなわち, 現実の雇用関係においては, 実行される賃金スキームではなく, どのような賃金スキームが労働者に許容されうるかを問題にしている。

（1）生産過程での協業は配分における利己主義的傾向を低下させる。
（2）生産結果についての情報開示は成果主義的傾向を強める。これは協業のケースにおいてもいえる。

この研究の結果は, 人々が労働現場の状況と, 生産の成果の情報についての情報の伝達によって, 自らの利得について異なる価値づけを行うことを明確に示している。主流派の労働市場モデルにおいては, 労働者は自己の利得を最大化すると仮定されるが, そのような利己主義が労働者自身に常に好まれるわけ

---

❖11……原題は "What is 'Fair' Distribution under Collaboration?: Evidences from Lab-Experiments", *Research Project Center Discussion Paper*, No. E-14-008, Kyoto University, Graduate School of Economics.

❖12……実験の手順の概要は以下の通りである。実験は生産過程, 生産結果の開示, 分配方法の提示の3ステージからなる。実験の参加者数は偶数で, 参加者は互いに相手の匿名性を保った状態で無作為にペアを組む。生産過程は参加者の個人プレイで生産が決まる単業と二人の参加者のコミュニケーションと協力が必要になる協業の2種類があり, 生産結果の開示においては, 参加者全員の収益の合計のみが開示されるケースと, 参加者全員の収益の合計, ペアの収益の合計, 自己の収益の合計が開示されるケースの2種類があり, 前の2ステージを経て, 各参加者は自分とペアの相手への収益の配分を提案し, 二人のペアのうちのいずれかの提案が無作為に選ばれ, 収益の配分が決定される。

ではない(成果主義は自分の成果が他者に劣る場合,それを受け入れることを含んでいる)。

　生産結果において情報の開示がない場合の成果主義は,たとえ労働現場が単業である場合でさえ労働者自身に好まれない。これは成果主義が,情報の開示が不十分なもとで導入され失敗した日本の状況をうまく説明する事実だと思われる。

　この実験は天下り的な効用関数を想定する新古典派の主体の想定とは異なり,人間は場面によって異なる価値づけのもとで周囲の状況を評価し,複数の価値づけが一人の主体の内部で競合している様を想定し,その想定が現実の説明力を十分にもつことを実証している。

　このような認識はサイモンの経営学の基礎でもあるし,労務管理理論においても潜在的に想定されている事態と考えられる。日本の悪しき成果主義の失敗にみられるように,価値づけの問題を無視した,利己主義的な個人の想定は現場でのコミュニケーションの破壊や,健全な労使関係にマイナスとなる可能性が高い。

　この問題も,仕事の理解と同様,経済理論のコア部分と関わる。人間が場面ごとに異なる価値づけを選択する理由として次の二点があげられる。第一に,人間社会において,個々の行動は他者から一定の社会的な枠組みにおいて解釈されることを要請されている。たとえなんらかの意味で最適な行動であっても,それが一定の社会的解釈の枠組みから外れるならば,「異常」と周囲にみなされる。このような周囲からの視線は私たちの行動や言動を強く制約し,たとえ経済実験のような匿名性が守られた場でさえ,私たちの選択に大きく作用すると考えられる[13]。そのように社会的に条件づけられた行動において,私たちは他者に説明しうる根拠に基づいた行動をとる。これは私たちが社会的には,一般的に,他者に説明が可能なタイプの価値づけに基づいて選択を行う傾向を生み出す。第二に,私たちはウェイトづけられた多数の目標を最大化するような行動を選択するには計算能力が限られている。たとえ選択の結果については「効用計算」による評価が可能であっても,それを最大化する行動を選択することは不可能である[14]。したがって,私たちはなんらかの行動を選択する場合,せいぜい限られた少数の目標のみを考慮するしかない。新古典派の人々はこのよ

うな事態も効用理論による意志決定で「近似」できると考えるかもしれないが，私たちがここで想定しているような少数の目標を優先する一時的な「選好」は，新古典派の選択理論においては，効用関数をつくりえない主要なケースの一つである辞書的選考順序に相当する。

先にあげたタレントの母親の生活保護受給問題は，このような価値の問題と強く関わっていることは明らかである。どのような価値づけのもとに議論がなされているか意識することは，職場レベルでのコミュニケーションの上でも，社会問題を考える上でも重要である。

### 4│生存権と市場メカニズムの評価

生産現場がどのようなものであるかについての認識は，私たちの現場での，そして社会全体の意志決定において重要な意味をもつ。また，若い人たちが「ブラック企業」のような場でさえ，十分に自分の主張を行いうるためにも，労働現場に対する多様な見解にふれることは必要である。とりわけ，自分自身の生存権をしっかりと主張しうるためには，〈抵抗〉的側面をサポートする社会科学的認識が助けになる。

マルクスは『資本論』において，一つの重要な問題は，交換の場面での等価交換が生産の場面の権力関係を隠蔽することにあると指摘した。

労働も含めた様々な商品は市場において価格をともなって交換される。私たちはそれを日常的に繰り返しながら自分たちの生活を維持するなかで，当然のように，100円のものは50円のものより2倍の値打ちが「内在」しているように感じようになる。こういう感覚は労働を売る労働者に対してもとうぜん生じる可能性があり，1000万円の年収の労働者は年収200万円の労働者よりも人間としての値打ちが高いかのような感覚が生じかねない。

労働者の年収が100万である企業が1000万の利潤を得ているとしよう。市場経済のなかでは，これは出資に対する正当な報酬とみなされる。その一方で1

---

❖ 13……人間社会における行為の以上のような性格については大庭健氏の議論がわかりやすい。詳しいものとして大庭健［1989］『他者とは誰のことか──自己組織システムの倫理学』（勁草書房），比較的手軽なものとして，大庭健［2005］『責任って何？』（講談社現代新書）をあげておく。
❖ 14……前掲，塩沢［1990］第8章。
❖ 15……マルクス経済学の用語体系では「労働」ではなく，「労働力」が適切である。

項でとりあげた「○○ならば××をする」というルールも多かれ少なかれ，職場における権力関係によって労働者に強制される。労働の現場はこのような強制的な権力関係が働く場であるから，1000万円の利潤のために労働者がこきつかわれているという見方もしうる。市場における公平な取引の外観をとりはずせば，近代の賃金労働は奴隷労働と多くの類似点をもつことをマルクスは指摘している。この見方に立てば，1000万円の利潤は正当な報酬ではなく，労働者を「搾取」した結果と映る。

　労働者が市場で労働を売るということは，社会学的な観点からいえば，上の現場における階級関係の隠蔽以外にも様々な影響を私たちの社会にもたらしている。私たちは自分の労働が市場で販売されてはじめて，「社会で一人前」という感覚をもってはいないだろうか。この感覚は先に指摘した賃金労働と奴隷労働の類似性を隠蔽する働きを補強する。また，同じ国民経済の一人前どうしという国民意識の基盤の一つにもなっていよう。他方で，障害者，家事労働に従事する主婦，あるいは，様々な理由で賃金を得る労働に従事していない人々の社会的排除を正当化する気分もつくりだしている。つまり，賃金がもらえるかどうかは，私たちの世界ではアイデンティティの大きなよりどころであり，国民的な意識すらつくりあげている一方で，労働に従事する人々と労働に従事しない人々の間に大きな楔を打ち込んでいるともいえる。

　私たちは商品経済での等価交換によって達成したものは，頭から公平だと考えがちである。しかし，マルクスはそのことから距離をおいて，等価交換の結果として起きていることが本当に私たちにとって望ましいのかを考えるきっかけを与えてくれている。

　マルクスは，強制が働く労働現場に労働者が就く理由を個人的な「合理的な選択」を超えた側面から考えようとしている。しばしばそうした選択は選択者自身にさえ合理的な選択と意識されるかもしれない。しかしながら，マルクスは労働者が生産手段を所有していないことを強制的な労働現場で労働者が働かざるをえない究極的な原因と考える。生産手段が社会的所有ではなく，一部の人々に占有されていることが，労働現場の強制的な関係を可能にし，自らの生存を維持するために，そのような労働現場で仕事に就かざるをえなくしていると考える。

マルクスは，資本主義システムの根幹に以上のような労働者の生存問題をおいている。「失われた30年」はまさしく，労働者の生存の危機であり，とりわけ私たち大学の教員にとって大切なことは，日常的に接してきた若者の生存の危機だということである。

この点に関しては，一部の非主流派経済学者をも批判せざるをえない。一部の人々は，経済学の成長至上主義的な側面を批判するあまり，現在の日本の経済水準は十分に高く，これ以上の経済成長は不要であると主張する。しかしながら，賃金労働からの排除が生存の危機であることを放置したまま，低成長を容認することは，失業者の死の容認とかわらない。このような主張者のなかにすくなからず大学の教員がいることに対し，そのような人々は周囲の学生の厳しい就職状況をどのように考えているのか，聞いてみたい気がする。

すでにふれた仕事の理解と〈抵抗〉的側面の関係について考えてみよう。具体的な職場の仕事を理解することの〈適応〉的側面はわかりやすい。また，仕事の理解が教育の中心におかれるとき，〈抵抗〉的側面の軽視に傾かないかという危惧もありうる。しかし，現実に根ざした〈抵抗〉的側面をもつ教育は，現実の仕事の理解と関わらざるをえない。

このことが見過ごされがちな理由の一つは，多くの企業研究には企業側の必要性を動機としたものが多く，サラリーマン向けの仕事に関した書籍などに職場に適応しようとする動機に訴えるものが多いことも，その原因にあるかもしれない。

しかしながら，日本において経済学の中で〈抵抗〉的側面を担ってきた中心の一つであるマルクス経済学の主流派に対する優位性の一つは労働過程への洞察であったことを忘れるべきではない。そのような流れから中岡哲郎［1971］『工場の哲学』(平凡社)のような古典的業績も生み出されている。

また，すでにふれたように，現実の仕事におけるシステムの成り立ちは半ば無意識的な形で環境との相互作用のなかで進化していく。現状の職場の仕事の成り立ちが，そこで働く人々にどのような意味をもつのかは，職場の当事者でさえも，また，当事者であるからむしろ，理解しがたい面があろう。

働く者自身が現場における自分の行動の本当の結果を理解することは，彼や彼女が社会で直面する様々な問題に適切に対応する基礎である。それは〈適応〉

的側面と〈抵抗〉的側面の両面においていえるのである。

# III 教室でのコミュニケーションと経済学の多様性

　職業的意義のない教育のマイクロ・ファンデーションは教室における学生に対する教員の無関心である。少なくない学生は大学に入る当初，自分の将来に勉強が役に立つことを期待している。その期待への裏切りがまず起こる場所は教室での教員と学生との関係にある。

　教員が学生に関心をもつことは講義においても基本となる心構えである。しかし，教員に対してそれを促そうとする方向での大学の取り組みはあまりみられないし，授業アンケートの項目にも，このことに関する項目は盛り込まれていないのが現状であろう。

　いわゆる授業デザインにかかわる手法の普及は，ひところの大学ではFD活動の大きな流行にみられた。しかし，これは私自身の苦い経験に基づいて言うのだが，学生の反応に注意を向けることを欠いたまま，授業をうまくデザインすることにだけ注意を集中することは，学生不在の授業に簡単にゆきつく危険がある。これはもっと考慮されるべきである。

　学生の顔を見ずに黒板と会話するような授業スタイルを改善したり，また，何回かの記述式のアンケートで学生からの声を拾おうとする努力といったちょっとしたことで，授業の質はずいぶん改善する。また，シャトルカードという手法も学生の声を拾う上で大いに役立つ[16]。

　参照基準では学生のニーズはどう位置づけられているだろうか。たとえば，全国的なアンケートなどによる調査の結果を参照基準に生かすことも可能であるが，基本におかれるべきは，大学の個々の授業，ゼミが学生のニーズや反応が生かされるような場になることである。

　ところで，学生のニーズの尊重は経済学研究とは無関係なのであろうか。私はそうは考えない。私の主流派を含む経済学者全体への危惧は，教育が経済学者教員の経済学上の立場の学生への「洗脳」になりがちな傾向である。

　この傾向は学問内容とはほとんど関係ない。あるとすれば，学派の社会的ポジションである。私たちは参照基準の初期の案や学術会議主催のシンポジウム

で主流派の人々の頑迷さに唖然とした。しかし，そのような頑迷さに私たちは初めて直面したわけではない。社会主義崩壊の以前にはマルクス経済学の一部にも他学派を軽蔑するような気持ちの悪い傾向が根強くあった。研究者は学派にかかわらず，自分だけが正しいと確信すると同じような行動をとるらしい。

　かつてのそのような一部のマルクス経済学者を憶えている人々にはわかるとおり，このような傾向はかならず教室に持ち込まれる。彼らは自らの「普遍的に正しい」言説を十分な議論を経ぬまま学生に押しつける。

　特定の経済学的立場の押しつけは参照基準にある，個々の学生の「(2)経済学の学びを通じて獲得すべき能力　②ジェネリックスキル　コミュニケーション能力」の発達をも阻害する。教師の「洗脳」で「価値観や判断基準の異なる考えを理解するための柔軟な姿勢」を伸ばせるわけがない。

　私は前節で非主流派経済学の特定の立場から主流派経済学への批判をいくつかした。しかし，主流派の人々に私たちの立場へ安易な鞍替えをして欲しいわけではない。教育の場面では，学生のニーズに見合っているのは自分たちの経済学だけではないことを心にとめ，学生自身がその立場を選択する自由を尊重してもらいたいのである。私自身は経済現象の多様性をとらえうるのは自分が現在選択している経済学の立場であると思っている。しかし，主流派の方々とは学問の場で，そして教育の場で，真摯に自らの学問的な立場から経済現象への多様な関心に応えるところから対話を始めるのが妥当であろうと感じている。そのような取り組みのなかで，主流派の方々にも他学派の価値をはじめて認識していただけるであろうし，私たちと主流派の間での真の意味での創造的対話が始まるのだろうと信じる。

## IV　中学校・高等学校教育における学ぶ意義
　　　──数学を中心として

　参照基準の積極的に評価すべきことの一つとして，数学的な学力が不十分な学生に高度な数学をベースにした授業を行う弊害をきちんと指摘している点が

---

❖**16**……岡山大学教育開発センターFD委員会[2009]『授業改善のためのティーチングチップス集』(http://cfd.cc.okayama-u.ac.jp/fd/tc/2009/)「4.1.1. シャトルカードを使う」。私は同書の執筆者であり，岡山大学の先進的なFD活動の中心におられた橋本勝氏(現富山大学)に教わった。

あげられる。「5 学修方法及び学修成果の評価方法に関する基本的な考え方（1）学修方法 ④その他 導入教育」で、また、「7 経済学分野の学士課程と数学・統計学」において独立した章を設けて、この問題をとりあげている。要求されている水準は、おそらく最低と想定されている水準が「関数の概念を使えるようになることと、関数をグラフで表すことができるようになること」で、次の水準が「グラフや連立一次方程式を使う程度」と想定されていると読みとれる。これらは中学校レベルの数学内容である。幅広い学力の学生が大学に入学する現状に即した妥当な判断と評価したい。

しかし、大学入学後の対応だけで、経済学部入学者への数学・統計学の学力問題に対処できるとは考えがたい。大学がこの問題に無力だというのではない。以前よりは一般入試経由の入学者の比率は減っているとはいえ、大学入試の高校教育への影響の高さを考慮すれば、大学が高校以前の教育の改善にも影響を与える余地は大きい。とりわけ競争率の高い大学においては、入試制度の高校教育への影響力は大きい。アドミッションポリシーは近年、その重要性が広く認識されているが、行政レベルでアドミッションポリシーを用いて取り組めば、いわゆる学力低下問題に一定の歯止めをかける可能性は少なくないのではなかろうか。

ここで学力問題にふれるのは、この問題が大学教育の職業的意義に直結する大学入学者の学ぶ意義に関する意識に強く影響すると考えるからである。経済学教育の範囲からはずれるが、大学入学者の学ぶ意義の感覚の観点から、大学と高校・中学の数学教育の問題にふれておきたい。

個人的印象だが、入門レベルの理論科目を教える際、学生の数学的な学力が大きく問題になるのは、中学校レベルの数学の**理解**だと感じている。この印象からも参照基準のレベル設定は妥当と思われる。私が大学の教員を始めてから年々増えている学生のタイプは微分の**計算**はできるが、一次関数の傾きなり、関数の概念なりの中学校レベルの数学の**理解**が不十分な学生である。彼・彼女らは計算の入った練習問題を解く場合には、計算のスキルのない学生とくらべて一定の有利さをもっている。しかし、需要曲線のシフトをするケースの**説明**などの基礎的理解を問う問題には、混乱する傾向にあるように感じられる。また、なまじ「高度」な数学の計算ができるために、初等的な数学に取り組む意欲

が起きにくいという傾向もみられる。

　私は彼・彼女らを非難する気はもうとうない。ある意味では彼・彼女らの戦略は受験に対応する上では合理性をもっている。高校入学時点で中学校レベルの数学に問題がある生徒でも3年間をかけて取り組む機会さえあれば，高校卒業時には中学校レベルの数学の理解をもった生徒の比率は相当増えるはずである。しかし，中学校レベルの数学についての理解を向上させても，それが大学受験で評価される機会は現在皆無ではなかろうか。大学入試で中学校レベルの数学を問題として課す大学はなく，中学校レベルの数学の理解を深めるよりも，「高度」な分野の数学を丸暗記のように詰め込んで受験を乗り切るか，そもそも数学が受験とは無関係な大学を選び，数学の勉強はあきらめてしまうのが受験上は合理的である。

　おそらく，同様なことは積み上げが重要な他の科目，例えば英語でも生じていると予想される。これもいくぶん個人的経験に偏ってしまうが，私は昨年，外国書購読を担当したが，副詞や形容詞，関係代名詞を訳せない学生が多かったため，**日本語**で修飾，被修飾の関係について説明することを余儀なくされた。

　このような積み上げ式の受験科目を丸暗記で乗り切る傾向は，生徒の学習する意義の感覚を麻痺させるであろう。丸暗記の数学，丸暗記の英文法に長時間取り組み，あるいは，その苦痛を避けるために長期間，学習を放棄したのち，大学で再び学習の意義を再発見する可能性はとても小さく感じられる。私たちの教師としての努力のかなりの部分は，そうした学生の「傷」の治療に事実上あてられているように感じる。

　私の個人的な提案は以下のとおりである。中学校レベルの数学について，高校生向けの公的な検定制度を設け，大学受験で数学を課さない大学については文科省が検定資格を受験の用件とすることを推奨する。入学試験ではなく，検定を受験の用件とするのは，入試は選抜のために一定程度点差が開くことが要求されることから，入試問題をむやみに難易度だけ高くする傾向と結びつくからである。

　検定制度が効力を発揮するには，検定の水準は，少なくとももっとも低いレベルは学力に自信がない生徒でも少ない努力でパス可能と思われる水準である必要があるだろう。そうでなければ，生徒の側は検定を避けようとするだろう

し，検定を用件にしないことで志願者を増やそうとするインセンティブが大学の側にも生じる。したがって，検定の最低水準は高校入試の一般的なレベルよりもかなり低くせざるをえないが，3年間，数学の勉強を全くしない状態を避けることができれば，学力低下への一定の歯止めにはなるのではなかろうか。

検定の内容には，数学そのものだけでなく，数学を学ぶ意義に関連した内容を盛り込むことも考慮してよいだろう。現在の中学校・高校の数学教科書はこの点では十分な配慮がしてあると感じている。しかし，例えば，建築で三角関数が不可欠であったり，指数・対数が成長率や金利の計算と関連が深いことなどを大学入学時に理解している学生はほとんどいない。入学試験とは関係ないため，教科書の著者たちの努力にもかかわらず，中学校・高校の教室ではそれがおざなりにされているのではあるまいか。もしそうであれば，それは生徒が数学を学ぶ意義を見失う傾向を強めているであろう。数学を学ぶ意義に関する内容を入試に位置づけることができれば，学生がその時点で到達している学力のレベルに関係なく，意義を感じながら数学を学ぶことを促すかもしれない。

高校生の中学校レベルの学力を向上するために大学がどのようなことをなしうるか。これは，制度設計の問題としても多くの経済学者にとって興味深い問題である。情報の経済学によるメカニズムデザイン，進化ゲーム理論，進化経済学の三つどもえで切磋琢磨しながら，経済学者たちがこの問題に取り組む様を想像するのは，すこしわくわくする。

# V 教育の足場を求めて
## ——「参照基準」を超えるために

今ではいくぶん忘れられてしまった感があるが，マルクス経済学者の多くは大学の外で市民とともに経済学の学習活動をしていた。本書の執筆者，大西広氏，森岡孝二氏が所属する基礎経済科学研究所は現在でも，その伝統を引き継いでいる団体である。

日本の学校の内部でこうした〈抵抗〉的側面は現在全くといってよいほど消滅している。他方で，学校の外で教育の〈抵抗〉的側面を支えてきた人々がいる。職業的意義の〈抵抗〉的側面が大学内部に根づかなかったことは，大学が企業システムに都合の悪い教育を排除してきた一つの証拠であろう。

学校教育の外側でマルクス経済学が〈抵抗〉的側面を支え続けられたのは，労働組合，市民運動といった大学の内部にはない足場があったからである。これらに相当する教育の足場は現在の大学において，私たちが独自の形でこれからつくりあげていくべきものである。本書のサブタイトル「参照基準を超えて」は単にアカデミックな経済学の論争を超えて，私たちが若者にとって有意義な教育の足場を大学の中につくりあげていく決意によって実現されるべきものと考えたい。

　私がそうした足場になりうると考えるのは，教室で学生と向き合い，彼・彼女らの興味・関心・ニーズに寄りそうことである。それは，大学の中の学問上の民主主義と教育の職業的意義とに自然につながるであろう。そして，大学の中の学問上の民主主義は社会全体の健全な民主主義の基盤になることが期待できる。それが大学で可能であるためには，研究の場においても民主的な土台があり，個々の研究の多様性が尊重されることが必要である。

　最後に，ここまでの論調が教員個人の倫理に訴える方向に偏っていたことを反省する。価値づけの問題に関連して述べたように，私たちは複数の価値づけの競合の中で自らの選択を行う。たとえ倫理的に正しい行動だとわかっていたとしても，それが経済的・社会的利害と対立しているときにそれを実行に移すことは難しい。本来の大学の教育目標に合致した教育が大学の中で正当に評価されることなしに，孤高に正しい教育を続けられるほど私たちは強くない。正しい教育目標へ向かう努力が報われる方向へ大学を導くことが，教育・研究の改革とともに求められている。

# 第2章 経済学はどのような「科学」なのか

## 吉田雅明
よしだ・まさあき｜専修大学経済学部教授／所属学会：進化経済学会・経済学史学会

　参照基準の策定過程で，経済学という学問を育てる土壌となるべき経済学教育において多様性がなぜ大切なのか理解されていないことの危うさに対して，多くの学会が意見表明を行った。結果として参照基準の最終版では，少なくとも表現としては配慮が見られるようになった。第三次素案では「代替的用途をもつ希少な諸手段と諸目的との間の関係として人間行動を研究する学問」とするL.ロビンズ流の経済学の定義を前面に打ち出していたところを，原案・第二次修正では先にA.マーシャル流の経済学の説明をおいて表現は緩和され，「より豊かな生活を実現させるためには有限な資源をどのように利用していくのか……」という「問題を考えることも，経済学の重要な領域である」（下線筆者）と含みを持たせた記述になり，そのまま最終稿となった。第三次素案にあった，標準的な経済学としてのミクロ・マクロ，それに加えて統計学を基礎とし，あとは学史も経済史も応用科目として位置づけるというような経済学教育の体系化プランは姿を消し，最終稿では歴史的・制度的アプローチにも一定の配慮がみられる表記となった。しかしながら，参照基準は経済学の教え方を強制するものではない，と強調されても，大学評価の際に参照基準が参照されてそれが強制力をもつことが十分に予測されるだけに，私たちは事を看過できなかったし，いまも決して楽観してはいない。

　経済学教育において多様性はなぜ必要か。1つのディシプリンだけを与えられ，それに従って状況を解釈する習慣を教え込むことにしてしまえば，教える手間も少ないし，教えられる側にも混乱は少ない。もしも経済学が，意味の確定した事態に対して，確定した対処法として，将来にわたって評価の定まった方策であるならば，その標準的な対処法を教えるのは悪くない。しかし，事態は，社会で私たちが経験することがらの意味は，決して確定したものではない。しかも，その見え方も，採用される経済学のディシプリンによって変わってし

まう。私たちの認識能力を超えて変化していく事態に対して，ものの見方が1つしかないことがいかに危険であるのか，奇形的進化の果てに絶滅したアンモナイトに思いを馳せて，私たちは理解するべきである。それは単に，いま，私たちが直面している社会の事態ならば，いま標準的になっている経済学のディシプリンでよいけれど，将来，事態が変わるかもしれないから備えるべきだ，と言っているのではない。いま直面している事態ですら，いまの標準的なディシプリンが適切なメガネである保証などないのである。また，学史を振り返る余裕があれば，経済学の歴史にはいくつもの流れが並存するだけでなく，様々な理論が1つの標準理論へと収束するものではないことに気づくはずである。

しかし明日の経済学にとって多様性がいかに重要かを述べるのは，本章のテーマではない。本章は，そのさらに根底の部分，多様性の重要さを見えにくくする原因として，参照基準のもとになる経済学観，経済学とはどのような「科学」なのか，という部分にこそ，根源的な問題があることを論じるものである。

# I　科学とはどういうものか

「経済学は，データにもとづき，論理的な思考によって構築されている，実証科学です。」

こう言われて，あなたは，「当然だ。そうでなくては！」と思うだろうか。「何をいまさら」と思うだろうか。そういう反応をする経済学者は結構いるように感じるのだが，そんなとき，筆者としてはかなり沈んだ気持ちになる。その理由を説明する。

第3次素案修正案の第三節「経済学に固有の特性」「(1)経済学の方法」では，経済学が「実際のデータに基づいて当初の仮説の適否を論理的・統計的に検証するという，反証可能性に基づいた科学的手法」を用いていると書かれていた。これは最終版「経済学の方法」では，経済学のモデルは「その分析から導かれる結果と現実の経済現象とを対照してその整合性がチェックされる」とあり，また，「経済の仕組みや政策効果について，仮説を立て，その含意をモデルに基づいて論理的・数学的に導出し，現実のデータと対照させることを通じて当初の仮

説の適否を論理的・統計的に検証する」とあるように，表現はマイルドになっても基本的に内容は変わっていない。すなわち，科学たるもの，その理論から導かれる現実世界に関わる主張は，データによって検証され，もし反証されるようなことがあれば当然に理論は見直しされなければならないし，その結果として，より完成度が高くて真理に近い理論が作られていくのだ，という考えに変わりはないのだと思う。しかし，ここには科学というもののあり方についてのきわめて素朴な無理解がある。

　前世紀初頭，論理実証主義者たちは，認識論的に意味のある命題は検証可能性によって特徴づけられると考えて，科学のかたちを浮かび上がらせようとした。しかし，「……であれば，かならず……となる」という命題は，いくら多くの検証を積み上げたところで，1つの反例によって崩れてしまう。たとえば「白鳥は白い」という命題は，黒鳥の発見によって否定される，というようにである。そうなると，科学であることを特徴づけるのは，数多くの検証をパスしているという実績ではなく，「反証されうる」というところにあるのではないか。そのようにK.ポパーは考えて，反証可能性こそ科学を特徴づけるものとし，反証可能性の高い理論の方がより値打ちの高いものとした。たとえば，100年のうちに大噴火が起こる，という命題よりも，5年のうちに大噴火が起こる，という命題の方が科学としては値打ちが上，というようにである。なお，K.ポパーはこのように線引きすれば，マルクス主義もフロイト心理学も科学から宗教の地へと追い払うことができると考えた。宗教だったら反証可能な命題など出してこない。「悪いことが起こるのは信仰が足りないからだ」という命題は，もし悪いことが起こったとしたら，「信仰が足りない」となるし，悪いことが起こらなければ，「正しく信仰している。その調子で頑張れ」となって，まったく反証されないだろうからである。

　こうして科学と科学でないものの線引きをしてみたまではよかったのだが，では科学として認められているものは実際そうなのかという段になったら困ったことが起きた。科学の理論というのは1つの命題だけから成るのではなく，数多くの命題が合わさって構成されているから，データによって反証される事態が起こったとしてもどの命題が反証されたのかわからない（デュエム＝クワインテーゼという）し，とくに中心的な命題は反証されるようなかたちになっ

ていないことに気づいたからである。そこでI.ラカトシュが示してよく知られている科学のモデル(科学的研究計画, SRP)は, 中心部分にある反証不能な核とその周辺にあってデータによって反証された場合に入れ替えられる命題群からなる防備帯の二重構造となっている。実験や観察によって反証されたときに修正されたり入れ換えられたりするのは, もっぱら防備帯に属する周辺命題にとどまるのであって, 中心命題はデータによって反証されることはない。そして, このようなSRPが並存しているのが科学の姿としたのである。

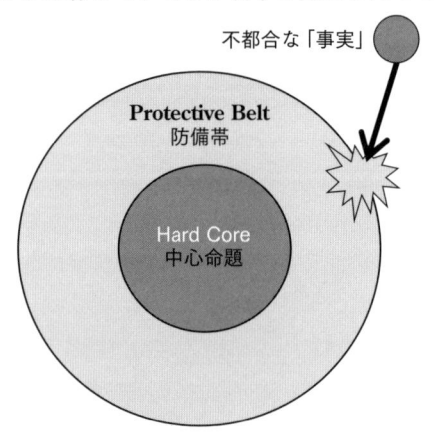

**Protective Belt**
防備帯

Hard Core
中心命題

不都合な「事実」

つまり, 参照基準の「反証可能性に基づいた科学的方法」というのは科学哲学における考察をガン無視した話であって, もしも「実証科学たる経済学は1つの正しい理論に向かって収束するはずだし, 現在の標準的な経済学こそ, その大体収束してきた結果なのだから, 参照基準はそこに基づいて整合的に作られれば十分だ」と考えているならば, そこには大いなる誤解があるということだ。

けれども, どういうわけか標準的な経済学の中で, 科学哲学や方法論が正当に取り上げられることは稀であった。取り上げられるとしてもM.フリードマンのように, いかに出発点が非現実的であっても, 導かれる予測が正しければよい, という奇妙な方向の議論が, モデルはすべて現実の細部を捨象せざるをえないのだから, という明後日の方向の根拠で支持されたりするし, D.N.マクロスキーのように, 科学哲学の議論を踏まえながらも, 経済学はレトリックなのであるというところで議論をとどめるように, いずれにしても標準的な経済学の支配的な在り方に対して現状肯定的に働く議論が多かった。

## II　経済学にあてはめてみると

　この科学の二重構造モデル，経済学の場合にはどうなっているのだろうか。
　標準的な経済学に骨格を提供した一般均衡理論について考えてみるならば，中心命題には，「経済主体は最適化，たとえば予算制約のもとでの効用最大化という意味で，合理的な選択を行う」という最適化主体命題と，「市場では需要と供給を一致させるように価格が決定される」という市場均衡命題があって，これらは反証されることはない。前者についていえば，それに反した行動は日常的に見られるではないかという反証が容易に挙げられるように思えても，一見，非最適化に見えても，効用関数が特殊であったとか，隠れた効用関数の要素があったとか，周辺命題を追加することでやはり観察された行動を最適化行動として説明すれば，中心命題は反証にさらされることはない。行動経済学はその反証を示しているように見えるのだが，なぜかあくまでも最適化行動が人間理解のベースであって，行動経済学による知見はそれを補うもの，という立場を堅持するために，合理的主体のモデルが退場を迫られることはない。後者についても，実際に取引されている価格で売れ残りは頻繁に生じるではないかといわれても，その場合もそれはあくまでも一時的な現象であり，価格調整が十分行われれば需給ギャップはなくなる，なくならなかった場合でもそれは経済外的要因によって調整が阻害されたからだ，などと追加的に説明して，やはり中心命題は反証されない。つまりハードコアの部分は常に守られる。
　実証モデルの部分はどうなっているだろうか。たとえば，一般均衡理論の中の1つの財とその価格のみに注目して，人々の嗜好や所得，技術，天候，他の財に関する条件などは一定としたら，右下がりの需要曲線が推論できるので，市場調査によって価格と需要量のデータを集めることができれば，その需要曲線の形を具体化することができる。すると価格が変わったときに需要量がどれだけ減るのか予測ができる。もし予測が正しくなかったら，調査の仕方を見なおすとか，一定とした条件に変動がなかったかを見なおすことになるだろうが，いずれにしてももとの理論の本体が覆されることはない。供給曲線を導く上での根本的な想定である，生産量が増えるほど産出1単位当たりの生産費用が逓増する生産関数の妥当性についても1930年代から調査はされて否定的な結果

が出ているのだが，調査自体の誤りと見なされて省みられることはなく，収穫逓減（費用逓増）の想定の下での利潤最大化というストーリーが繰り返し教え込まれ，やはり理論本体が改変される気配はみられない。

　では，参照基準から外されている再生産理論ならばどうなるだろうか。中心的な命題となるのは，経済社会は，その技術や分配の観点からみた再生産ないしは維持可能性を基礎として理論化できるという考えである。P.スラッファの著作『商品の商品による生産』というタイトルはまさにこの考えを体現している。商品を生産するためには，その原材料となる商品と労働を投入しなければならず，それらにかかる費用に，生産を維持するための一定のマージンを上乗せした価格で商品が売られていなければ，このシステムは維持できない。賃金も再生産可能性の観点から決まることになるので，労働者とその家族がその社会で十分に暮らしていけるという条件を反映して決まることになる。このようにして構成される理論モデルから商品の価格や利潤率は決まることになる。これに対して，観察される価格（市場価格）は，その時々の需要条件に左右されることになるだろうが，理論モデルが示す価格（自然価格）がそれと乖離していたとしても，それは異なる概念であるから反証とはならない。

　かくして例に挙げたこれら2つの経済理論はいずれも中心命題に関しては反証不能であるから，データによっていずれが適切な経済社会のモデルなのか判定されることにはこれからもなりえない。それぞれの理論は，それぞれが採用する前提条件の上に整合的に構築されているから，いずれが論理的に誤りということもない。もちろん流行り廃りはあるけれど，実際のところ経済学が決して1つの標準理論へと収束するものではないことは経済学説史の知識があれば容易にわかる。経済学をデータによる検証に基礎を置いた実証科学，などと言えるのは，予め1つの経済理論——参照基準の場合は，現在，主流をなしている経済理論——を選択することを最初から前提し，その前提の下での実証モデルだけを念頭においているからなのである。

## III　経済学のための科学の三層モデル

　そうはいっても，経済学の理論に関する論文はどんどん生産されていること

は，専門ジャーナルを見れば明らかなのであるから，理論部分だってたしかに改変されている。それは防御帯に属する追加命題の改変なのだ，と見なし，中心命題としての，最適化の意味での合理的な主体，それら主体の意思決定の整合的な状態としての均衡として経済社会を解釈するモデル構成，という部分には変わりはないではないか，と応じることもできよう。しかし，データに対応する形での実証研究にリンクしたものに，理論部分の改変は限られたことではないし，経済学ではむしろ純理論的研究の方が業績として高く評価される傾向があるから，ラカトシュモデルのままではその部分を説明することはできない。したがって経済学で行われていることを説明するために科学のモデルも拡張する必要がある。

　そこで，二重円構造のラカトシュモデルを横から見た図を，防備帯が中心命題の上に乗ったかたちとして捉え，中心命題の部分を，基本モデルを展開させる基底層と，基本モデルの前提となる基礎概念を規定している最基底層に分けて捉えることとし，次のように考えてみよう。

　まず，最基底層においては，その科学的研究計画がどのような関心に導かれて研究対象を1つのシステムとして捉えるために，どのような属性をその基本的属性＝「本質」として注目するにいたったのかが問われる。それは単に初発的関心に導かれた対象の観察・省察によって対象から「本質」が発見される一方向的な過程ではない。対象の観察・省察は，漠然としていた初発的関心をより明確なものへと変容させ，場合によっては関心の方向そのものをも変化させることもある。また，初発的関心も，その研究者に端的に発するものとは限らず，既存の学派の主張と経験を参照しつつ生じるものである。いうまでもないことだが，対象の属性は研究者の関心から独立ではない。このようないわば混沌とした状況から研究対象の「本質」が固定される過程を主導する推論は，参照基準が強調している「演繹」でも「帰納」でもない。状況を矛盾なく説明する原理を思いつくプロセスは，それらと区別し

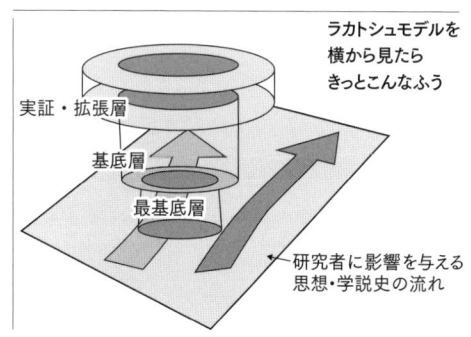

てアブダクションと呼ばれ，新しい概念を生み出す推論としてC.S.パースが重視するものである。また，ケネーが瀉血医として頭の中に抱いていた血液循環と健康のイメージを経済の貨幣循環と純生産になぞらえて経済表を思いついたプロセスはアナロジーと呼ばれ，推論としての確実性はかなり落ちるがこれも新しいアイディアを生み出す重要なプロセスである。

　次に，最基底層の上に構築される基底層では，すでに最基底層によって対象の「本質」が確定されているため，理論形成は最基底層よりもはるかに明確な過程によって進められる。「本質」，「本質」から演繹的に導かれた命題，そして「本質」と矛盾しないものとして見出された対象の属性に依拠する形で，研究対象の原モデル＝基本了解が構築される。この過程を主導するものは，「本質」との整合性が再重視されるという意味において，演繹的推論である。経済学の場合，少なくとも経済学者たちにとってのリアリティの基礎はこの基底層の論理整合性に依拠しており，そこに整合性が見いだせなくなるという見解が多くの経済学者によって支持されるとき，経済学の理論上の「変革」が生じる。

　経済学史上の例を挙げよう。ルーカス批判とその後のマクロ経済学の転換は，主体の最適化行動＋市場均衡という「本質」に依拠した多数派の経済学者にとって，IS–LMベースのマクロ経済学に論理的整合性がないと明確に認識されたときに発生した。しかし，その「本質」を共有しない経済学者にとって，その後のマクロ経済学の新古典派化はまったく共感できないものであったのは当然である。また別の例――60年台に行われたケンブリッジ資本論争で考えてみよう。もし資本が単一の尺度で測ることのできる物量ではなく，複数の資本財の集計であるならば，その大きさは資本財の価格から独立とはならず，それはまた分配の影響を受けてしまうことから，賃金率が利潤率に対して相対的に大きく（小さく）なるときにはより資本（労働）集約的な技術がスムーズに選択されるという推論には整合性がない。これはポストケインジアン

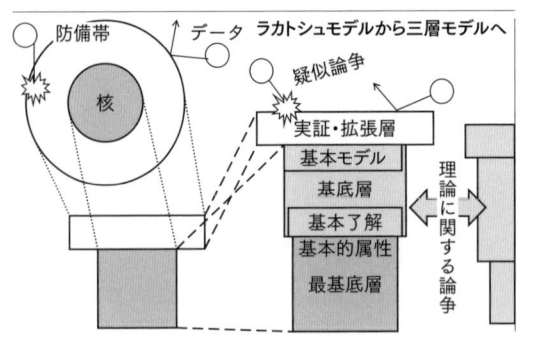

からすれば標準的な経済学のリアリティを大きく削ぐものであったが，利潤最大化と市場均衡を「本質」として基本了解を構築する新古典派経済学からすればモデルを不細工にする挟雑物としてしか映らないことになる。1種類の物量からの変形としての生産という原像は，現代のマクロ経済学においてもそのまま護持されている。

ともあれ，「本質」として選択された対象の属性と関連するかぎりにおいての整合性が，基底層から上のリアリティを主導する。それゆえ，経済学史上の重要な論争はこの層において行われてきたのである。経済学において最も影響力のあるリアリティは，演繹的リアリティというべきものである。

最後に，さらにその上に位置するのが実証・拡張層である。ここでは基底層で基本モデルを構築する際にいったん捨象されていた対象属性を取り扱い可能にするための応用モデルの開発と，「データ」との対応可能な実証モデルの開発が行われる。ここではじめて，「あるべき科学」のイメージを支えている「コントロールされた実験環境のもとでの実験」が行われる。しかしながら，それによって反証される可能性を持つのは実証モデルのパラメータどまりであって，基本モデルに遡ることはない。なお，最基底層でも理論体系の基本的関心を方向づける決定的経験ないしは観察が登場するが，それはここでいうコントロールされた実験ではありえない。実証層における「事実」発見が下側の層の仕様を変更することはないのであって，両者を混同してはいけない。

かくして，通常の科学哲学において，科学的研究計画の中心命題＝「ハード・コア」は反証不能であるといわれることは，経済学においては二段構えで了解されることになる。

## IV　経済学とリアリティ

「標準的な」経済理論に絞った教育を行うことの問題点は，単に科学の在り方を理解しているか否か，ということにとどまらない。それは，私たちの経済をどう捉えるのか，という実践的な局面にも及んでいるために，ことさら重要なのである。最後にこの点を説明しておこう。

失業という現象をどう理解するか，を例にとってみよう。一般均衡理論ベー

スで考えるならば，失業とは労働市場における需要量に対する供給量の超過として捉えられる。この供給超過は労働の価格すなわち賃金によって労働市場で調整され，やがて解消されるはずであるが，解消されないならば何らかの経済外的要因が阻害していると推論される。そこで社会に目を向けてみると最低賃金法というものがあって，それ以下への賃金下落を妨げていることに気づく。これは，労働者の暮らしを守るはずの最低賃金法がかえって失業を生み出しているのだ，という結論を生み出すことになる。

一方の再生産理論ベースで考えるならば，賃金水準を決めているものは労働者および家族がその社会で暮らしていける水準ということであり，これを下回るようになるとその経済システムは維持できないと推論される。再生産システムがどの程度の規模で運営されるかによって，各部門で雇用される労働者の数は変わってくるはずなので，もしも運営水準をコントロールすることができるような政策があるならば——有効需要の原理として知られているが——，その政策が適切に行われるべきであって，最低賃金を下げても解決にはいたらない，という結論を生み出すことになる。

むろん，後者の結論は，需要と供給の図式の中にあっても，賃金が下がらなくても需要曲線が右にシフトできればよいと考えれば，思いつかないことではない。しかしそれは，労働市場を単体としてクローズアップするために「他の事情を一定」とした手続きに反するからとても「アドホック」に見えるし，利潤最大化条件から導いた労働需要曲線をシフトさせるのに販売量制約の拡大を使うのは矛盾しているため，簡単には選ぶことができない。つまり，おのずと他の対策に思いを巡らせることは封印されているのである。

もうひとつ，TPP問題も例にとってみると，締結を良しとする議論が，各産業部門における微妙な得失計算よりも，比較優位の原理と社会的余剰最大化の練習問題が繰り返されることによって支えられていることを見ても，それは実感できるのではないだろうか。経済社会がつねに，労働も工場設備もフル稼働している生産可能性フロンティア上もしくはその近辺にあるという想定に違和感を抱いても，価格調整を信じることで意識から消し去り，教科書的理論の習得と拡張の論理的ステップを踏む作業を積み重ねるうちに，その帰結がこの上なくリアルなものに見えてくる。

ここで留意されるべきことは，それぞれの議論に説得力をもたせるという意味でリアリティを持たせているものは，それぞれの基本モデルの上に展開されている論理的な推論のステップ数，つまり前節の演繹的リアリティであるということだ。「リアル」を支えているものは，経験的事実とは限らない。むしろ経済学の場合はこちらの方が力をもっている。私たちの日常生活に深くかかわることがらを考え，議論する力を身につけさせる，という経済学教育の本来の目的にとって，1つの「標準的な」理論を教えることが妨げになっているということに気づかなければいけない。経済学を専門的に学ぶのであれば，どれか少なくとも1つの理論について深く理解しなければ何も始まらないが，そうではなく，経済学を専攻するとは限らない一般の大学生が，将来生きていくうえでより大切なのは，経済社会を捉えるうえで根幹となるいくつかの理論があること，それぞれによって社会の見え方がどのように違うのかを大まかにでも知っておくことなのである。

## V　おわりに

　参照基準では，世界で異なる社会的文脈の人たちを理解し，議論していくためのスキルとしての経済学にも言及している。しかし，それであればなおさら，経済学の根幹の部分についての理解こそ重要になるだろう。経済学業界という領域での世界の見え方をそのまま世界に当てはめることの危うさの自覚こそ，異文化世界の人々との相互理解の入り口である。問題が経済学教育という場であればなおさら，教養としての経済学の意味が正しく伝えられなければならないのである。

**参 照 文 献**

科学哲学については,
森田邦久(2010)『理系人に役立つ科学哲学』化学同人
A.F.チャルマーズ(高田・佐野訳)(2013)『改訂新版 科学論の展開』恒星社厚生閣
とくにアブダクションについては,
米盛祐二(2007)『アブダクション──仮説と発見の論理』勁草書房
マクロスキーの経済学方法論については,
山本泰三(2010)「D. N. マクロスキーのレトリック論の検討」『四天王寺大学紀要』50号
経済学の三層モデルについては,
吉田雅明(2011)「進化経済学の体系を構築する:『進化経済学基礎』出版に寄せて」『経済学論集』45巻3号
を参照されたい。

# 第3章 マルクス経済学の主流派経済学批判

**大西 広**
おおにし・ひろし｜慶應義塾大学経済学部教授／所属学会：基礎経済科学研究所・経済理論学会

## I　はじめに

　今回の「参照基準」については，十を超える学会から素案への批判が相次いだ。この素案では経済学各分野の教育研究を進めことができない，否，もっと根本的な経済学観上の問題がある，さらには，現実に存在する複数の経済学体系の一方のみを教えるのは教育上問題だ，などの様々な角度からの批判であった。これらの批判は，「経済学分野の教育『参照基準』の是正を求める全国教員署名呼びかけ人」主催による2014年3月12日の「『経済学分野の参照基準』を考えるシンポジウム」(慶應義塾大学三田キャンパスで開催)でも出され，素案修正への大きな原動力となった。それほど大きな問題点がこの素案にはあったのである。

　しかし，本稿での私の役割はそれらの諸批判の全体を見渡すことではない。私が担当する講義科目，私が所属して研究する学会の立場から独自の論点を追加することであって，それは端的に言えば，「マルクス経済学」の立場からした時，「参照基準」素案が目指した「標準的経済学」とその教育にはどのような問題があるかを明らかとすることにある。そして，もしそうすると，この論点はかなり他の論者と異なった角度からのものとならざるを得ない。「マルクス経済学」は，いわゆる「非主流経済学」とは別の存在であり，言い換えると多くの点で「主流派経済学」との接点を有しているからである。このことを主張するために，まずはマルクス経済学の立場から見た時に「主流派経済学」と「非主流派経済学」の論争がどのように見えるか，から議論を始めたい。

## II　「主流派経済学」と「非主流派経済学」

　「非主流派経済学」の「主流派経済学」に対する批判は，以下のようなその理論

的前提への批判として行われている，と言うことができる。すなわち，

　①人間は「合理的」に行動する
　②市場は完全競争である
　③外部性の不存在
　④情報の完全性
　⑤取引コストの無視

　主流派経済学がその出発点とするモデルは以上の単純化を行っているから，現実とはもちろん合致しない面が生じる。そして，そのために，「非主流派経済学」はその点を衝く。と，それによって，「主流派経済学」の様々な政策的インプリケーションが壊れるので，その批判は「主流派経済学批判」としての役割を果たすことができる……，となっているのである。
　もちろん，この批判には主流派経済学も反論している。「我々も行動経済学で人間の非合理的行動を実証的に研究している」，「寡占状態の研究はゲーム論で研究している」，「公共経済学で外部性の効果を研究している」，「情報経済学で情報の不完全性を研究している」，「取引コストはコースが研究している」……という具合に，である。が，一旦は①〜⑤の仮定を置き，後にその仮定を緩める，という方法を用いることは辞めることはできない。そうしてしまうと理論の構造が成り立たないからで，よって「非主流派経済学」の批判は続く。
　しかし，よくよく考えると，この「批判」と「反論」の構造は，そもそもが主流派経済学の枠組み設定によって必然的に生み出されたもの，言い換えれば広義には主流派経済学の枠組みの範囲の議論にすぎないことがわかる。「参照基準」をめぐる論争において，学術会議「参照基準」分科会副委員長の奥野正寛氏はそうした「非主流派経済学」の批判を想定して，そういう批判なら「素案」の教育制度でも十分に対応できると応酬した。私の考えるところ，それは理のある反論である。「非主流派経済学」は「主流派経済学」があって初めて成立する経済学となっており，その意味では「主流派経済学」の一部と言えなくもない。それでは本当の批判になっていない，と我々マルクス派からは見えるのである。

# Ⅲ　マルクス経済学にとって「市場の不完全性」は重要ではない

　実際，19世紀にマルクスによって打ち立てられた「マルクス経済学」には，外部性という概念も不完全競争という概念も情報の不完全性という概念もない。「取引きコスト」に当たる概念は一部に存在するが，それも理論の基本として存在するわけではない。が，それでもなお「搾取」を主張することができ，その点で最も根本的な「資本主義批判[※1]」を行なうことができている。それは何故か，を一度よくよく考えてみたいのである。

　同じことであるが，マルクスの「資本主義批判」のポイントを振りかえってみる時，それが「市場の不完全性」にないことを確認することは非常に重要である。マルクスは『資本論』第1巻の第4章で論ずる。市場取引からは利潤（価値のレベルで言えば剰余価値）は発生しない，と。なぜなら，もし，諸商品の取引がすべて等価交換でなされているとしよう。とすれば，この時，単なる等価交換の連続であるから，交換の結果として企業が手に入れる財や貨幣の価値はその出発点から変化していない。すなわち，利潤（剰余価値）は発生しない。あるいは，市場参加者のある部分が不等価交換で「利益」を上げたとしよう。しかし，このことは同時に取引の相手が「不利益」を得たことを意味するから，社会全体としては何の追加的利益も発生していないこととなる。こうして，マルクスにおいては，市場が「完全」であるか「不完全」であるかは重要な問題ではない。マルクスが独占市場の問題や外部性や情報の非対称性などの問題に関わらなかったのはその趣旨からである。

　しかし，それでも現実には「利潤（剰余価値）」は発生している。ので，それはどこから来ているのかとマルクスは問い，それを交換過程からではなく，その外である生産過程で発生しているのだと答えた。この意味で，マルクスの分析は生産過程に，より限定的には労働力商品に企業が支払う賃金とその消費（労働）の成果とのギャップの問題に向かう。このギャップは私の考えるところ，近

---

❖1……マルクス主義の「批判」の方法とは，何かをただ嘆いたり非難したりするものではなく，それがなぜ成立し，何故滅ぶかを説明するというところにある。それ故，ここでの「資本主義批判」の一部には，資本主義が前社会の克服として正当に成立したこと，その意義の確認もが含まれる。強く言うと，ある時代における資本主義成立の必然性と必要性の認識である。重要なことなので，付言した。

代経済学が「消費者余剰」と呼んでいるもので説明できる。なぜなら，今，たとえば図1のように企業が異なる生産性の労働者を同じ賃金で雇った(労働力を購入した)場合，同一の賃金に対して，異なる生産性が発揮されるわけだから，限界的な労働者でない限り，労働者はその生産性貢献分だけの支払いを受けていないということになる。これは，マルクスの言う「労働力商品の価値(賃金部分)とその消費(労働)の成果とのギャップ」に相違ないが，ここでの問題は，こうした通常の限界生産力原理下で十分「搾取」が説明されていることである。マルクスの「搾取」においては市場取引に特殊な想定は要らないのである。

このことを主張するためには，この図1の想定にある「特殊」な条件をさらに除外して考えることも重要であろう。たとえば，「異なる生産性の労働者がいる」という想定をやめて，「一定の資本設備の下で働く労働者の限界生産性は1人目の労働者のそれから2人目，3人目……と増えるにしたがって低下する」というように考えることもできる。この場合，たとえ1人目，2人目，3人目の労働者が同質であったとしても限界生産性は低下するからである。また，図2のように，各人の限界生産性が同質であってもなお，その生産性分を労働者が受け取れていないような状況を考えることもできる。この状況が成立するためには，労働力市場において「買い手独占」となるような特殊な条件が必要となるが，ここでの問題は，そうした特定の条件の成立が「搾取」を生んでも，そうではなく図1のような状況が「搾取」を生んでもどちらでも構わないということである。上において「市場が完全であるかどうかは重要ではない」と述べたのはこの趣旨からである。

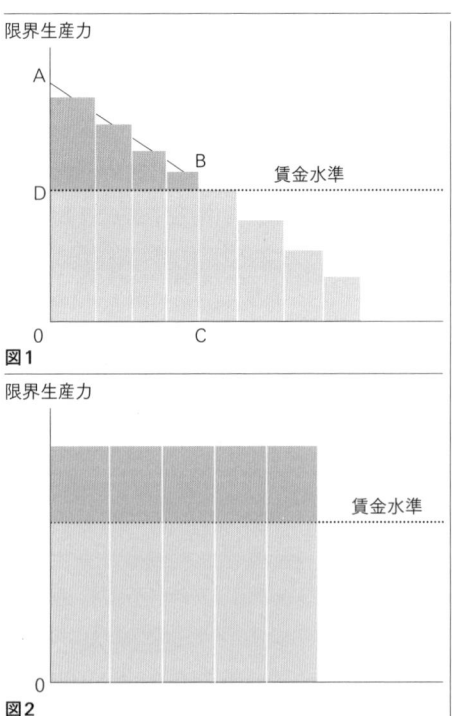

図1

図2

# Ⅳ　1部門「マルクスの基本定理」モデルによる説明

　しかし，以上の説明でも納得できない読者のために置塩信雄が「搾取の数学的証明」として提起した「マルクスの基本定理」に立ち返った説明もしておきたい。ただし，ここでは本来の「マルクスの基本定理」と違って社会に存在する財の種類を1種類としたモデルに書き換えて説明を行なう。その方が，今回の場合，ことの本質を理解しやすいからである。

　それで，まず示すのは，次の価値方程式である。

$$t = at + \tau \qquad (1)$$

　ここで $t$ は生産物1単位に含まれる労働の量(価値)，$\tau$ はその生産1単位当たりに直接に投入される労働量，$a$ はそれを生産するに際して何単位の当該生産物を投入しなければならないかと示す係数(投入係数。当然 $0 < a < 1$)である。この最後の点は，たとえば小麦の生産を想定すればよい。小麦1kgを生産するのに小麦0.1kgを種としてまかねばならないのであれば，この $a$ は0.1ということになる。これが，この社会で生産される唯一の生産物(たとえば小麦)の生産における労働力の投入構造である。

　他方，この生産が資本主義的企業で行われている場合の条件を示さねばならない。そして，それはこの生産によって利潤が発生し得ている，という条件であろう。これは，価格不等式と呼ばれ，次のように表現される。すなわち，

$$p > ap + \tau w$$

ここで $p$ は当該生産物1単位の価格，$w$ は労働力1単位当たりの価格(賃金)である。理解されるように，ここで左辺はこの生産物1単位がどれだけの価格で販売できるかを示し，右辺はそれに必要なコストを表している。そして，これが不等号で示されているので，この式は「利潤存在条件」となる。なお，$w$ を実質賃金率 $R$ で表現すると，$w = Rp$ となるので，上の式は

$$p > ap + \tau R p \qquad (2)$$

となる。したがって，上の(1)式(価値方程式)と(2)式(利潤存在条件)を使っ

て，「搾取」とは何かを考えてみよう。そのために，まず両式を次のように変形する。

$$1-a=\frac{\tau}{t}$$

$$1-a>\tau R$$

そうすると，この両式から，

$$\frac{\tau}{t}>\tau R$$

さらに変形して，

$$\frac{1}{t}>R$$

という式が導かれる。この左辺は1単位の生産物の生産に必要な労働量の逆数であるから，1単位の労働で何単位の生産物が生産できるかを示している。ということは，この不等式が意味するのは，1単位の労働あたりで生産できる生産物の量(左辺)より，それで労働者が受け取る生産物の量(実質賃金率，右辺)の方が小さいことを示している。これが1部門モデルで示された「マルクスの基本定理」，すなわち「搾取の証明」である。

この不等式は時に$1>Rt$の形でも表現されるが，上式の表現の方が時として意味ある表現となる。というのは，この表現によって初めて，物量と物量の比較となるからであり，つまり，物量単位での労働の「生産性」と，その労働で受け取る「賃金」との差の問題として「搾取」が定義できているからである。先には**図1**や**図2**において，限界生産力と賃金との物財レベルのギャップが「搾取」であると述べたが，その趣旨はこれによって示すことができたことになる。一切「市場の不完全性」を無視してもなお，「搾取」は十分に説明できるのである。

# V 「合理的個人」の仮定について

したがって，「市場の不完全性」という問題は，「搾取」を論ずるマルクス経済学にとって重要な問題ではない。そして，このことは，先に挙げた「非主流派経済学」の「主流派経済学」に対する批判の論点①人間の「合理的」行動(個人的利益

を求める行動との意味)に関する前提の問題についても言える。我々は日常生活において，よく「正義」や「情念」を論ずるので，人間の関心とは利益ばかりではないと論じたくなる。これには，自分がそのような人間ではないと他人に信じられたいとの欲望もが影響をしているだろう。が，一旦，そのような「個人的事情」を離れて社会の構造を客観的に見たとき，少なくとも「経済学」として社会の様々な争いや協力やといった諸事象を眺めてみるとき，それはつねに「利益」と「利益」との対立に他ならなかった，と言える。

　たとえば，「正義」がもっとも強く掲げられる各種の戦争は，実のところ誰かと誰かの利益の衝突に過ぎなかった，ということがある。それは石油資本の利益であったり，軍産複合体の利益であったり，否，もっと一般的な「支配階級の利益」であったり，「非抑圧民族の利益」であったりしている。この最後の例でいうと，たとえばベトナム戦争では「アメリカの正義」に対し「ベトナムの正義」が対峙され，それによって多くのベトナム人民が勇気を奮い起こしたのであるが，この闘いの本質は，アメリカの支配階級の利益とそのために踏みにじられようとしていたベトナム人民の利益の対立にあった。ので，それぞれの「正義(justice)」はそれぞれの「利益」を「正当化(justify)」するためのイデオロギー手段にすぎない。マルクス主義が「正義」を含む各種のイデオロギーをそれ自体として意味あるものとせず，土台たる物質的利益の生み出した派生物として扱うのはこのためである。人々が日々追求しているのは「利益」であって，その本質を覆い隠す各種のイデオロギーに惑わされてはならないのである。

　大事なことなので，もう少し続けるが，今度はたとえば労働組合が使用者側と団体交渉でやりあう場面を想定してみよう。私自身もこの渦中にあるが，こ

---

❖2……以上の不等式の出発点は「利潤存在条件」にあった。ので，これを「資本主義」に独自な「搾取」の条件と見做しやすいが，厳密に言うとそうではなく，奴隷制の成立からずっと存在していた「搾取」の一般的条件である。

❖3……実を言うと，労働現場における「搾取」を先のように論じるとき，「労働力商品の特殊性」という論点が発生し，この特殊な商品の市場契約の「不完備性」という角度から分析することもできる。それを行ったのが，Bowles, Samuel (2004) *Microeconomics: Bahavior, Institutions, and Evolution,* Russell Sage Foundation, New York and Princeton University Press, Princeton and Oxford（塩沢由典・磯谷明徳・植村博恭訳『制度と進化のミクロ経済学』NTT出版，2013年）などの抗争交換理論であり，私はこの研究を非常に高く評価している。これは広義には「市場の不完全性」の一例であるので，私の「市場の不完全性は重要ではない」という議論は労働力商品市場についてだけ厳密には当てはまらない。

こでは労使双方がそれぞれの「正義」を掲げる。しかし，その本質も双方の「利益」である。労働者はその主張する「正義」のために要求をしているのではなく，その利益を守るために自己に都合のよい「正義」を主張しているのである。この逆ではない。が，その際，「正義」を主張するのが大事なのは，実はその「正義」自体が大事なのではなく，その主張によって本来の目的たる「利益」の獲得が可能となるからである。あるいは，このことをさらに言えば，この世の中で本当に「利益」を実現したければ，「正義」を語らねばならないということであり，これは「正義」で人が動かされること（それを主張されると逆の利益を持つ人々も同意せざるをえなくなること）をも意味していることとなる。つまり，「正義は人を動かす」，「人々の行動は正義を基準としている」ということもまた一面で真理であることを認めざるを得ないという問題である。ただし，たとえば労働者が使用者とは異なる「正義」を正当なものだと思った理由には彼らの生活実感があった。これはこの意味で，そもそも，彼らの客観的「利益」をその「正義」が反映していたということができる。このような社会観は，「土台・上部構造論」として定式化されたマルクス経済学のコア・アイデンティティである。この理解は次の図3によって示される。

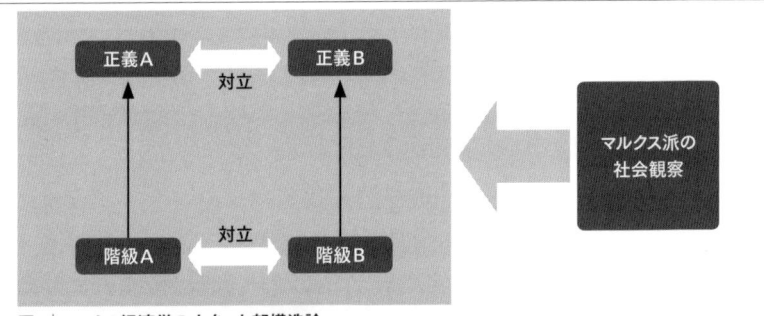

**図3｜マルクス経済学の土台・上部構造論**
出所：大西『マルクス経済学』慶應義塾大学出版会, 2012年, 28ページ（一部修正）。

ただし，こうして人間行動の目的が「利益」であるとしても，上記のような「階級利益」や「集団利益」は「個人利益」とはそのままでは一致しない。ので，個人レベルでは「他者」たる人間への協力行動が現実に存在し，したがってそれを説明する枠組みがマルクス経済学的には必要となる。このため，従来，マルクス経済学とは「集団利益」や「階級利益」を重視しても，「個人利益の追求」には否定的

な人間観を持っていたといっても間違いはない。しかし，それでも，そうした「集団への協力」はマルクス経済学である以上，唯物論的なものでないわけにはいかない。

その点では，私は，これも主流派経済学で議論されている協力ゲームの枠組みが有効であると考えている。たとえば，長いつきあいを行う仲間がいるとき，その仲間たちに協力的に生きることはいずれ自身の利益にもなる。あるいは，協働してはじめて直接的な利益を得られるような仕事や「闘い」などもありうる。つまり，「利他的」に見える諸個人の行動も「利己的」合理的な利益追求行動として理解することができる。この社会観ないし人間観に同意できない読者もおられようが，少なくとも「唯物論的」人間観とはこのようなものでなければならないという点だけは理解をいただきたい。

## VI 「主流派経済学」に欠けているもの

したがって，以上の議論をまとめれば，マルクス経済学の「主流派経済学」批判は「搾取理論」に帰結する。「市場」にではなく，「市場の外」としての工場の中での労働とその搾取こそがマルクス経済学が焦点とする問題である。私は今回の「参照基準」の議論の過程で経済理論学会が意見書をまとめる作業を行った際，是非この問題を大学における経済学教育の重要問題として明記されるよう依頼すべきと述べた。実際に書き込まれることになったかどうかは別として，各大学での教育では抜かされることのないように希望するものである。

しかし，この論点に加え，私はもう一点別の論点を経済学教育上の重要問題として提起している。それは，技術と社会システムの関係に関する問題である。これは，3月12日のシンポジウムでも改めて提起した。具体的には，次の文章として提起している。

**技術と社会システム** 産業革命による機械制大工業の成立が資本主義社会の成立に果たした役割は決定的である。また，その後の情報通信革命も社会システムに大きな変容をもたらしつつある。こうした生産技術の社会システムに対する影響を学ぶ。

この文章は，誰にでも合意できる内容として提起したものであるから，言い換えれば「主流派経済学」でも合意できるはずのものである。ただし，この内容は実は先の「搾取理論」と並んでマルクス経済学にとっていわばもっとも重要なコアたる内容であり，そのことはたとえば，エンゲルスが『空想から科学へ』で「社会主義は史的唯物論と剰余価値学説の発見によって科学となった」として「定義」した新しい社会主義理論＝マルクス主義のふたつのコア理論であることからも言うことができる。言うまでもなく，その「剰余価値学説」こそが前述の「搾取理論」であり，「史的唯物論」こそが今回の「技術と社会システム」の理論である。これに近い理論は，たとえば制度学派や比較制度分析が議論をしているが，彼らの議論は原始共産制や奴隷制，農奴制，資本制，共産主義といった大きな社会体制上の議論ではない。しかし，マルクス主義／経済学の議論は上述のエンゲルスの定義から明らかなように，「社会主義」をどのように論じるか，といった問題としてなされている。すなわち，オーウェン，サン・シモン，フーリエなどの空想的社会主義者は善意で社会主義をもたらそうとしたが，マルクスやエンゲルスはそうではなく歴史の客観的法則の問題として議論しようとした。これが「科学」たる所以である。ので，やはりこれはマルクス主義／経済学のコア理論である。

　実はこの論点についても，他方の「主流派経済学」との接点がある。まずは，「主流派経済学」では生産関数などの形で各種の技術条件が分析的に扱われており，技術変化の社会経済への影響は重要な研究対象として認識されている。マルクスの史的唯物論は「社会の技術への反作用」も当然に議論の対象とするが，しかしその本筋は「技術→社会の因果関係」である。その点で，主流派経済学のある種素朴な「生産関数分析」は意外と史的唯物論の技術決定論に近い。また，ヒックスの『経済史の理論』やウィリアム・フォーゲルの「数量経済史」など「主流派経済学」にも「経済史の理論」がある。

　しかし，その上でやはり彼らの枠組みとマルクス経済学の枠組みが異なることを否定できない。マルクス経済学にとっても「経済史」とは，前述のように「資本主義」という制度を相対化する目的のものであり，それ故，原始共産制，奴隷制，農奴制，資本制，共産主義といった大きなカテゴリーを扱うものである。そして，そのため，これらの変遷をもたらした大規模な技術の質的変遷を問題と

する。たとえば，産業革命による機械の出現である。そのため，マルクス経済学者としての私の研究は一貫して，この問題——産業革命による資本主義の成立とその終焉の必然性——の問題を扱ってきた。

　実際，よくよく考えてみると，直接には「剰余価値理論（搾取理論）」しか扱わないマルクスの『資本論』も，それが「史的唯物論」の一部であることがわかる。なぜなら，資本主義以前には誰の目にも直接に見えた「搾取」が資本主義の等価交換の世界では見えなくなった。だから，その「秘密」を経済学として解明する必要が出てきて，それこそが「資本主義」であり，『資本論』の課題であったのである。たとえば，農奴制の社会では農奴は週のうち3日を荘園主の土地で働き自分の土地では4日しか働けないかも知れない。このような場合，「搾取率」が$\frac{3}{4}$であることを知るのに難しい経済学は要らない。しかし，資本主義の下では等価交換が支配的であり，よって労働力の売買もその原理でなされている。ので，そこでは搾取がないように見えるがそうではない。その秘密の解明のために『資本論』が書かれたのである。つまり，この意味では『資本論』は史的唯物論の一部分である。『資本論』の一部に史的唯物論が包摂されるのではなく，その逆である。この意味で，ここで述べている技術による生産様式の決定の理論＝「技術と社会システム」に関する議論はマルクス経済学のコア理論であり，「主流派経済学」との対決点であると言わざるを得ない。

　マルクス経済学による「主流派経済学」への批判はもちろん以上のものに限られないが，本稿の課題はそのすべてを述べることではない[4]。それ故，「コア」中の「コア」としての批判は何であるかについてのみここでは論じた。もとより，本稿で論じたふたつの批判点——搾取理論と史的唯物論からの批判点——はまだ学界で決着を見たわけではなく，マルクスの死後約1世紀半を経ても決着はついていない。そのため，大学の授業では未決着の問題として扱われる必要が

---

❖4……強いて一点マルクス派による「主流派経済学批判」を追加すると，社会に存在する諸個人をのっぺらぼうな存在と認識する片寄りに対する批判がある。「主流派経済学」では，各消費者の個性として一般的に選好と所得が明示されるが，その両者が「階級」間で決定的に異なるという問題は二次的な問題として扱われる。これはマルクス経済学のアプローチとは異なっている。各人の選好や所得制約の前に各人の階級があるのであって，その逆ではない。ただし，この問題も前述の「搾取理論」の一部分とも言える。

あろう。ただ，それでも，この問題が「扱われない」のは正しくない。上記のように極めて重要な問題であるのみならず，少なくとも「搾取理論」と関わる「労働力商品の特殊性」にはすべての経済学派が同意し，かつまた「技術と社会システムとの関係」の重要性もまたすべての経済学派の認めることがらであるからである。

　繰り返しとなるが，「参照基準」の問題を契機として，大学で経済学教育を担うすべての教員にご検討いただきたい問題である。

（本研究は日本学術振興会の支援を受けている）

# 第4章 競合するパラダイムという視点

## 塩沢由典
しおざわ・よしのり／大阪市立大学名誉教授／所属学会：進化経済学会

　日本における経済学教育について考えるには，高等学校における教育，大学学士課程の教育（いわゆる学部教育），大学院課程の教育について考えなければならない。とくにげんざい，日本の大学院教育は，経済学教育にとどまらない大変な問題を抱えている。しかし，本書の趣旨から，本論では，学士課程教育についてのみ議論する。

## I　学士課程における経済学教育

　学士課程における経済学教育の意義は，なんであろうか。(1)経済学部，(2)商学部・経営学部など経済学の隣接学問分野における教育，(3)その他多様な学部におけるいわば教養的科目としての経済学教育，の3つについて考えることが必要であろう。それぞれにおいて，経済学に割ける時間数も異なり，また学生の求めるものも異なるからである。

　(3)の教養的科目としての経済学は，学士課程中にたかだか2単位か4単位を割けるのが通常であろう。半期週1コマか，その倍である。この中で，複雑な体系と化している経済学をどのような立場からであれ，十全な形で教えることは至難の課題に違いない。しかし，教育として，このような経済学の重要性は，他の2つの部類に劣るわけではない。

　たとえば，それが工学部あるいは農学部学生向けのものであるとすれば，学生たちが卒業・就職して，企業で働き始めたとき，かれらの企業の製品やその生産に用いられる原材料がいかなる関連をもって世の中に存在しているか，概略の概念を持つことは，かれらの職業生活にとっても，かれらを雇う企業にとっても，重要なことである。

　しかし，もちろん2単位か4単位で，経済学を体系的に教育することは不可能

である。したがって，教養としての経済学に要求されることは，まずは経済がじぶんたちの職業生活を規定する大きな要因であることを理解し，必要を感じたとき，必要な知識をみずから獲得できる能力を与えることであろう。それもなかなか難しい目標である。すべての理論領域や分野に言及することはできないから，むしろ少数の話題に絞って，なるべくなら学生の関心の高い話題を取り上げて，経済的分析によってなにが分かるか，体験させることであろう。学生たちが思い描いていなかったような分析を実行してみせ，それに学生が感銘を受けることが一回でもあれば，将来，必要な状況が生まれたとき，元学生たちは，どうすればあのときのような分析が可能か，進んで考えてくれるだろう。一度は教員が分析の実例を示したあとで，別の議題でディベートを準備させることなども，有効かもしれない。

　(2)の隣接学問領域を専門に学ぶ学生の場合，経済学は専門教育に必要な学問として一応は設計される。しかし，学生にとっては，このことはかならずしも自明ではなく，経済学は他の教養的科目と同様なものと見なされかねないあやうさをもっている。わたしは6年間，商学部の一年生向けの経済学を受け持ってきたが，前期の教育目標を「経済に興味を持ってもらう」ことにおいてきた。また，毎年，最初の講義で，商学部で経営学や会計学などを学ぶものが，なぜ経済学を学ぶ必要があるかについて，おなじことを話してきた。その大略は，以下のものである。

　君たちは，将来，企業に入って，いろいろな仕事に就くことだろう。数年は，上司から言われるまま動くことになるかもしれないが，そのうちある部署の責任者となって活躍する機会があるだろう。機会が許せば，社長さんにもなるかもしれない。そのとき，皆さんは会社あるいは自分の部，自分の課の戦略をもたなければならない。戦略は，どこから出てくるか。内部環境と外部環境とを見極め，新しい可能性を見出さなければならない。経営学は企業の内部環境，経済学は企業の外部環境を分析・考察する思考装置である。戦略を考え出すことのできる人になるためには，経済学と経営学とは車の両輪のようなものだ。

　商学部の学生に経済学を学ぶ意欲を植え付けるには，車の両輪論は便利なたとえだが，経済学と経営学との二つの輪をもつことは，かならずしも教育を容易にするものではない。

経済学と経営学とでは，いくぶんか分業に近いところがあり，上に触れたように，経済学は企業の外の環境，経営学は企業内部の環境について主として考察している。この分業がうまくいくならば，相乗効果を期待できるが，そうなるとは限らない。たとえば，げんざい主流のミクロ経済学では，完全競争では企業は市場価格で売りたいだけ売れると教えている。しかし，ほとんどどの企業も，価格設定者であり，より多く売るための努力（営業努力）に多大の人員と資源を割いている。そのような企業は，寡占企業であり，不完全競争あるいは独占的競争によって説明されると経済学の教員は言いわけするが，このような競争形態についてじゅうぶん説明されるわけではないし，別の場面に移るとすぐに完全競争市場の仮定で説明される。

　経済学と経営学とでは，このように相性の悪いところがあり，突き詰めれば相互に矛盾している部分がある。このこと自体は，かならずしも悪いことではなく，教育として考えれば大きな意義をもちえるが，その点については後に議論する。大部分の学生は，矛盾した二つの説明をそうと考えることなく受け入れるが，優秀な学生は腑に落ちないものを感じする。ここで，教員が適切に指導できればよいが，経済学と経営学との矛盾に気づいている教員じしん稀な存在でしかないので，よく考える学生ほどどちらかの学問（あるいは双方に）に不信感を抱いて卒業する。

　同様のことは，経済学と会計学との間にもある。ミクロ経済学の多くの教科書では，生産量が増えると原価が上昇するグラフを描く（収穫逓減）。しかし，管理会計の中核というべき原価計算論では，固定費＋比例的費用を代表的としている（収穫逓増）。損益分岐点分析も，この仮定に基づいている。ここでも，経済学と経営学との間に起こると同様の事態が生ずる。

　このような事態でもっとも恐ろしいのは，上にも強調したように，優秀でよく考える学生ほど，経済学に不信感を抱いて卒業しかねないことである。もちろん，その不信感が，卒業後に本物の経済学を勉強してみたいという方向に進むならば歓迎すべきことだが，不信感を抱いたまま，自己流の知識ないし勘，あるいはジャーナリスティックな解説によって経済を判断することにもなりかねない。これは社会にとって大きな機会損失であるばかりか，経済学は教育責任を果たせていないことになる。

# II　経済学部における経済学教育

　経済学部での経済学教育では，学生たちが経済学を学ぶ時間数と授業のコマ数が多いため，大学教育によりふさわしい教育体系を指向することができる。この場合にも，経営学や会計学などを教える必要もあり，そこには同じような問題が起こりえるが，そこについてはすでに議論したので再説はしない。以下では，経済学部における経済学の教育に限定して議論する。

　まず，経済学部における経済学教育の目標・意義について考えてみよう。大学の専門教育として経済学を教える以上，理想的にはその目的は経済学を将来の職業生活に生かすことであろう。しかし，現実に経済学を生かせるような職業は，中央・地方の政府機関の経済担当や企画部門，金融機関の企画部門・調査部門，ジャーナリズムの経済担当者，大学や高等学校の教員など，そう多くはない。しかし，日本における経済学部への入学者総数は，2014年(速報)で5万0千人，単独の学部名では工学部の約5万2千人にわずかに負けるものの，法学部の3万6千人より4割近く多い。[*1]経済学部の学生数がこのように多い理由として，社会の需要が多いのであれば問題はないが，企業などの新入社員採用に当たって，社会系の学部であれば，法経商経営などを区別しないから，経済学部卒業生に限定して，十分な需要があるかどうかは分からない。採用する側からいえば，経済学部の卒業生であろうと，法学部・商学部・経営学部卒業生であろうと，社会系のなんらかの専門教育を受けていれば，とくに選択的に採用するのではなく，あまりに法経商経営などの構成が偏らない程度に気をつけているものと思われる。個人としての専門分野の知識を生かすというより，多様な知識を必要とされる企業としては，それぞれの部課にあるていど法律・経済・経営・会計等の知識をもつものがいればよいとの判断なのであろう。

　この現状から判断するに，一部の優良大学を除いて，学生の多くが職業上の中核的知識として経済学を必要とするわけでも，またそれを生かせるわけでもない。[*2]では，大学生の1割近く(正確には2013年度で8.6％)の学生が大学で経済学を学ぶ意義はなんであろうか。やや逆説的な言い方になるが，第1の意義は「市民の教養」としての経済学ではないだろうか。市民ということばは，有権者と言い換えてもよい。簡単にいえば，民主社会を支えるために，教養ある市民

の1割程度は，学士課程程度の経済学の知識をもつことが必要だということである。

　たとえば，税金をどうするか議論するとき，多くの人間は，安いほうがいいに決まっていると考える。それでは，国や地方政府の働きがうまくいかないばかりか，場合によれば経済にも悪い影響が出る。さらに場合によれば，税金を使ってでも，経済を良い方向に仕向けていかないと，経済自体がうまく回らず，上がった税金分以上にそれぞれが損をすることまでありえる。もちろん，税金を上げてもうまくいくばかりではないが，政治のこうした問題を考えるとき，ただ直接の利害・目に見える利害ばかりで考えるのでなく，経済という全体について考えるべきことがあるということを考えられる人間が教養ある市民の1割程度いることは必要であり，かつ重要なことである。現在の学士課程教育で，このような思考ができるようになるとは限らないが，学士水準の経済学教育がなかった場合と比べれば，はるかにマシであろう。

　しかし，第1の意義のみでは，大学における教育として十分といえるかどうか疑問が残る。よき市民の教養という水準では，高等学校での教育でも，ある程度の目的は達成できると考えられる。

　よき市民の教養という水準を超えて経済学教育を行なう意義を考えるには，高校教育と大学教育との根本的違いについて考える必要がある。大きく分ければ，高校教育までの初等中等教育においては，人類の蓄積してきた知識を教え，使えるようにすることに主眼がある。そこでの教育は，げんざい真理とされていることがらを教えることである。高校生の中には，もちろん，この水準を超えて考える生徒もいるが，それは例外的と考えてよい。これに対し，大学で教えるべき知識は，げんざい真理とされている知識がつねにそのようなものとし

---

❖1……最近では，複雑な名前の学部名も多いが，それらはすべて無視して，「経済学部」「工学部」「法学部」の名前をもつもののみの数値である。文部科学省学校基本調査平成26年度（速報）大学・大学院第9表「大学の学部別入学状況」（2014年8月7日公表）による。

❖2……一部大学であろうと，職業上の専門知識として経済学を生かすだけの教育が現在できるわけではない。したがって，そのような職業人の育成の場としては，大学院教育に任せる以外にないが，現実には日本の社会系大学院は，(1)教育課程が体系化されていないこと，(2)修士あるいは博士課程を修了しても，大学教員以外には就職して活躍する可能性があまりない，などの悪条件を抱えており，優秀な学生が行きたがる場所ではないという憂慮すべき事態がある。これを放置しては，百年の計が危ぶまれる。日本学術会議は，この事態に早急に取り組み，社会の理解を得て，事態を改善すべきであろう。

て発見され存在したわけではないことを知ってもらうことであろう。その知識を獲得するのに人類の大変な努力が必要だった。それを単に事実として知るばかりでなく、げんざいも新しい真理の発見が必要とされていること、最前線の問題では、なにが真理であるか、つねに争われていることを知ってもらうことが必要である。

　上で「知ってもらう」と表現したが、それを単に情報として得るだけでは十分ではない。真理の獲得を追体験し、新しい真理の獲得にいかなる努力が必要か体験してもらうことが必要である。このように課題を立てると、それは理系の学問では可能だが、文系ではむずかしいという人がいる。しかし、学士課程教育という水準で考えると、むしろ事実は反対であろう。理系では、修士課程程度にならないと、真理の発見がげんざい争われているところにまではなかなか到達できない。これに対し、経済学では、より根本的な水準で真理が問われており、学士課程教育は、とうぜんにそこまで踏み込まざるをえないのである。それが本論の主題となっている「複数のパラダイムの競合」という事態である。

　このような事態は、経済学という学問がまだ初歩的段階にとどまっていることの証拠でもあるが、すぐあとに指摘するように、社会や経済の必要に応ずるという意味においては、かならずしも悪いことではない。次節第III節では、競合するパラダイムを経験することが、現在の日本においていかなる意義を持つかを示す。その上で、第IV節では、パラダイムの競合という事態について説明し、第V節では多元主義的な教育を求める主としてヨーロッパの学生たちの要求について紹介する。最後の第VI節では学士課程における経済学体系の考え方について私見を述べる。

## III　新しい概念の創造

　卒業生の多くが活躍することになる企業において必要な能力について考えてみよう。大学は即戦力となる知識を教えていないという指摘を企業の採用担当者からしばしば耳にする。これが新卒者に対し企業が求めるもののすべてなら、企業はむしろ専門学校修了者を採用すべきであろう。これはなにも専門学校を貶めて言っているのではない。専門学校は、社会に必要な新しい知識を体

系的に教える面において，大学よりしばしばはるかに革新的である。大学の専門分野は，どうしても保守的になりがちであることを大学教員は自覚すべきだ。しかし，上に触れたように，大学は，既成の知識を教えるばかりでなく，新しい真理の獲得と，その獲得にかかわる諸問題について，はじめて具体的に教える場でもある。そのことが，成熟した経済大国である日本にとって，重大な意義を持っている。

　より具体的に話をしよう。日本は1990年代以降，長い経済的停滞を続けている。アベノミクスにより，いくらか好転の兆しが見られるが，中長期的にいえば，やはりそれは対症療法でしかなく，真の解決はマクロ経済政策をどうこうと工夫するだけでは先に進めない大きな困難を抱えている。この中にあって，企業に求められていることはなんであろうか。ひとことでいえば，イノベーションを起こすことである。しかし，イノベーションならなんでもよいわけではなく，その質までもが問われているのが現在といえよう。

　しばしば指摘されるように，日本はプロセス・イノベーションに強く，プロダクト・イノベーションに弱い。さらにいえば，システム・イノベーションというより高次のイノベーションがある。プロセス・イノベーションは，既存の製品の製造方法を工夫・改善することにより，生産性を上げ，単位コストを削減することである。これに対し，プロダクト・イノベーションは，新しい財・サービスを作りだすこと，システム・イノベーションは，財・サービスを作りだす仕組みや制度を作りだすことである。1980年代まで，米国は日本に追い上げられ，多くの産業において競争力を失っていた。1990年以降の世界経済には，ソ連社会主義圏の崩壊，中国・インドの改革開放などの大変化があり，単純に日米の比較でものを語ることはできないが，インターネットの普及によるICT革命を先導し，多くの新しいビジネス・モデルを実現した点において，日本と米国との差は歴然としている。これが一度は米国に追いついたはずの日本が一人当たり所得においてげんざい米国に40％程度の差をつけられている原因でもある。

　プロセス・イノベーションは大切ではあるが，それだけでは賃金が低く技術知識においてある程度高い水準をもつ中国やインドのような国との競争に伍していくのは容易ではない。生産性を上げれば必要な雇用数が減少するというジレンマもある。成熟した経済をもつ日本においては，新しい財・サービスを生み

出し，システム・イノベーションを構想し実現する人材がどうしても必要である。そのような人材が，大多数である必要はまったくない。しかし，企業としては，そのような可能性をもつ人間をつねに数パーセントは確保する必要があろう。その中で現実にプロダクト・イノベーション，システム・イノベーションを構想できる人間は，さらにその数パーセントに限られるだろう。プロセス・イノベーションとちがって，プロダクト・イノベーションやシステム・イノベーションは，衆智を集めれば実現できるというものではない。いかに優秀な人間であっても，不確実性の大きな世界では運の働きも大きい。成功したイノベータの影に多くの成功しなかったイノベータを抱える度量がなければ，真のイノベーティブな企業は生まれない。イノベーティブな企業は，やはり数パーセントのイノベーティブな人材を必要とするのである。

　それでは，イノベーティブな人間は，どこから生まれるのだろうか。創造の才能は天性のものだという考えがある。どんな教育を受けようと創造的な人間が生まれるとは保証できないし，逆にまともな教育を受けることなく，みずからを偉大な改革者にする人間がいる。たとえば，アップルの創業者スティーブ・ジョブズは後者の例であろう。それにもかかわらず，企業の水準あるいは国家の水準においては，このような天才の出現をただ待つわけにはいかない。創造的人間の比率を上げるための目標と努力とが必要である。

　創造的な人材，イノベーティブな人材とはなにか。それには創造あるいはイノベーションについて考えることが必要である。それは改善・改良とはどこが違うのか。この点を考えるには，市川惇信の『ブレークスルーのために』が参考になる（市川惇信，1996）。これは，日本の研究組織をブレークスル型のものにするために，米国のいくつかの機関を調査した上で，日本の研究組織経営者に提言したものだが，ブレークスルそのもの，つまりは大きなイノベーションを実現するのになにが必要かを考える上でも大きな示唆を与えている[*3]。

　そのひとつに「現在の体系の限界を知る」というものがある。市川は主として理系の研究・開発におけるブレークスルを考えているが，どのような分野であろうと，研究を進めていく上で依拠している理論上・思考上の体系がある（第Ⅳ章で取り上げる「パラダイム」に当たる）。その体系の延長上に小さな革新を起こすことでは進めないときに，ブレークスルが必要となる。体系が確立してい

ると考えられている自然科学・工学の分野でも，このようなブレークスルの必要がほとんどつねに存在すると市川は考えている。このとき研究者にとって必要なのが，現在の体系の限界を知ることだと市川はいう。どんな体系であれ，それが生きているかぎり，いくぶんかの展開の「のりしろ」がある。そこに幻惑されて体系の限界を知ることがなければ，ブレークスルは不可能である。ブレークスルが必要だという方向に思考が働かず，既存の体系の中でのりしろをわずかに狭くすることに努力していては，ブレークスルが必要とする場面で，その確率が落ちるのは当然であろう。

　残念ながら，日本では，学界でも研究開発分野でも，こうした認識が明確だとはいえない。経済学の中では，いまだにみずからが新しい問題・課題を立て，それに挑戦しようとする研究者がきわめて少ない。外国で議論されている問題を解説するか，いくらか先に進めようとするものが圧倒的に多い。もちろん，比率では欧米でも解説型・一歩漸進型のものが多いのであるが，日本では新しい領域や問題群，あるいは理論体系の改変に迫るものがあまりにも少ないと言わざるをえない。経済学が輸入学問であった時代の習癖からいまだ抜け切っていないのである。しかし，経済学教育は，うまく設計できれば，法学や社会学など，他の社会系学問では得られない経験を与えることができる。

　改善・改良とはことなるイノベーションやブレークスルを実現する第1歩は，新しい概念を作ることであろう。シュンペータは，イノベーションを新結合と捉えたが，既成の概念をこれまでなかった形で結びつけること自体がひとつの概念形成である。新しい概念を形成する能力養成という側面で，社会系の諸学問は，どのように貢献しているのであろうか。

　法学部では，法解釈や事例研究が行なわれる。ここで重要なことは，解釈が一義的になされる場合はほとんど問題とならず，考究の対象となるのは解釈の分かれる場合だということである。このような事例では，多数説と少数説とがあっても，正解はない。概念操作の訓練という観点からみると，いかなる概念といえども，明確でない部分がある。そこを類似事例での判例や法の趣旨，あるいは慣習や公平や正義など，さまざまな観点から概念自体をより詳細に再定

---

❖3……ブレークスル型研究開発組織を実現するために必要な組織運営上の注意が5項目挙げられている。大学・公的機関・企業研究所を問わず，組織運営の責任者はぜひ参照すべき視点である。

義しなおすことになる。場合によれば,新しい概念による整理が必要となる。

　このように,法学教育においては,文言解釈を通して,概念の修正と事実の概念化とが訓練される。現実は複雑であり,社会状況はときに大きく変動する。こうした状況に解釈自体を柔軟に適応させていかなければならない。これは,経済学教育ではほとんどできない訓練である。しかし,経済学は,その学問の性格から,社会系諸学問の中では比較的珍しい論理的体系性をもっている。知識を体系的・論理的に整理・統合するという観点からは,経済学は他の社会系諸学問ではできない訓練の可能性をもっている。そのような学問体系を追体験することにより,論理整合的に思考する可能性と意義とを体得してもらうことができる。しかし,わたしは,ひとつの理論体系により複雑な経済を捉える可能性のみを過度に強調すべきではないと考えている。

　法学が直面していると同じように,経済の現実も複雑であり,状況も大きく変化する。そういう中で,ある理論体系によって現実を切る(あるいはすくいとる)ことの危険性についても,学生たちは学びとるべきであろう。むしろ,ひとつの理論体系ではすくいとれない現実という問題を発見し,そこになんらかの知見をえるという経験が論理訓練と同時に大切であろう。そのような中から,ブレークスルが生まれる瞬間を追体験できれば理想的であろう。それほど生々しくなくても,ある学説が他の学説によって乗り越えられる歴史を学ぶことには,大きな意義がある。経済学という学問と人間の知識体系そのものが,そのような進化の歴史であり,それこそが新しい知識の獲得の過程である。

　既存の体系をきちんと学ぶことは大切であるが,それを権威あるもの(あるいは真理)としてのみ教えるのでは,大学におけるふさわしい教育とはいえない。社会や経済に関する知識そのものが生成され,発展してきたものであり,さらに発展しうるものであることを体感してもらう経験がなければならない。新しい理論の出現には,かならず新しい概念やものの見方の変化が伴う。そのような経験があってこそ,プロダクト・イノベーションやシステム・イノベーションを実現できる人材の確率をいくぶんでも高める経済学教育であろう。

　もちろん,これが容易な目標だとは思わない。理論の革新を追体験するには,旧理論・新理論の体系の理解が必要である。しかし,情報化が進んだ現在では,体系的な知識について学生たちが強い希求をもっているとはとうてい言えな

い。むしろ、スマートフォンで得られる程度の、コマ切れの知識を多数得ることで社会・経済の重要なことはじゅうぶん得られているという感覚を多くの学生が持っている。ツイッターに載せられる140文字以内の情報と学問の諸知識とが区別のつかない状況が生まれている。そうした状況の中では、ひとつの知識体系を教えること、獲得させること自体がきわめてむずかしい。大学によっては、穴埋め問題にキーワードを入れたり、理由を理解することなく計算手続きを教え込んだりする必要も生まれている。こうした事態を前提にするとき、ひとつでも体系的知識をきちんと教えたい、それ以外の余分な知識は教えなくてよいという理論家の要求が生まれてくる。しかし、それはやはり安易な目標といわざるをえない。学問の現状を正しく教えているともいえない。

　経済学は、よかれあしかれ、複数（つまり二つあるいはそれ以上）の理論体系がつねに存在してきたし、近い将来もそうあり続けるであろう。相互の理論体系の間には、矛盾とまでは言えないまでも、視点の大きな違いがあり、対立がある。経済の見方にこのような多様で対立した考えがあることを教えること自体に積極的な意義があるのである。

　経営学や会計学と経済学との間の矛盾に触れたときのように、経済系の諸学問は、ときに相互に矛盾する大小の理論体系からなっている。その矛盾に気づかない学生も多いが、矛盾に悩んで、学問自体に不信感を抱く学生もいる。しかし、複雑で不確実な現実の世界において、なんらかの新しい知見を出していく能力を養成するには、「現在の体系のもつ限界」についての感覚を身につける必要がある。多くはないとはいえ、これこそが現在の学生に求められている能力であり、日本における社会系学士課程教育の現状（多くは、卒業とともに企業や役所、ジャーナリズムなどに入る）を考えるとき、経済学教育として欠かせない観点である。

　このような教育が可能なのは、経済学が現在でも、また近い将来においても、大小複数の学派・学説の並存する学問であるという現実がある。単一化の進んだ物理系科学から見れば、これは経済学の遅れたところともいうことができるが、対象の複雑さを考えれば「遅れている」とばかりはいえない。むしろ対象の複雑さを率直に認めたうえで、教育にもその特性を生かすべきであろう。学派の対立や対抗理論の存在は、法学における多数説と少数説の存在と同様に、現

実の複雑さと知的営為とのあいだの格闘の実態であり，その実態に触れることは，確立した真理の教育に傾いている高等学校における教育とは異なる大学における教育の意義でもある。そこで，次節では経済学におけるパラダイムの並行的存続という事態について考えてみよう。

# IV　競合するパラダイム

　パラダイムという用語は，トマス・クーンによる『科学革命の構造』により一般化した。この用語については，後に批判者たちは概念の多義性を指摘した。この批判は一面では正しいが，より根本的な問題を見逃している。それは科学革命も，それに付随するパラダイム転換も，ある同質ないし同水準のものではなく，ひとつのパラダイムの中に別のより小さなパラダイムがあるというように，パラダイム自体がフラクタルな構造をもっているからである。同じように科学革命にも，大きな革命で成立した体系の中に小さな革命が多数含まれるというフラクタル性をもっている。

　たとえば，クーンは，1781年のハーシェルによる天王星の発見を天文学における「小パラダイム変革」として取り上げている(第10章)。それまで何度も恒星として認識されたものが，精度の高い望遠鏡を用いたハーシェルによって，まずは恒星以外もの，たぶん彗星と認識しなおされ，さらに観察を続けた結果，それが彗星ではなく，これまで知られていなかった惑星であることが確認された。惑星の数は神の定めた定数であると信じられていた時代から見れば，新しい惑星の発見は，天文学のパラダイムを作りなおす効果をもった新発見だった。

　新しい惑星が存在するかも知れないという期待は，ハーシェルの発見から70年もたたないうちに，海王星の発見に結びついた。これは偶然の発見ではなかった。天王星の公転軌道の異常から，別の惑星が存在するのではないかと予想が生まれ，軌道計算の結果，予測された位置からほど遠くないところに新しい惑星が発見された(1846年)。それが海王星である。しかも，計算による予想は，発見にたどりついたフランスのルヴェリエのほかに，同時期にイギリスのアダムスによってもなされていた。このようなことは，ニュートン力学以前には考えられなかった思考の変化であり，パラダイムの転換があったことは確か

だが，それは同時にニュートン力学というより大きなパラダイムの完全な枠内におけるパラダイム転換だった。

　クーンは，同一専門領域を共有する学者集団があるとき，かれらに共通する問題設定や事実を発見・整理する枠組みをパラダイムと呼んでいるが，この定義はパラダイムを共有する専門家集団が同一の専門領域を形成するという循環を含んでいる。現在では，専門領域は，ますます細分化される傾向にあるから，パラダイムも同じように細分化される傾向にある。市川惇信は，パラダイムということばを用いないが，専門集団の数だけ「現在の体系」が存在すると考えている。市川やその調査先となった米国の諸研究機関が，ブレークスル型の研究機関たろう，あるいはブレークスル型の研究機関を創出しようと意識的に努力していることは，「現在の体系」の多くが「現在の体系のもつ限界」に近づいていることを自覚していることを意味する。つまり先端型の研究機関では，ブレークスル，つまり小さなパラダイムという観点における「科学革命」ないしパラダイム転換をつねに要請される状況にあると考えているのである。

　このような事態は，20世紀後半以降に生じた現象であろう。この背景には，多くの専門分野が成立すると同時に，各分野で仕事をする研究者と研究機関の数が増大したことが挙げられよう。確立したパラダイムの内部での研究では，通常科学の範囲での研究は短い時間で研究し尽くされ，たちまち「のりしろ」が縮小してしまうからに違いない。

　経済学でも，部分的にはこれに近い現象があり，小さな新しいパラダイムは，次々と出現している。たとえば，わたしの専門分野である国際貿易論分野では，1940年代のヘクシャー・オリーン・サミュエルソンの理論(HOS理論)の確立のあと，しばらくこの路線による研究が進み，ヴァネクによる賦存資源の交換としての貿易という視点(HOV理論, 1968年)，特殊要素理論(R. Jones, 1971年)などが出現した。これらも小さな新パラダイムといえるが，HOS理論の延長上においては，次第に閉塞感が広まっていた。この点についてポール・クルーグマン(Krugman, 2009, p.561)がおもしろい証言をしている。かれは1970年代末に新任の助教授となったが，そのとき同僚の一人がなぜクルーグマンが貿易理論に取り組んでいるのか質問したあと，貿易理論は「すでに終わった分野で，おもしろいことはなにも残されていない」とコメントしたという。しかし，その当時，す

でに産業内貿易の比率増大という，従来の理論では説明できない事態が報告されていた。クルーグマンの「新貿易理論」は，このような事実を背景とした，収穫逓増による事実の説明であった。かれの理論が後にこう呼ばれるようになったことから想像されるように，これはHOV理論や特殊要素理論より大きなパラダイム転換だった。クルーグマンの後，2000年代には，メリッツらの研究が出て，「新々貿易理論」などと呼ばれている。これは，国や産業を対象としてきたそれ以前の理論に比べれば，企業の異質性を分析対象としている点でたしかに新しい視点を導入しており，ここにも比較的大きなパラダイム転換があるといえる。

　しかし，経済学に固有の違いもある。新しいパラダイムの出現が，自然科学におけるように，旧来の理論を駆逐したわけではない。HOV理論は，新貿易理論の出現以後の1990年代にリーマやトレフラなどによる数量的検証にさらされ，その予測能力の弱さを露呈したが，Davis et al. (1997) などを根拠に理論の有効性を主張する考えは続いている。新貿易理論が新々貿易理論にとって代わられたわけでもない。これは新しい研究主題の発見であり，パラダイムの誕生であっても，旧パラダイムの転換ではないためと考えることもできるが，経済学においては，大小を問わず新パラダイムの誕生は，旧理論の追放というよりは，新視点・新研究方法の発見という側面が強いためでもあろう。

　自然科学と経済学とのいちばん大きな違いは，もっとも大きなパラダイムといえども，新パラダイムが旧パラダイムを駆逐するとは限らないということである。経済学には学派の違いがあることはよく知られているが，これは社会学におけるように，主題の違いによる学問の系統の違いではない。同一の議題においても，二つの対立するパラダイムあるいは二つの経済学が並存してきたというのが実情である。

　二つの経済学などというと，やや年配の人は，マルクス経済学と近代経済学の対立を思い浮かべるかもしれない。このような対立が明確であったころ，近代経済学といえばケインズ経済学であった。しかし，1970年代のケインズ反革命のあと，新古典派マクロ経済学がマクロ経済学の主流となったあとは，ミクロ・マクロを問わず，新古典派が経済学の主流であり，それに疑問をもつ複数の学派がそれぞれの立場から新古典派に対抗しようとしている。もちろん，主流

派の中にも，ニューケイジアンのように，ケインズの後継を名乗るものもあるし，反主流派の中もいくつものたがいに視点と分析枠組みとを異にするいくつもの学派に分かれている。力関係の変遷が，もとの対立理論を接近させるような現象も現れている。たとえば，リーマンショック以降，ケインズに戻れと主張する人々とマルクス経済学の系統に属する人々の政策要求はひじょうに類似しており，学問的にも近接感を増してきている。

　マルクス経済学と近代経済学との間にそれがないとすれば，現在における経済学のもっとも大きなパラダイム間の対立は，なんであろうか。わたしは，それを古典派価値論たい新古典派価値論の対立と見ている。これは従来の理論対立のように，理想とする経済体制の違いによる対立ではなく，経済学の中核理論というべき価格理論(価格がどう決まり，またそれはどのように機能しているかに関する理論枠組み)の対立である。

　新古典派価値論は，いわゆるミクロ経済学で教えられるように価格を変数とする需要関数・供給関数とを考え，その交点(あるいは高次元の場合，超過需要が非正となる点)に価格と取引数量とが決まるという枠組みである。注意すべきは，このような枠組みが明確にできあがったのがワルラスやマーシャルなどの時代であったにせよ，アダム・スミスなど古典派の時代から漠然と考えられていた価格に関する考え方である。

　これに対し，古典派価値論は，つうじょうリカードにより確立したとされているが，じつはリカードによる労働価値説もマルクスによる労働価値説も論理的には不十分なものであった。すくなくとも工業製品については，リカードもマルクスも生産費が価格を決めるという考えを抱いていたが，19世紀中期以前の経済学者にとって，生産費を決めるには投入財の価格をも同時決定しなければならないというジレンマを克服することはできなかった。古典派の生産費価値説にきちんとした定式を与えることができたのは，ようやくスラッファの『商品による商品の生産』(1960年)においてであった。もちろん，古典派価値論はこれで完成したわけではなく，フルコスト原理による価格設定や設定価格のもとにおける生産量調整などの問題は，現在なお発展の途上にある(有賀・塩沢編，2014，第3章・第4章参照)。新古典派価値論と古典派価値論の対立は，学説史上の問題ではなく，現在の理論的対立であり，グローバル化した21世紀の資本主義に

おけるもっとも基本的な調整メカニズムをいかなるものと考えるかという，きわめて基本的な視点における対立である。

漠然とした形ではあれ，このような対立がアダム・スミスの時代から存在したことから分かるように，競合するパラダイムとしての二つの価値論は，経済学の歴史を通じてほとんどその全期間にわたり存在し続けてきた。ただ，古典派の時代と新古典派の時代とで，どちらの考えがより優勢だったかという違いがあるにすぎない。

このような基本的な対立が簡単に解消するとは思えない。もちろん，理論経済学者は，この対立を解消すべく努力すべきであろうし，現に少数ながらそうした課題に取り組んでいる人たちがいる。当然ながら，主流の新古典派価値論については，それを根本的に問いなおそうという動きは少ない。新古典派主流の研究者の間では，1970年代末にクルーグマンが同僚から受けたコメントと同じように，新古典派価値論はすでに終わったものであり，現在ありうるのは，その延長上に新しい課題を設定することであるという考えが圧倒的な多数派である。これに対し，反主流の経済学者たちは，新古典派の経済学にはすでに多くのアノマリが累積しており，根本的なパラダイム転換が必要であると考えている。

どちらが学問を進めることになるか，いまはまだ分からない。それぞれの立場に立つ研究者がみずからの研究人生を賭ける以外にない。そのような選択を学士課程の学生にさせるわけにはいかないが，経済学の非常に基本的なところで，二つのパラダイムの対立があり，それが200年以上も続いているということは，学生たちが知ってよいことである。

経済学が単一のパラダイムによって成立していないのは，経済学が科学として遅れている証拠であると経済学者のあいだにひろく信じられているが，そのような信条そのものが科学の歴史を表面的に眺めて形成されたものであることも指摘すべきであろう。クーンが『科学革命の構造』の第11章「革命がめだたないこと」で指摘するように，科学の歴史は，じつは大小のパラダイム転換の歴史であり，ひろく信じられているように単線的に成長・発展してきたものではない。自然科学においても，競合するパラダイムが並存する状況も珍しくない。

並存の歴史としてもっとも有名でかつ長期に及んだものは，天動説と地動説

の対立・並存であろう。教科書では, ルネサンスになってコペルニクスが地動説 (太陽中心説)を唱えたとされることが多いが, すでに紀元前3世紀にサモスのアリスタルコスが太陽中心説を唱えている。地動説を唱えたアリスタルコス自身の文書は伝わっていないが, アルキメデスの「砂粒を数えるもの」にその紹介がある。アリスタルコスの時代にも天動説は存在したから, その後ケプラあるいはニュートンが出るまでの約2千年間, 地動説と天動説の並存は続いた。もちろん, アリストテレスやプトレマイオスが天動説(地球中心説)を採用したことから, 2千年間の大部分において天動説が圧倒的に優勢であったことは否めない。これは後に誤っていることが判明したパラダイムが長期にわたり人々を支配した例でもある。

　地動説と天動説との対立ほど長い並存は珍しいが, 200年単位で並存が続いた例は他にもある。光の本性にかかわる粒子説と波動説との競合・対立がそれである。ニュートンは粒子説を, ホイヘンスは波動説を支持していたが, それぞれにそう考えるべき理由があり, 約200年間, 決着がつかなかった。それが一応の解決をみたのは, 20世紀の前半, 量子力学が成立してからである。この場合の決着でおもしろいのは, 量子力学によって, 光は粒子でもあり, また波動でもあるという解釈が示されたことである。競合する二つのパラダイムがかならずしも一方の勝利として解決しないことの事例として注目される。

　経済学におけるもっとも大きな対立が古典派価値論と新古典派価値論であるとすれば, その対立はすでに200年以上続いているが, それと同じ時間尺度における二つのパラダイムの並存がニュートン以降の物理学においてもあったのである。

　さらにいえば, 一元化したかに見えるパラダイム状況がかならずしも科学の発展にとって前進的でないかもしれない事例として, 素粒子論分野における標準理論以後のヒモ理論(ストリング理論)がある。標準理論の成立が1970年代だとすれば, その後の支配的パラダイムであるヒモ理論は, それが研究され始めた1960年代から数えて50年, 10次元のヒモ理論(1970年)から40年, ウィッテンの第1超ヒモ理論(1980年代はじめ)からすでに30年を経過しているが, 観測にかかるような予測をいまだ生み出していない。そのため, ヒモ理論は「あらゆるものの理論」として失敗であるという批判が物理学者自身からも唱えられてい

る。ヒモ理論自身，多くの変種と発展を遂げているにもかかわらず，実験や観測による理論の選択が進まないため，素粒子論はすでに30年以上，進歩を止めていると批判する人もいる。経済学は新古典派革命以来，物理学を模範として，物理学的な理論形成に努めてきたが，最先端の基礎物理学では，むしろ「物理学の経済学化」が起こっている。

　経済学において競合するパラダイムが長期にわたり存続していることは，経済学の遅れている証拠というより，むしろ経済という対象のむずかしさの反映であると考えるべきであろう。経済学をつぶさに見るならば，それが競合する大小のパラダイムの集合であるということは，ひとつの事実であり，経済学者はその事実から謙虚に学ばなければならない。

# V　多元主義的な教育

　すでに述べたように，大学教育における特色のひとつは，確定していない真理に向き合うという経験である。そのようなむずかしい立場を追体験するところから，ブレークスルや漸進型を超えるイノベーションを構想する能力が養成される。経済学がいまだ競合するパラダイムの並存する学問であることは，一面では経済学がいまだ未発達であることの兆候かもしれないが，教育機会としては，きわめて適切な教材を提出している。

　一部主流派経済学者の中には，新古典派ミクロとマクロ，それに統計学に理論教育を一元化することが経済学教育の進歩であり，現代化であるという考えが根強くある。現に米国の多くの大学では，そのような動きが現実化しており，ヨーロッパでもそうした方向への動きが拡大している。単に教育体系のみならず，教員人事においても，主流派経済学に純粋化しようとする動きも指摘されている。しかし，それは経済の複雑さに目をつぶり，みずからの理論体系ですべてが解決できると考える，きわめて狭くかつ独善的な態度に過ぎない。

　現にヨーロッパでも北米でも，新古典派に一元化された経済学の教育体系に抗議する学生たちの運動が広がっている。この運動は，最初に2000年頃，フランスに姿を現し，リーマンショック後は，より多元主義的な経済学教育を求める学生たちの運動として世界的に広まっている。とくに2014年4月，マンチェ

スタ大学Post-Crash Economics Societyが発表した報告書「経済学，教育，そして学び解くこと：マンチェスタ大学における経済学教育」は注目に値する(University of Manchester Post-Crash Economics Society, 2014)。全57ページ，本文45ページのこの報告書は，近年の学生の文書にはなかなか見られない行き届いた

---

❖**4**……フランスでは教育省が高等学校(リセ)における「経済社会科学」(sciences économiques et sociales)という科目を従来のより自由な教育スタイルから，2010年以降，新古典派の分析手法を強調する方向に転換する要綱を示したことから，高校生たちの抗議を招いた。Mediapart (11 fevrier 2010) http://www.autisme-economie.org/article172.html

❖**5**……Board of the French Association of Political Economy (FAPE)(2014) Evolution of Economics Professors' Recruitment since 2000 in France. The End of Pluralism, *Heterodox Economics Newsletter* 167 (August 4, 2014) http://heterodoxnews.com/n/htn167.html#art-17592186051171 経済学の諸流派がそれぞれ自分の学派を増殖させようとするのは自然の姿といえようが，その結果，スタッフの多様性が減り単色化することは，教育上もブレークスルを目指すうえでも得策でないことを自覚すべきであろう。

❖**6**……Lettre ouverte des étudiants en economie aux professeurs et responsables de l'enseignement de cette discipline. Le Monde (17 juin 2000) http://www.autisme-economie.org/article2.html この公開書簡は，①空想の世界から抜け出そう，②過度の数学使用に反対する，③経済へのアプローチに多元性を，の3項目からなっていた。この運動に関する情報サイトとして http://www.autisme-economie.org/ がある。この運動が，フランス最高のエリート校であるEcole National Superieureの生徒から始まったことも注目される。英訳 The French Students' Petition, June 2000. in E. Fullbrook (2007) *Real World Economics, a post-autistic economics reader*, Anthem Press, Appendix I, pp. 471-472. この運動は，*Le Monde* (21.6.2000)に一面全部を使って報道され，その後，多くのメディアに取り上げられた。また，この公開書簡は，経済学の教育に携わる200名の研究者の公開書簡をも生み出した。The French Professors' Petition, June 2000, in E. Fullbrook (2007) *Real World Economics, a post-autistic economics reader*, Anthem Press, Appendix II, pp. 473-476. また，この結果として，*Post-autistic Economics News Letter* が発行され始め，現在の *Real-World Economics Review* につながっている。

❖**7**……たとえば，International Student Initiative for Pluralism in Economics http://www.isipe.net/ 2014年9月現在の自己紹介によると，この団体は世界30ヵ国の経済学生団体65の協力により組織されているとある。2014年の公開書簡 An international student call for pluralism in economics が http://www.isipe.net/open-letter/ にある。この運動は，その内部に Rethinking Economics というネットワークを組織しているが，それは2012年のドイツ・チュービンゲンでの会合から始まっている。http://www.rethinkeconomics.org/ 直近では，ニューヨークで2014年9月12日〜14日まで開かれている。同年4月，イギリス・マンチェスタ大学で開かれた International Student Initiative for Pluralism in Economics に関する新聞記事等は，http://www.rethinkeconomics.org/#!reinthemedia/c1q9i に一覧表がある。これらの運動は，いちぶ Institute for New Economic Thinking の支援を受けている。2011年11月2日には，ハーバード大学の学生がグレゴリ・マンキュの経済学の講義をボイコットして，公開書簡を発表している。http://harvardpolitics.com/harvard/an-open-letter-to-greg-mankiw/ これに対する反論ないし回答をマンキュは『ニューヨーク・タイムズ』紙上で答えている。http://www.nytimes.com/2011/12/04/business/know-what-youre-protesting-economic-view.html?_r=0

配慮と高い見識を備えたものであり，単に自分たちの勝手な要求を突きつけるものでない。予算上の実現可能性や，かれらの報告書にしたがってカリキュラム改革を行なうことがマンチェスタ大学にとって，また経済学教育にとっていかなる積極的意義をもつかをも説得的に示そうとしている。その骨子は経済学のより多元主義的な教育体系を要求するものであるが，イギリス政府の経済職採用副部長Andy Rossをはじめ，会計事務所などの採用担当者の採用方針を調査した上で，かれらの要求する多元主義的教育がその要求に合致するものであることまで主張している。[8] さらに驚くべきことは，新古典派の単一パラダイムによる教育は，学生たちの経済に対する批判の眼を摘み，ひいてはそれは創造性を奪うものだ，とまで指摘していることである。現実から乖離する傾向の強い公理主義的な分析に得てしてのめり込むことの多い新古典派経済学者たちよりも，学生たちは現実や経済学の現状をよく見ているとまでいえる。

　日本においては，旧来のマルクス経済学が科目名を変えるなどして多くの大学で維持されていることから，欧米におけるような学生たちの運動は顕在化していない。International Student Initiative for Pluralism in Economics への賛同団体も，2014年9月現在，日本からの登録はない。しかし，学術会議の「参照基準／経済学分野」(学術会議, 2014)での第一次原案に見られたように，[9] 日本においても，新古典派経済学に純粋化した教育体系への移行を目指す動きは確実に存在する。経済学という学問の現状と，経済学教育が果たすべき役割とを考えるとき，これが経済学部学生や，経済学部を目指す学生，その卒業生を受け入れる社会にとって好ましいことかどうか，深く考える必要がある。自分が支持するパラダイムのみを教えることが，経済学教育を狭い思考習慣を強制することにつながり，ひいては学生たちの創造性をそぐことになる危険性に注意しなければならない。

　経済学に存在する「階層秩序」から，どの国においても，経済学に関する政策立案や，大学における経済学教育の設計に携わる教員には，理論系の研究者が選ばれる傾向がある。その結果，意図せずして，学士課程教育もが理論偏重となる危険性がある。現に，ヨーロッパや北米の学生たちは，理論や分析方法の教育に過度に偏るのでなく，多様な学派の考え方を学び，また経済史を含む幅広い事実の教育を要求している。4年間という限られた教育期間の中に，すべてを詰め込

むことはできないが，エコシステムと同様の多様性の確保が求められている。

# VI 結論に代えて

ことさら結論を出す必要はないが，以上の考察を踏まえて，以下の4点からなる基本的考え方を提案したい。

①異端の経済学を含む経済学全体の大まかな地図を手に入れさせる。
②経済に関する多様な事実や思想に幅広く触れさせる。
③複雑な経済の現実に対処できる複眼的な思考法を獲得させる。
④複数の理論体系を対抗的に教える。

学士課程教育においては，経済学の全体像を摑むことができる教育課程が必要である。将来必要が生じたとき，それにより学生は，可能なかぎりでもっとも適切なアプローチを選ぶことができ，かつ場合によっては新しい仮説を構築・利用する可能性が開かれる。単一のパラダイムに特化することは，多数説のみを教えて少数説に触れない法解釈の教育のようなものとなる。より基本的な理論枠組みにおいて，解消されない対立があることを学ぶことにより，複雑な経済に適切に接近する能力を形成する機会が与えられる。学説間の相互批判により，特定の理論の限界について考察する機会が提供される。それは成熟した日本社会に必要なイノベーションやブレークスルを実現する能力を身につける絶好の機会を提供するものでもある。

---

❖8……この報告書にはイングランド銀行金融安定化担当理事のAndrew Haldaneが序文を寄せている。Haldaneは，学生たちがこのような報告書を作成することに歓迎の意を表明している。
❖9……「経済学分野の参照基準(原案)」http://www.iwamoto.e.u-tokyo.ac.jp/memo/SBS/teian_sanshoukijun_220701.pdf

## 参 照 文 献

市川惇信(1996)『ブレークスルーのために』オーム社。
学術会議(2014)「大学教育の分野別質保証のための教育課程編成上の参照基準　経済学分野」学術会議経済学委員会経済学分野の参照基準検討分科会, 2014年8月29日。
http://www.iwamoto.e.u-tokyo.ac.jp/memo/SBS/kohyo-22-h140829.pdf
クーン, T. (1971)『科学革命の構造』中山茂訳, みすず書房。
塩沢由典・有賀裕二編(2014)『経済学を再建する』中央大学出版部。
Davis, D. R., D. E. Weinstein, S. C. Bradford and K. Shimpo (1997) Using International and Japanese Regional Data to Determine When the Factor Abundance Theory of Trade Works, *American Economic Review* 87(3): 421–446.
Krugman, P. (2009) The Increasing Returns Revolution in Trade and Geography, *American Economics Review* 99(3): 561–571.
Madi, M. A., and J. Reardon (eds.)(2014) *The Economics Curriculum: Towards a Radical Reformulation,* Published by College Publications on behalf of the World Economics Association.
The University of Manchester Post-Crash Economics Society (2014) Economics, Education and Unlearning: Economics Education at the University of Manchester (April, 2014) Available at:
file:///C:/Documents%20and%20Settings/Administrator/My%20Documents/Downloads/Economics-Education-and-Unlearning.pdf

# 第5章 純粋経済学の起源と新スコラ学の発展
## ——今世紀の社会経済システムと経済システムの再定義

**有賀裕二**
あるか・ゆうじ｜中央大学商学部教授／所属学会：進化経済学会

## I 純粋経済システムはなぜ必要なのだろうか？

「純粋経済学者(pure economist)」とは独立に活動する「経済科学者(economic scientist)」は日増しに増えている。実際，ビジネス系はもとより，物理系，情報系，システム系で経済のワーキングを研究する学者は多い。本章では，経済システムがなぜ社会システムから独立的な純粋経済システムとして議論することが正当化されるようになったのかを吟味してみたい。なぜなら，経済学出身でない経済科学者は，経済のワーキングを吟味するとき，「経済システム」とは言わずに，「社会・経済システム」と言う方を選ぶからである。

健康を顧みずに生活できないのと同じく，経済を考えずに生きて行くのはむずかしい。科学の各分野で多くの多能性を備えた様々な分析ツールが発展している現在，「純粋経済学」以外の経済科学者が出てくるのは当然のことだろう。医者の言うことに従わない人々は多い。しかし，純粋経済学者が病理医や臨床医のような実用的サービスを供することができるようになる訓練を受けることはけっしてない。そもそも対象が経済という性質上，個人的な拘束力が働く余地は少ない。経済学者の処方に従わない人々が多くいてもさほど驚くに当たらない。

ここでは，「学術会議経済学参照基準」の個々の論点を検討しない。たしかに，「標準的経済学」は，この書式に従う公的資格試験の受験教育の需要がある以上，必修科目として正統化できる。しかし，「純粋経済学」は，「社会的有用な理論」として貢献できる，という主張はきちんと点検してみる必要があるだろう。純粋経済学者は，なぜ「純粋経済学」に同意しない人々がいて，そのとき「純粋経済システム」ではなく「社会経済システム」として別個の用語を好むのかを考えてみた方がよい。本章の最後では，現在，リベラル・アーツ教育が「生命情報科学

教育」で大きな変更を迫られていることに触れる。人工生命やアルゴリズム社会の支配が飛躍的に拡大し，ヒューマン・ネイチャー自体の基礎が崩れつつあるのが現代である。純粋経済学の成立根拠は独自なヒューマン・ネイチャー信仰にある。その意味で，本章では，「純粋経済学の成立根拠」を探る必要があろう。

　最初に「経済学参照基準作成」について私なりの比喩を与えたい。自分の従う教義の勢力拡大を計るために「教義の強制」を提唱することはどうだろうか？ ヨーロッパでも日曜に教会に行く人々の人口比率はかなり減っている。しかし，日曜に教会に行っていても教義に忠実に則って生活する人の対信者比率はそれよりももっと低いだろう。だからといって，教会が教義を強制したら，信者は増えるだろうか？　実際には，人類は，宗教以外に（科学により）救済の方法を絶えず考案してきた。多くの教会はむしろ反対に「教義替え」を行っている。いまや是非はともあれ大統領であれ法王であれ「同性婚」を受け入れざるを得ないような時代だ。受け入れは「教会の教義」に則っているかどうかが問題ではなく，そちらの方が現実的だからであろう。

## II　経済学のなかの神学的合理主義

　漢語・日本語でいう「経済」は「経世済民」の略だ。一方，economyはギリシア語を起源としているが，ecoには「共生」という意味合いがあるので，東西で一部共通の理解が重なる。ところが，経済学が20世紀後半にpolitical economyからeconomicsに取って代わられると，ecoの意味は徹底的に蒸発させられて，「合理主義」に偏重する教義が「標準化書式」として固定化されてしまった。ところで，rationalismとは一体何かというと，哲学においては，経験よりもreasonが知識において確実視されるということである。また神学ではreasonこそ究極の権威として取り扱うことである（たとえば，*Oxford Dictionary of English*のrationalismを見よ）。つまり，具体的に観察したりする前に，仮定すべきreasonの方を信任することであり，いったん信任されてしまえば，このreasonこそが権威である。主流派経済学の態度はまさに「カソリック神学」を始めとする「神学の接近法」と酷似しているのである。科学的合理主義とは，reasonとknowledgeを基礎として理論を組み立てることであるが，reasonが宗教的権威

であると，knowledgeの重要性は等閑視されることになるだろう。

　アダム・スミス以来，moral philosophyとして経済学を眺めると，経済学はヒューマン・ネイチャーの学であった。20世紀になるまでは，ヒューマン・ネイチャーには二通りあって，other-regardingな性質もself-regardingな性質も等しく出発点に並んでいた(Helbing 2013; Helbing and Kirman 2013)。経済システムが社会なしに成立せず，人間が社会的動物である以上，これはごく自然な成り行きである。そのような意味で，社会経済システムを語る方が自然であって，経済学も古典派ではeconomicsではなくpolitical economy（politicalは政治ではなく政策を意味する）として捉えられて来た。

　ところが，self-regardingな要因だけに主たる権威reasonを持たせた教義が出来上がった。もちろん，この理論は発展性を持っている。その発展はreasonの選択と議論の方法に依存しているが，まず，展開の仕方に神学的と呼べる「決まり」がある。なぜそうなかったかここでは問わないが，この結果，出来上がった書式は，現代のスコラ学派の復権とも言うべき容姿と権威を固めている。レイヨンフーヴッド Axel Leijonhufvud のエッセイ「エコン族の生態」(1974)が描写したのはまさに「スコラ学派の生態」であった。

　「スコラ学(scholasticus)」は「学問そのもの」を意味するのではなく，11世紀以降，西方キリスト教会を中心に確立された「学問スタイル」である。したがって，『聖書』を逸脱はしないものの，特定の思想・哲学を指すわけではない。つねに論争を伴い，また学派（学校）として制度化されていく集団である。初期のスコラ

---
❖1……Aruka, Y. (2014) *Evolutionary Foundations of Economic Science: How Can Scientists Study Evolving Economic Doctrines from the Last Centuries?*, Springer, Tokyo and New York (*Evolutionary Economics and Social Complexity Science*, Vol. 1), 21-22.
❖2……Helbing, D. (2013) "Economics 2.0: The Natural Step towards a Self-Regulating, Participatory Market Society," *Evolutionary and Institutional Economics Review*, 10(1): 3-41; Helbing, D. and Kirman, A. (2013) "Rethinking economics using complexity theory," *Real-world Economics Review*, 64: 23-51. http://www.paecon.net/PAEReview/issue64/whole64.pdf
❖3……reasonはfaithと置換できる。Hodgson, G. (2012) *From Pleasure Machines to Moral Communities: An Evolutionary Economics without Homo Economicus*, Cambridge University Press, Cambridge.
❖4……Axel Leijonhufvud (1974)「エコン族の生態」(武藤博道訳)，『展望』184号(1974年4月)，41-51, 筑摩書房。

学と中世神学の巨頭アクィナス(Thomas Aquinas 1224-1274)は不可分である。

マインツアー Klaus Mainzer (2007, Kapitel 1)によれば、彼は、事象ごとのコンティンジェンシーと偶然の一致の分析により、神学の立場から、人間の自由意志を神が許すことを導いた。原因と相互作用が多数あると、ある原因はしばしば他の原因と同時に起こってしまい、それによって、他の原因の影響によって、その結果を阻害されたり促進されたりする。第二のあるいはそれ以上の原因が同時に起きると、意図されることのない結果が同時的な生起からセットされることになるので、何か偶然的なことが生じると考えた。ここで、アクィナスは、影響の多重性や相互関連の分析でシナジェティックな影響を考慮しており、彼が当時としてはかなり高い解析力を持っていたことがわかる(Mainzer 2007, 邦訳 2011, 19-20)。

こうしてアクィナスの結論はつぎのようになる。(1)不確実性が現実の世界の構成からやむをえない以上、現実世界に生きる人間は自由意志がないと対処できないということを容認する。(2)人間社会に様々な偶然性が生じることこそが、逆に、神の存在の必然性を証明している。こうして、アクィナス以降、神学のなかに人間の自由意志が不可欠になり、それこそが神の証明のツールになったのである。

ところで、アクィナスの『神学大全』では、すべての質問にすべての解答が用意され、それらの次に来る疑問の解答の論拠とされる。その意味で、徹底して「合理主義」が貫かれる。さらに、スコラ学では、徹底したdebateが尊重され、この点では「論理合理性」が重要視される。しかし、同時に、解の一意性がかならずしも保証されるわけではない。また、多くの神学でも同様に、理論の階層が深ければ深いほど、最初の質問の解答の重要度が増してくるので、最初の質問は「神棚」に祀り上げられてしまう。要は最初の根源的なreasonから離れて、その周辺の巨大な体系の管理業務で手一杯になっていく。実際、神学では最初の根源的なreasonは「神の存在」であるが、それは問わずに、宗派間の教義論争が忙しくなる。その後、スコラ学派は中世以降一時衰退した。

# III　スコラ学と経済学との歴史的遭遇

　さて，スコラ学と最初の経済学との出会いは「利息」であった。元々は，キリスト教会もイスラム教と同じく利子そのものを否定する立場にあった。そもそも高利貸しを禁じていた時代が先行している。しかし，アクィナスに基づく「トマス主義」は，利息の取り立てを許す論拠を与えて，その後，キリスト教会は高利貸しを禁ずるが利息を容認する政策緩和措置をとることになる(Tawney 1926, 八木編 2007, 第6章 注4, 291–292)[6]。というわけで，トマス主義は「経済学」の思想的根拠を与えたことになる。

　ところで，19世紀後半に入り，神学の世界で再びスコラ学派復興運動が起こり，神学では「新トマス主義」が提唱されるところとなったが，経済学もその影響を受けている。ハイエク Friedlich Hayek (1973) とシュンペーター Schumpeter (1954) は[7]，トマス・アクィナス以来の自然法論に基づき「自然法の起源」にスコラ学派後期のサラマンカ学派(16–18世紀)の影響があることを指摘している。彼らは，現実とスコラ学の調和を目指し，自然法に基づき独占を否定する一方で，徴利や為替取引を容認したのである。20世紀になってシュンペーターやハイエクの研究により，経済学におけるオーストリー学派や主観価値学説がスコラ主義的背景を有することが確定されている。ウェーバーは資本主義の源泉をプロテスタンティズムに探ったが，ここでは，源泉はむしろカソリシズム(イエズス会)ということになる(桑原 2007)[8]。

　いわゆる「近代経済学」をスコラ主義と見なすことが許されると，以下の推論も許される。スコラ学から主張される「参照基準の推進」は，「歪んだ現実」から「不完全性」を除去していっそう見易くするという観点であろう。なぜなら，

---

❖5……Mainzer, K. (2007) *Der kreative Zufall: Wie das Neue in die Welt kommt*, C. H. Beck, München. 邦訳(2011)：有賀裕二訳『複雑系から創造的偶然へ——カイロスの科学哲学史』共立出版。

❖6……八木紀一郎編(2008)『非西欧圏の経済学——土着・伝統的経済思想とその変容』日本経済評論社; Tawney, R. H. (1926) *Religion and the Rise of Capitalism: A Historical Study*, Harcourt, Brace. 邦訳(1956–1959)：出口勇蔵・越智武臣訳『宗教と資本主義の興隆——歴史的研究』岩波書店。

❖7……Hayek, F. (1973) *Law Legislation and Liberty, vol.1 Rules and Order*, University of Chicago Press, Chicago; Schumpeter, J. A. (1954) *History of Economic Analysis*, Allen & Unwin, London.

❖8……桑原光一郎(2007)「サマランカ学派における国際市場化時代の商業論」，『上智哲学誌』21: 15–29。

自然の成り行きに任せると，現実は，自分たちの想定する「ヒューマン・ネイチャーの合理的本性」から離れて行くからである。しかし，この離反は，「ガイドライン推進」で呼び戻せるだろうか？ 本性自体はもはやそれ自体としてはこの世で力を発揮できない訳だ。それなら，なぜ，そのような弱い存在が「本質」なのであろうか？

スコラ学では，この種のオントロジーの議論は学派のエリートにのみ許される議論である。実際，ノーベル経済学賞受賞者のなかには率直に個人主義的合理性に疑問をなげかける人は少なくない。しかし，これは法王周辺でのみ許されるだけで，門徒はモデリングだけをやればよい。なぜモデリングが必要かを問うてはならない。モデリングの自由は，モデリングの豊富化のためであり，それにより，最初の仮定の存在範囲が広がるからである。これを極論すると，ギンタス Herbert Gintis（2009）[9]の「限定合理的総合」のような目標が掲げられることになるであろう。

ギンタスについてはのちに詳しく述べよう。

# IV 『純粋経済学要綱』の登場

19世紀末には，さらに「純粋経済学」が主張されることになった。レオン・ワルラスは名著『純粋経済学要綱』を上梓した。「純粋経済学」の源泉の一つはもちろん「功利主義」である。瀧澤（2014, 369）[10]によれば，ミル J. S. Mill（1844）[11]は明確につぎのように考えていた。(1)経済活動を富の欲求から生じるものとして他の社会活動から純粋に分離できること，(2)複数の動機の合成の現象の場合は，それを要素還元できること，(3)この結果，経済学を本質的に抽象的科学としてア・プリオリな方法として特徴づけた。ゆえに，経済学の結論は，幾何学と同様に，抽象においてのみ真である。このように，経済学は19世紀後半に「純粋経済学」という考えに達したのである。ただし，J. S. ミルには「モデル」というアイディアはなかったようである。

モデリングというアイディアは社会科学においては20世紀に定着したものであった。モデルは複雑な現実を理解するための「レプリカ」である。それゆえに，「人間は富の追求という動機のみを持つ」という命題は，モデルにおいてそ

れ以外の動機が考慮されていないという言明にすぎず，モデルの中における演繹の過程で「明示的に」仮定されるものではない。つまり，「動機」は証明されるものではない。

　このように考えると，幾何学や数学の利用は，モデリングの強化に貢献することはあっても，純粋経済学の動機を証明するものではないことがわかる。以下で，エージェント・ベース・コンピューティングABC (agent-based computing)の貢献にも触れるが，まず，数学利用の意義についてコメントしたい。

　数学の利用の仕方が問題なのである。純粋経済学では，特殊な目的関数を固守することこそが，重要である。そのかぎりで，数学が集約的に利用される。ところが，「対案」のテクニックを利用すれば，主流派がよく認識しているように，特殊な目的関数に対して，容易に，代替的な目的関数を提案できるし，さらには，目的関数は変えずとも，環境を回転させることによっても，異なる結論を得る事ができる。

　たとえば，主観的選好にせよ社会的選好にせよ，選好関係の環境は固定すべきではない。環境を回転させて選好関係自体をいったん固定的環境からフロートさせてしまうことによって，選好の場の間の内部リンクが変わる。これは区分線形な環境を扱う「トロピカル幾何学」によって可能になる。ちなみに，トロピカル数学とは，ハンガリー生まれのブラジル人Imre Simonによって展開された幾何学(Tropical geometry, Wikipedia article)で，和を最小値関数(または最大値関数)，積を通常の和に変更して再編成された新しい演算規則に基づく幾何学である。

　環境変化に応じて，相互作用を通じた内部リンクの変化が見えてくると，その結果，特定の平面だけの解析に偏重した「要素還元主義」から脱却できる。新しい解析は，社会的選好の議論そのものを固定的な環境から解放するのであ

---

❖**9**……Gintis, H. (2009) *The Bounds of Reason: Game Theory and the Unification of the Behavioral Sciences*, Princeton University Pess, Princeton.

❖**10**……瀧澤弘和 (2014)「モデル科学としての経済学——J. S. ミルの経済学方法論から考え」，塩澤由典・有賀裕二編(2014)『経済学を再建する——進化経済学と古典派価値論』中央大学出版部，第9章所収。

❖**11**……Mill, J. S. (1844) "On the Definition of Political Economy; and on the Method of Investigation Proper to It," in *Collected Works of John Stuart Mill, Vol. 4*.

る。いわゆる「複雑系選択理論」が可能である(Marengo and Pasquali 2011; 2012)[12]。

ところで,「選好の場」を想定するときその場が大域的に平坦であるような場だけを考えても現実的でない。特殊な選好規則が最終的に開花する必要はない。Aoki and Yoshikawa (2006; 2007)[13]は経済モデルにnon-self averagingという性質を取り入れるのに成功したが,技術的詳細を省けば,扱うシステムの「不決定性」を許す環境を考えている。もし「不決定性」が許されないなら,「ゲーデルの不完全性公理」にせよ「チューリング・マシン」にせよ20世紀の科学の主要な成果は経済学では置き去りにされるであろう。ところが,ゲーム理論家の多くは,特定の選好から離れず,むしろ思想的に特定の選好を強化することを試みている。

純粋経済学では,「個人主義的合理性は必然的に存在しなければならない」,これこそが最高権威である。これは変わらないが,ここから先は個々の純粋経済学者に自由意志が許される。不完全競争を議論してもよいし,ゲーム論を議論してもよい。学派内では,最高権威は存在証明の必要性がないが,自由意志が許される以上,合理性の解釈は異なってよい。そのような意味で,新しい解釈は,新しい十分性の証明を与えることができる。実際,近年,純粋経済学は,限定合理性を理論的に内部化(internalization)した。いまや合理性が必然である世界は,様々な確率的ノイズや制度的,認知的なヒューマン・ネイチャーの限定性から実現されない。

しかし,このような現実の存在こそが,内部に必然的に合理的な力が働いていることを間接的に証明している,という主張が導かれる。実は,この論理は,トマス・アクィナスの推論と軌を一にしている。完全合理性の純粋経済学は教義上,限定合理性の純粋経済学として発展していく。ここで重要な点は,限定合理性は合理性の放棄ではなく,合理性存在証明の強化として役立つのである。スコラ学派の書式に則るかぎりにおいてであるが,このような推論は議論として整合性があるというわけだ。

## V 新しいツールの可能性とそれを取り巻く反論

ここで,「対案の議論」をエンドレスに展開することの不毛性について指摘しておきたい。

たとえば、「私利」を擁護するために、私利を最大にするには「利他」の考慮が必要であるという議論は可能であるし、実際にそのように議論する人がいる。また、外部性の内部化ができるような環境形成や法制の提案をすることもできる。しかし、このような議論は、容易に、これとは反対の議論（対案）、つまり、「利他」を最大にするために「私利」が必要となるという議論も可能にする。このような対案が準備されるとき、後の議論は論理的整合性と過去の命題の徹底利用の世界に封じ込められてしまう。この種の議論こそ「スコラ学」では重要なのだが、スコラ学を評価するには、この種の議論の外側にいないといけない。換言すれば、スコラ学の評価には、標準的経済学が確立された以降に登場した新しいツールとそれらの利用意義を概観しておく必要がある。

　「遺伝アルゴリズム」が注目される理由は、外部情報を参照しながら、選択の変更だけでなくルールの変更も可能になるだけでなく、これらは、DNA系列を模した様々なオートマトンによって記述可能になる。これらのオートマタ上で、短いプログラムはより効率的で、複雑性の程度も低いだろう。複雑性にも程度があり、さらに、ここでは、「アルゴリズムの合理性」もきちんと定義できる。また、ルール自体も未知のエージェントも環境そのものも、相互作用やスケーリングの効果を通じて誘発的に変化させることができる。遺伝アルゴリズムのなかに「特定の個人主義的合理性」を埋め込むことは可能であるが、こうした特定の合理性がなければ、アルゴリズムの合理性が担保されないということはまったくない。

　このようなツールから得られる様々な結果に対して、よくつぎの反論を耳にする。つまり、これらは中間段階で生じる一時的現象にすぎず、時間やエージェント数が無限大になれば、「最適ルール」に収束するというのである。しか

---

❖12……Marrengo, L. and Pasquali, C. (2011) "The construction of choice: a computational voting model," *Journal of Economic Interaction,* 6(1): 139–156; Marrengo, L. and Pasquali, C. (2012) "How to Get What You Want When You Do Not Know What You Want: A Model of Incentives, Organizational Structure, and Learning," *Organization Science,* 23(5): 1298–1310.

❖13……Aoki, M. and Yoshikawa, H. (2006) *Reconstructing Macroeconomics: A Perspective from Statistical Physics and Combinatorial Stochastic Processes,* Cambridge University Press, Cambridge; Aoki, M. and Yoshikawa, H. (2007) Non-self-averaging in macroeconomic models: a criticism of modern micro-foundedmacroeconomics, Economics Discussion Papers. http://www.economicsejournal.org, 2007–49 November 26

し，これに対しては，non-self-averagingプロセスのように収斂しないプロセスが定義できるし，仮に収斂したとしても，多様な局所的収斂が起きるケースもある。実際，「対論」は容易である。また，無限のエージェント数を考えエージェント人口を1と置こう。このとき，[0, 1]区間で失業が発生するという議論ができるが，無限の人口のなかの比率はいったい何を意味するのか不明である。無限を持ち出して何か均衡状態を見いだして，すべてが解決されるわけではないのである。

　よく似た主張であるが，経済物理が導出するベキ分布についても同じことが主張されることがある。時間さえ長く取れば，最終的には正規分布が現れるのだという主張である。無限の時間の究極に出現する世界こそ本当だと言いたいようだ。ところが，われわれは，やはり，この主張に「対案」の議論をすることができる。すなわち，正規分布以外の分布であっても，中心極限定理が適用できることがわかってきた。つまり，「一般化中心極限定理」を対置できる。

　これは金融工学の「マルチンゲール」でも同様である。かならず最終的にどこか均衡に落ち着くことができるという「確信」を実現するモジュールを準備する。ところが，現実の金融市場システムはまったく異なる様相へと進展した。いわゆるリマーンショック以降の金融市場は「超高速取引HFT (Hyper Frequency Trading)」の世界が優越している。HFTはマイクロセコンドで行われる取引である。HFTでなくても，ほとんどの金融取引に適用されるザラバ(double auction)では，もともと「時間優先ルール」だから，「早い者勝ち」である。今ではトレーダと取引所サーバからの距離が勝敗を決める。その勝敗とはマイクロセコンドでの数百億，数千億円の利益を意味する。このような場で，長期において，利益は平準化され，正規分布が出現するのだと言うことは，果たして，経済学的であろうか？

　1980年代，「不均衡論」というのが流行になった。不均衡論は均衡論のアンチテーゼに過ぎないから，当然，均衡論からの不均衡を考慮したモデリングの「対案」を出す事が可能である。しかし，このような議論はスコラ学論争である。現代の金融市場では，裁定機会がないなら，それを創りだせばよいだけである。もともとトレーダ(人間に限定されない)は東インド会社の植民地主義の時代から「裁定機会」を探しまわっている。そして裁定機会は制度からであれ政

治ニュースからであれ自然現象からであれいくらでも供給され続けている。東京証券所の見学者コーナーには，人工知能による取引シミュレータ・ターミナルが設置されている。このシミュレータは，世界の政治，経済，社会のニュースを供給して，取引エージェントが，それらから価格の動きを推測させることを重視している。純粋経済学にとっては，このような裁定機会は「不純なもの」であるが，現実は，裁定機会がなければ，それを誘発するアルゴリズムを創れば済むだけのことである。以上はAruka(2014, 132–136; 一般化中心極限定理については168–170)に詳述されたので，これ以上述べない。[14]

# VI　群衆行動は規則の例外であろうか？

　純粋経済学者は信心の篤いエージェントである。上記の議論だけでは納得しないであろう。念のために，「経済学の基本法則」について言及するのがよいであろう。

　人類史のミレニアムを記念して特集された『エコノミスト』誌の予言のなかに，2000年以降，本格的なオンラインストアが誕生し，理想的な市場が実現され，「一物一価の法則」が真に実現されるというのがあった。ところが，オンラインストアでは「一物一価の法則」は成立していない。Mizuno and Watanabe (2010)[15]，Mizuno et al. (2010)[16]は，国内最大のオンラインストア「価格ドットコム」のデータで，最安値の周りで「正常的に反応する」顧客は30〜40パーセントしかいないことを発見している。一方，最高値のストアに貼り付く顧客が継続的に出現し，ストアは破産せずに操業できる。ギッフェン現象は随所で見られる。ところが，価格ドットコムはかぎりなく理想に近い競争取引条件を提供している。それにも拘らず，「狭義の需要法則」も「一物一価の法則」も保証されないな

---

❖**14**……Aruka, Y. (2014) *Evolutionary Foundations of Economic Science: How Can Scientists Study Evolving Economic Doctrines from the Last Centuries?*, Springer, Tokyo and New York (*Evolutionary Economics and Social Complexity Science*, Vol. 1) .

❖**15**……Mizuno, T. and Watanabe, T. (2010) "A statistical analysis of product prices in online market," *Eur. Phys.J. B*, 76: 501–505.

❖**16**……Mizuno, T., Nirei, M. and Watanabe, T. (2010) "Closely competing firms and price adjustment: some findings from an online marketplace?," *Scand J Econ*, 112(4): 673–696.

ら，どうして，これらが法則であると言えるであろうか？

しかし，純粋経済学者は，これはオンラインマーケットだから特殊な市場だと考えるかもしれない。ここで議論している問題は経済学にとってもっとも根底的な議論の一つであるので，もう少し議論を続けよう。経済学者なら誰もが「狭義の需要法則」は「粗代替性(gross substitute)」を仮定しないと成り立たないことを知っている。ところで，粗代替性の成り立つ範囲をご存知だろうか？ これはヒルデンブラント Hildenbrand (1994)[17]の本のなかに出ている。二財経済を考えると，価格平面上の図のグレイの領域だけでしかギッフェン現象が起きない。それ以外の領域では，需要の不規則性が発生する。ヒルデンブラントは，需要の不規則性を除去するには，所得階級が上がるごとに消費者間の支出の分散が広がることにより，所得効果の非負性が確定されることを理論的に証明したばかりでなく，経験的にも検証した。これはパレート・スルツキー方程式以来の80年来の快挙であった。経済学は出発点となる「狭義の需要法則」でさえ，「経済に純粋な要因」だけでは導出できない。異質な消費者という「不純な要因」がなければ，需要法則も導けないのである。

経済学者は，経済システムを富や効用を求める同質的な共通の「純粋な要因」に求めるだけでは，何も証明できない場合があることを十分配慮しなくてはいけないだろう。不純な要因ではなく，社会に存在している種々の要因を経済システムのワーキングに不可欠であると考えるのは自然な推論だ。この意味で，「社会経済システム」という用語は，明らかに，純粋経済学からの離脱を目指している。上述したように，オンラインマーケットでも，一物一価もギッフェン現象もどちらも誤差の範囲で生じているのではない。また，今見たように，理論上も，ギッフェン現象は例外的に生じる現象なのではな

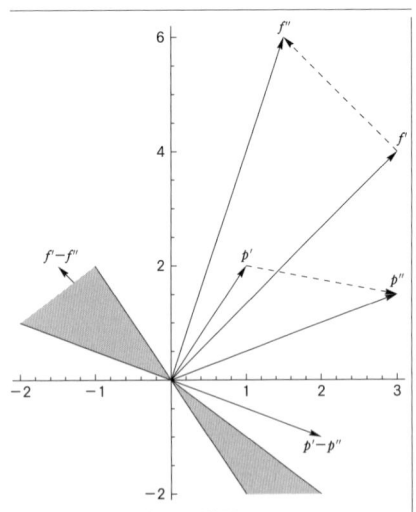

**図1｜需要法則が成り立つ範囲**
注：有賀が作成。横軸，縦軸は価格軸。pは価格ベクトル，fは需要ベクトルを表す。

い。さらに，金融市場では，アルゴリズム取引残高は全取引額の70〜80パーセントに至っている。為替市場は，10年ほど前まではトレーダはお互い電話で相手の取引を聞きながら売買していた。いまや様子は一変してHFT取引に変わってしまった。純粋経済学者といえども，経済システムが大きく変質していることをそろそろ認識しないといけない時期にきているのではないだろうか。経済システムはヒューマンの「純粋な経済力」だけで作動しているのではない。社会システムはもともと経済システムと不可分に設計されているうえに，アルゴリズム社会の到来は，アルゴリズム・テクノロジーの方が経済システムの「スーパークラス」となっている(有賀2012, 576–577)。[18]

アーサー Brian Arthur (2009)[19]の『テクノロジーとイノベーション』では，近年はじめてテクノロジーと人類の関わり方が本格的に解明された。アーサーによれば，人類史の始まり以来，「純粋な経済力」が社会の駆動力の役割を果たして来たわけではなかった。むしろつねにテクノロジーが社会を定義してきたのである。ここでは，金融オプション取引の例で，アーサーの観察を紹介したい(Arthur 2009, Chap. 8)。

ヨーロッパでは，17世紀のチューリップバブルのときから権利の売買を基軸とするオプション取引が先物取引の主流であった。オプションは債券の保有者から離れて売買権利の取引を発展させることができるので，取引ゲームとして手番の数が多くて旨味があるものであるが，度重なるバブルと金融恐慌が起こり，次第にオプション自体きわめて不正義なものとみなされ，20世紀には，道義的にも法律的にもごく限定的にしか行われない取引になっていた。また20世紀の経済システムの発展によりリスク計算は複雑化して計算可能でなくなっていた。この複雑なリスク計算を実行可能にしてくれたものがコンピュータの計算能力である。こうして，1970年代に金融ビジネスへのコンピュータ利用が可能になり，こうしてはじめてオプション取引が全世界に浸透することになったのである(Arthur 2009, 邦訳 2012, 196–197)。

❖17……Hildenbrand, W. (1994) *Market Demand,* Princeton University Press, Princeton.
❖18……有賀裕二 (2012)「複雑系科学の社会科学へ浸潤とアジアからの発信」「システム／制御／情報」，『システム制御学会誌』57(11): 575–583の576–577.
❖19……Arthur, W. B. (2009) *The Nature of Technology,* Free Press, New York. 邦訳(2011): 有賀裕二(監修), 日暮雅通 (翻訳)『テクノロジーとイノベーション——進化／生成の理論』みすず書房.

ここで重要な点は，金融取引を複雑化してハイリスク・ハイリターンのチャンスを創出しつづけるためには，高度なコンピュータ計算能力なくして存在しない。とくにHFT取引にとってコンピュータの計算能力は必要条件である。HTFでは，取引のためにコンピュータを補助的に利用するのではなく，プログラミング言語を用いれば，コンピュータが金融取引のスーパークラスなのである。金融グローバリゼーション以降，コンピュータ・テクノロジーは金融市場のすべてに浸透し，スーパークラスとしてまだ市場全体を定義することになったのである。(Arthur 2009, Chapter 8および邦訳監修者あとがき)。

　ICT (Information and Communication Technology)関連の文献やサービス科学の文献を漁れば，現代社会システムがいまや「アルゴリズム支配」ともいうべき社会経済システムとして稼働していることがよくわかる。そのようなシステムものとでは，「電力のスマートグリッド取引」のように，電力の消費者は同時に供給者となり，生産と消費はもはや区分できない。そのうえ，この取引マネージャー自身が人間ではない。マネージャーはヒューマンではなくアルゴリズムなのである(Mainzer 2010, 219–220)[20]。このような取引は，けっして，19世紀のベンダー市場を精緻に理論化したオークションモデルで解析できる対象ではない。HTF取引は，純粋経済学者が夢想するような理想市場ではないことを銘記しておくべきである。

　このように見て行くと，現在の市場取引の決定や動態を純粋経済的要因からだけ定義することは困難きわまりないように思われる。市場取引こそ「社会経済の総合インディケータ」であって，そこから「社会的諸要素」を取り除くことはできないのである。その一例が「群集行動」である。

　ちなみに，純粋経済学者は「群集行動」を経済システムにとって不純と考えている。まだ群衆行動をうまく内部化できていない現段階では，主要ジャーナル投稿の鬼門用語と見なされている。しかし，社会経済システムを考えるなら，群衆行動こそ，経済システムに甚大な影響を及ぼす。エージェント・ベース・モデリングのような新しいツールでは，群衆行動に注目して現実の市場過程を適切にシミュレーションできるのである。

# VII　ギンタスの「限定合理的総合」という新スコラ学

スコラ学のエンドレスな議論のなかで，極限に対置された特異点は，ギンタス H. Gintis (2009)[21]の「限定合理的総合」である。

成立根拠の探求により，その発展形態の性質もわかる。純粋経済システムを出発点としても，「トマス・アクィナスの偉大な論証」に倣えば，純粋経済システムは現実では多様な展開をする自由な余地を与えられる。その一つの余地は，「限定合理性理論の内部化と社会人類学的視点を含む包括的総合」であろう。たしかに，純粋経済学を総合的な理論として構築する余地はある。現在，純粋経済学者の周辺には三つのパースペクティブがある。(1)個人主義レベルでの決定論的パースペクティブ，(2)個人間の相互作用レベルでのゲーム論的パースペクティブ，(3)人口レベルでの進化ゲーム的パースペクティブの三つである。これらの三つのパースペクティブの統合は，個人主義的合理性の世界をより高次の観点から総合的に捕捉し，限定合理性による解釈を個人主義的合理性に接続しようとする挑戦的試論である。このような新たな総合をギンタスが提唱したこと自身がきわめて興味深い。1970年代のラディカリストの急先鋒がいまやシカゴ学派を救う新旗手となったからである。ギンタス自身はこの種の接着剤にゲーム論の巨頭オーマンが発案した「相関均衡」概念を積極的に利用する。つまり，ギンタスは(3)のレベルで，相関均衡概念から「社会的ノルムの内部化」をデザインしようとしたのである。

その前に，まず，数学者・河野敬雄 Kono (2008; 2009; 2011)[22]にしたがい，「ナッシュ均衡」と「相関均衡」の定義の違いをきちんと見ておきたい。この違いは意

---

❖**20**……Mainzer, K. (2010) *Leben als Maschine?: Von der Systembiologie zur Robotik und Knstlichen Intelligenz*, Mentis, Paderborn.

❖**21**……Gintis, H. (2009) *The Bounds of Reason: Game Theory and the Unification of the Behavioral Sciences*, Princeton University Press, Princeton.

❖**22**……Kono, N. (2008) "Noncooperative game in cooperation: reformulation of correlated equilibria," *Kyoto University Economic Review*, 77(2): 107–125; Kono, N. (2009) "Noncooperative game in cooperation: reformulation of correlated equilibria (II)," *Kyoto University Economic Review*, 78(1): 1–18; 河野敬雄 (2011)「うぬ！おぬし，できるな——コミュニケーションのあるナッシュ均衡」，青木・青山・有賀・吉川監修(2011)『50のキーワードで読み解く——経済学教室』41–48, 東京図書所収。

外と知られていない。二人ゲームで,「ナッシュ均衡の定義」は,以下のとおり。
条件(1)プレーヤーAとBの戦略の組$(x_A, x_B)$はつねに<u>独立確立変数</u>になっている。
条件(1-A)プレーヤーAの任意の戦略$x_A^*$に対して,$u_A(x_A^*, x_B^*) \geq u_A(x_A, x_B^*)$
条件(1-B)プレーヤーBの任意の戦略$x_B^*$に対して,$u_B(x_A^*, x_B^*) \geq u_B(x_A^*, x_B)$
が成り立つことである。

　これにたいして,プレーヤーAとBの戦略の組$(x_A, x_B)$が「内生的相関均衡」である定義は,単に,条件(1)が成り立たないことを除いて,同一である。
条件(2)　<u>条件(1)は満たされなくてよい。</u>
条件(2-A)プレーヤーAの任意の戦略$x_A^*$に対して,$u_A(x_A^*, x_B^*) \geq u_A(x_A, x_B^*)$
条件(2-B)プレーヤーBの任意の戦略$x_B^*$に対して,$u_B(x_A^*, x_B^*) \geq u_B(x_A^*, x_B)$

　河野(2011)は,条件(1)が欠如することにより,戦略分布の同時分布はそれぞれの周辺分布からは決まらない。このため,同時分布はパラメータ$r$を一つ追加して決めないといけなくなる。このとき,各プレイヤーの期待利得はそれぞれ,

$$u_A(x_A^*, x_B^*) = 1 + r$$
$$u_B(x_A^*, x_B^*) = 2 - r$$

となる。この結果,均衡を達するために,各プレイヤーに「特別の技量」が要求されることになる。河野はこれをつぎのように表現した。「いずれにしろ両プレーヤーとも1以上の期待利得が得られ,ぶつかる確率はゼロである。パラメーター$r$は剣豪が互いに彼我の実力を正しく評価することによって得られるに違いない。しかしながら,それが可能であるためには相当の修行を積む必要があり,誰でも簡単に達せられる均衡ではない。」(河野2011, 9)

　再びギンタスの「総合」に戻ろう。ギンタスはたしかにナッシュ均衡に伴う脆弱性を認識している。混合戦略は,繰り返しゲーム以外は意味を持たないので,混合戦略を実用的に重要視することはできない。もう一つの均衡解の重複については,相関均衡によって現実解を求めるというのが,ギンタスが現実的総合のデバイスとして,相関均衡を積極利用したい理由である。ところが,今見たように,相関均衡の世界は特別の技量がなければ実現されない世界である。このために河野(2011)は,代理エージェントが仲介する「外生的相関均衡」というのも提案している。これによって均衡達成は可能になっても,個人主義的合理

性との整合性の距離はいっそう乖離するのではなかろうか。もちろん，ギンタスにとって総合の実用化はさほど重要でない。いかなる特殊なデバイスが加えられても，均衡が見つかりさえすればよいのである。その意味で，純粋な経済動機が「深層」で保全されていればよい。ギンタスには目的は別にある。体系の包括化により最初の仮定(個人主義的合理性)が存続できる環境を拡大して，最初の仮定の十分性を担保拡大していくことである。

多項ロジット効用モデルはIID（無関係対象からの独立性）という制限的仮定のうえに成り立つが，マーケティングの世界では経験的モデルとしてはかなり高い予測力を持つがゆえに「実用的」である。これと似たような意味で，期待効用論はリスク中立的なケースなどでは説明力を持つがゆえにやはり「実用的」だということもできよう。もともと期待効用理論には「アレAllaisのパラドックス」以来の固有の不整合性があり，最近の実験経済学でも多くの発見がある。利得合理性の公理があるからこそ整合性が担保されるはずである。

ギンタスの場合は，単に利得合理性の公理が破綻しても，彼にとっては，その不整合は例外にすぎない。また，ギンタスにとって，利他的行為も，けっして個人主義的合理性と矛盾するものではない。「慈善行為は利他的ではなく，むしろ私利にかかわるものだ。というのは満悦感により効用が増加するからだ。」(Gintis 2006, 7)[23]つまり，ギンタスによれば，利他的要素を考慮しても，効用理論が使われなくなることはない。ホジソンHodgson (2012)[24]は，1950～1990年代の間ずっと「利得合理性(payoff rationality)と私利(self-interest)」こそが純粋経済学のfaith (reason)であったと指摘している。ギンタスはこれをきちんと踏襲している(Hodgson 2012, 49)。

最後に，ギンタスの論法がスコラ学であることを看取する必要がある。スコラ学は，過去の理論の集積を完全活用して，自ら理論体系を延長するところに特色がある。スコラ学の枢軸は，最初の仮定にあって，それ以外は変幻自在の体系である。その強靱性は，体系内の整合性である。1980年初頭，世界的ベス

---

[23]……Gintis, H. (2006) "Behavioral Ethics Meets Natural Justice," *Politics, Philosophy & Economics*, 5: 5–32.
[24]……Hodgson, G. (2012) *From Pleasure Machines to Moral Communities: An Evolutionary Economics without Homo Economicus*, Cambridge University Press, Cambridge.

トセラーになった『ゼロサム社会』で名高いサロー Lester Thurow (1985)[25]は当時の新古典派批判で経験的分析から鋭い批判を展開したが，彼は，最終的に新古典派理論を「藁人形」に喩えた。時代は変わっても，この比喩は変わることはない。これがスコラ学の特徴だからだ。サローの時代はまだコンピュータサイエンスやエージェント・ベース・コンピューティングの時代は到来していない。いまの科学では，合理性の定義は経済学の「個人主義的合理性」だけで可能なのではない。合理性はヒューマン・ネイチャーの合理性だけにとどまらない。アルゴリズム社会では「アルゴリズムの合理性」があるのである。21世紀の重要な課題はむしろ後者であることを認めなくてはならない。人類社会はいまアルゴリズムのテクノロジーの支配下にあるといってよい。これはアーサーが『テクノロジーとイノベーション』で注意深く考察したことである。

# VIII リベラル・アーツ教育の新展開と経済学教育の未来

　本章では，HFTをつうじて社会経済システムがアルゴリズムに支配されていることを垣間みた。1953年にDNAの二重螺旋構造が解明され，さらにコンピュータの進化によって，遺伝アルゴリズムが開発され，20世紀末には，人工生命，人工知能のテクノロジーは社会経済システムの発展に不可分になっている。こうしたテクノロジーの進化のなかで，科学の発見とその技術への転用の距離がどんどん短縮されている。とりわけ，生命情報分野では想像もできない科学的発明とその転用が促進されている。そしてこのことが巨大なマーケットを創出している。しかし，このような先端科学技術はips細胞研究をはじめ人類のアイデンティティにさえ深く干渉している。このように，現代社会は，人類の進化の過程に積極的に関与して人間自身に変異を創り出そうとするステージに到達したことは紛れもない事実だ。換言すれば，ヒューマン・ネイチャーの古典的理解も再修正を迫られているのである。ところが，純粋経済学は，ヒューマン・ネイチャーの利己的特質を「原子核」として成り立っている。しかし，いま修正を迫られているのはヒューマン・ネイチャーなのである。

　2005年にジェイコム株大量誤発注事件が発生した。HTFシステムはまだ存在していなかった時代だ。原告は東京証券取引所システムの「キャンセル機能

の不備」を指摘し損失の回復を求めたが，東京地方裁判所は取引エージェントの自己責任という判決を下した。ところが，HFTではどうなるだろうか？ ここでは取引エージェントはアルゴリズムだ。アルゴリズムは自己責任をとれるだろうか？ 実はこの問題はもっと複雑である。HFTエージェントはわざと誤発注を起こす事ができるからである。この一例だけからも，経済学がヒューマン・ネイチャーだけで論理を組み立てることはますます困難になっていることがわかる。しかし，少なくとも，「経済学教育参照基準」はこうした流れを一顧だにさえもしていない。

　ところが，「経済学分野」を離れてみるなら，教育課程，とくにあらゆる専門分野の基礎となるリベラル・アーツのレベルで，大きな変革が始まっている。リベラル・アーツ教育では生命情報科学の必修化の流れが起きている。最近，東京大学で，理系で生命科学が必修化されたことは象徴的なニュースである。理科の類系によって細部は異なるけれども，生命科学(理一)，生命科学Ⅰ・Ⅱ(理二三)が必修科目として第1・2年次に配置されることになった。[26] とくに「生命科学」にはつぎの説明が補足されている。「1年夏学期に行われ，入試での生物選択の有無に関わらず理一生全員が履修します。生命科学全般を初歩から広く学ぶ講義です。」

　一方，教養学部には「教養教育高度化機構生命科学高度化部門LS.KOMEX」が設置され，時限的に，生命科学教育の高度化を開発中である。機構の設立趣旨はつぎのように述べている。「生命科学の知識はゲノム情報の解読などの研究の進展により膨大なものとなり，生命科学は医療や産業の機関としての学問の様相を呈してきました。最新の研究によって得られる知識が膨大なために，学生が大学で学習するべき内容も高度かつ複雑なものとなってきています。大学はこれらの状況に対応し，生命科学の知識をわかりやすい形で学生や社会に提供していく必要があります。／このような教育的・社会的要請に対応するため，平成18年度から平成21年度まで生命科学構造化センターが総合文化研究科に設置されました。生命科学高度化部門はこの生命科学構造化センターでこ

---

[25]……Thurow, L. (1985) *The Zero-Sum Solution: Building a World-Class American Economy,* Simon and Schuster, New York.
[26]……以下を参照。http://www.ut-life.net/study/zenki/navi/required/s.php

れまで培った成果をさらに発展させ，高度な生命科学教育を推進するために平成22年度から6年間の時限事業として設立されました。」[27]

　ここで「最新の研究によって得られる知識が膨大なために，学生が大学で学習するべき内容も高度かつ複雑なもの」になっているという指摘がある。現在創出される知識量のサイズが急伸している。1人あたりで捕捉し記憶できる知識は相対的に無に等しくなっている。1990年代東京大学は新領域創成研究科を設置し，学内公募した。このとき，一学部を除く全学部から参加の申し込みがあった。その一学部とは経済学部であった。当時，新領域創成研究科は"trans-disciplinary" disciplinesを標榜していた。"trans-disciplinary"はもちろん造語である。しかし，経済学が純粋経済学を目指す以上，純粋経済学者は「純潔」こそ至上命題であったようだ。その後，私は海外の学際研究をする仲間ともコミュニケーションが広がったが，ことあるごとに，東京大学の例を紹介してきた。回答はきわめて興味深い。どこでも経済学者は同じなのだそうだ。このような態度を改めなければ，純粋経済学は世界で孤立するしかないであろう。生命倫理を語ることなしに，最終的には，経済道徳も語ることはできなくなるであろう。ヒューマン・ネイチャー自体が捉え直される時代に入った以上，経済学の変革が迫られるのは当然の成り行きである。

---

❖27……以下より引用。http://www.csls.c.u-tokyo.ac.jp/ls-komex/

# 第6章 「経済学の多様性」をめぐる覚書
## ——デフレと金融政策に関する特殊日本的な論争に関連させて

**浅田統一郎**
あさだ・とういちろう｜中央大学経済学部教授／所属学会：日本経済学会・進化経済学会

## I　はじめに

　本稿は，2013年11月に発表された日本学術会議「経済学分野の参照基準(原案)」をきっかけにして経済学界で引き起こされた「経済学および経済学教育の多様性」をめぐる論争によって喚起された，筆者の感想を記した覚書である。本稿の後半部分では，日本学術会議の「原案」によって直接に喚起された議論からは離れ，「経済学の多様性」に関する日本特有の現象について考察する。

　まず第II節では，日本学術会議「経済学参照基準(原案)」が経済学界に引き起こした波紋について，なるべく客観的に記述する。第III節では，この問題に関する若干の私的感想が述べられる。第IV節では，日本学術会議の問題から離れ，過去20年間に繰り広げられたデフレと金融政策に関する個別具体的なマクロ経済問題の原因と処方箋をめぐる日本特有の論争を材料として，「経済学の多様性ないしは多様性の欠如」の特殊日本的な現れ方について考察する。この論争で特徴的なことは，新古典派，正統派ケインズ派，左派ケインズ派，マルクス派というような学派間の対立ではなく，同じ学派でも意見が対立し，異なる学派でも意見が一致するという，学派横断的な論争であったが，圧倒的な多数派と人数的には取るに足らない少数派の間の論争であったことである。しかも，少数派の見解は，当初様々な経済学会の中で孤立していただけではなく，20年間もの間日本の政策当局によって無視されていたが，現在では，この少数派の見解が「アベノミクスの第一の矢」という名称のもとに日本の政策当局によって正式に採用されるようになった，という紆余曲折をこの論争は辿ってきたのである。2013年に誕生した安倍政権は，右派の政権とみなされているが，本稿の第IV節と第V節で明らかにされるように，「アベノミクスの第一の矢」と呼ばれる積極的な金融政策は，決して右派の政治イデオロギーと密接不可分に結びつ

いているというわけではない。第Ⅳ節では，この論争で提起された対立する2つの仮説のうちどちらが現実に妥当するかは，不可知論に陥ることなく，事実によってある程度客観的に判定できる，という筆者の立場が表明されている。第Ⅴ節では，第Ⅳ節で提起された問題に関する結論が述べられる。

　なお，本稿は，一部で挑発的と受け取られるかもしれない内容を含んでいるが，あくまでも議論を喚起するための問題提起として，筆者の個人的な見解を述べたものであり，筆者以外のいかなる個人あるいは団体の見解をも反映するものではないことを，お断りしておく。

## Ⅱ　日本学術会議「経済学分野の参照基準(原案)」が引き起こした波紋の事実経過

　2013年11月に，日本学術会議経済学委員会経済学分野の参照基準検討分科会は，「大学教育の分野別質保証のための教育課程編成上の参照基準　経済学分野」の「原案」を発表した(日本学術会議経済学委員会 2013参照)。それに対して，様々な経済学会から批判的な声明が出された(経済学史学会幹事会 2013, 経済教育学会理事会 2013, 経済理論学会幹事会 2013, 進化経済学会理事会 2013, 杉山伸也社会経済史学会代表理事2013等参照)。ただし，経済学会の中では日本最大の会員数を擁する日本経済学会は，いかなる声明をも出さなかった。これは，経済学分野の参照基準検討分科会の主要メンバーが日本経済学会の内部で大きな影響力を持った人達であったからであると思われる。すなわち，この「原案」は，経済学の「主流派」たる日本経済学会における多数派の見解を示しているものとみなすことができよう。

　「原案」では，経済協力開発機構(OECD)による「高等教育における学習成果の評価」(Assessment of Higher Education Learning Outcomes, AHELO)の経済学版を「標準的アプローチ」と呼び，参照基準は「標準的アプローチ」に基づくべきであるとし，この「原案」は「これまでわが国特有の方法で行われてきた『多様なアプローチに基づく経済学教育』からは距離を置いた報告になっている」(p. 1)と述べている。そして，「標準的アプローチ」とは，「ミクロ経済学」と「マクロ経済学」に基づくアプローチであることが明示されている。「原案」では，以下のような特徴的な記述がみられる。

経済学はさまざまな専門分野に分かれている。まず，研究の対象によって形成された専門分野は，財政学，金融論，国際経済学，産業組織論，労働経済学，環境経済学，開発経済学，都市経済学，経済史，経済思想史，制度の経済学などがあり，これらいずれの分野においても，共通の経済学的なアプローチに基づいて法則を見出すことに意義が認められている。ミクロ経済学，マクロ経済学が，そのような共通した経済学的アプローチを提供しているが，一方でこれらの専門分野の研究を通じて，ミクロ経済学，マクロ経済学の分野に発展がもたらされることも少なくない。
(p. 6)

　標準的なアプローチに基づく経済学は，教育課程においても体系性を重視する。学問の体系性に由来して，経済学の体系の基礎をなす科目と数量データの取り扱い方の基礎となる科目を学んだ上で，経済学のさまざまな応用分野の科目を学ぶ形式の教育課程が設けられることが一般的である。基礎的な科目の例としては，ミクロ経済学，マクロ経済学，統計学などがあげられる。そして大学の特色に応じて，さまざまな専門分野から開講科目が選ばれている。
(p. 6)

　ただしわが国では，制度や歴史を通じた理解には理論的・数量的な分析を必ずしも必要としないこともあり，財政学や金融論をはじめとした専門分野の教育においても，標準的なアプローチを軽視し，制度的アプローチや歴史的アプローチを強調することが多い。注意すべきことは，専門分野の教育ができるだけ体系性を重んじた標準的アプローチを念頭に置きつつ行われるとともに，経済史や経済制度に関する教育自体も，できるだけミクロ経済学，マクロ経済学と関連づけて行われることが望ましいという点である。
(pp. 7–8)

　このような，「ミクロ経済学」と「マクロ経済学」に基づく「標準的アプローチ」を強調する「原案」に対して批判的な声明を出した各学会の主張は，いずれも，「標準的アプローチ」に収斂されない「経済学の多様性」を強調するものであった。たとえば，経済学史学会幹事会(2013)は，以下のように述べている。

原案を読むと，全体として，確立された専門知識の習得に力点が置かれ，知識を作り出す精神・能力の涵養という視点が弱いように思われます。私たち経済学史学会幹事会は，経済学（および経済思想）の歴史を教えることが，後者の目的を達成するための有益な方法だと考えます。ミクロ経済学やマクロ経済学を基礎とする「標準的アプローチ」を採る場合にも，「発展途上の学問」（原案7頁）である経済学が，どのような経済社会や思想にもとづいて，またどのような学問的経緯をたどって形成されたかを教えることや，「標準的アプローチ」に収斂しない他の経済学説があることを教えることは，学生に，経済学を学ぶことの意義を悟らせ，それを使うときの限界をわきまえさせる上で不可欠だと言えます。

また，経済教育学会理事会(2013)は，以下のように述べている。

単に，経済学の標準化モデルないしはツールのみで経済現象にアプローチすると，グローバル化した世界経済で柔軟に対応し，活躍する人材育成がかなわず，日本の将来の経済が海外諸国にますます遅れを取る可能性が高くなる。多角的なアプローチが許される，またそれを特徴とする学問体系が，日本における経済学の伝統でもあることを意識した参照基準であるべきである。

さらに，経済理論学会幹事会(2013)は，以下の3点を要望している。

1. 自主性・多様性を尊重し，画一化・標準化の促進を避けること。
2. ミクロ，マクロ的視角とともに政治経済学的な視角を経済学教育のなかに位置づけること。
3. 総合的視野の重要性と経済学的分析に対する自省。

これらの批判を踏まえて，参照基準検討分科会は，2014年2月に「原案」を修正した「原案・第二次修正」（日本学術会議経済学委員会 2014a）を発表し，参照基準検討分科会委員長の岩本康志氏も参加した「『経済学の参照基準』を考えるシンポジウム」が，2014年3月12日に，経済理論学会主催のもとで，慶應義塾大学三田

キャンパスで開催された(経済理論学会主催 2014 および経済理論学会幹事会 2014 参照)。結果的に,「原案・第二次修正」では,「標準的アプローチ」の記述がなくなり,「ミクロ経済学」と「マクロ経済学」を中心と位置づけることもなくなった。総じて,「多様性アプローチ」に配慮した記述に変更された。たとえば,「原案・第二次修正」では,ミクロ・マクロ経済学に関する記述は,以下のようにトーン・ダウンし,先に本稿で引用した「原案」の記述はすべて削除された。

> 経済の仕組みや政策効果について,仮説を立て,その含意をモデルに基づいて論理的・数学的に導出し,現実のデータと対照させることを通じて当初の仮説の適否を論理的・統計的に検証するという手法が用いられることが多い。これに対して,数値データだけでは問題を的確に把握できない場合も多い。この場合,制度的あるいは歴史的背景から問題点を明らかにしようとする手法も使われる。…(中略)…経済学の多くの領域は,いろいろな経済行為を数値化する前者のアプローチをとる。その際,個々の経済主体の行動の分析を基盤にして,社会全体の経済活動を分析しようとする要素還元主義的な考え方——ミクロ的手法——と,社会全体の経済活動を総体として考えようというマクロ的手法が,あるときには補完的に,あるときには代替的に使われる。
>
> (p. 3)

「シンポジウム」で使用された岩本康志氏のレジュメには,以下の方針変更について述べられ,また,「参照基準は教育の標準化・画一化を図るものではない」と述べられている。

> 1. 日本の各大学のカリキュラムへの介入になることを避け,多くの大学のカリキュラムの実態と異なる記述はしない。
> 2. 意見の相違があり,集約が難しい記述は弱めるか削除する。

ただし,「原案・第二次修正」でも,経済理論学会が要望する「政治経済学」に関する記述はない。なお,「シンポジウム」における経済理論学会会員の大西広氏のレジュメでは,慶應義塾大学経済学部のカリキュラムについての説明があ

るが,そこでは,「政治経済学科目」=「マルクス経済学」とされている。

　総じて,「原案・第二次修正」では,ある意味では挑発的かつ野心的だった「原案」の尖った記述はトーン・ダウンし,事実上無害化されたように思われる。「原案・第二次修正」は,私の観点からは,許容範囲内にある。なお,2014年8月29日に「最終報告書」(日本学術会議経済学委員会 2014b)が発表されたが,「最終報告書」は「原案・第二次修正」とほとんど同じである。

# III　若干の私的感想

　前節では,日本学術会議「経済学分野の参照基準(原案)」が引き起こした波紋とその収拾に関する事実経過について,なるべく客観的な記述を心掛けたつもりである。本節では,若干の主観的な私的感想を述べることにする。

　既に任期が切れたとはいえ,私は,2014年の途中まで,「原案」の作成にコミットした主要メンバーの本拠地である日本経済学会の「社員」であった。それと同時に,現在私は,「原案」に批判的な声明を出した進化経済学会の理事であり,経済学史学会の一般会員でもある。さらに,私は,中央大学経済学部で,1年生の必修科目である「基礎マクロ経済学」と「基礎ミクロ経済学」を担当している。専門の研究テーマはケインジアンの立場からの「マクロ経済動学」であり,マクロ経済学の一分野である。マクロ経済学の中で現在主流的な地位を占める完全合理性と「ミクロ的基礎」を重視する新古典派的なアプローチとは距離を置いているので,マクロ経済学の内部では異端派に分類されるが,これも,所詮マクロ経済学の範囲内での分類に過ぎない。

　このようなわけで,私は,「経済学分野の教育『参照基準』」をめぐる白熱した論争の渦中で,やや微妙な立ち位置にある。正直に告白すると,削除された「原案」の文章の一部に,共感する部分もある。たとえば,財政学・金融論・国際経済学・産業組織論・労働経済学・環境経済学等は,ミクロ経済学とマクロ経済学に基づくべきであるという主張に,さほど違和感はない。ただし,日本の大学教育の現状はそうではなく,これらの科目でも,ミクロ経済学とマクロ経済学の基本原理を一切使用しない制度的・歴史的・マルクス経済学的なアプローチを採用する教員がかなり多く存在するのは,まぎれもない事実である。私が勤務す

る中央大学でも，同様である。経済学教育における「多様なアプローチ」への需要は，ミクロ経済学・マクロ経済学に代表される主流派経済学特有の抽象的・論理的・演繹的・数学的な推論の連鎖地獄から逃避したい学生の避難所として，日本の大学の経済学部内に根強く存在する。「原案」執筆者の願望らしい「ミクロ・マクロ経済学をほとんどの経済学科目の基礎として位置づける」ことからほど遠い現状を目の前にして，「基礎マクロ経済学」「基礎ミクロ経済学」担当教員としての私はむしろ，「少しはミクロ・マクロ経済学のような抽象的・演繹的・数学的論理の世界に敬意を払ってもらいたい」と学生達に要望したいくらいである❖3。日本の大学における経済学研究および経済学教育の現状は，主流派経済学者の願望に反して，以下の相互に関連をほとんど持たない3つのアプローチが併存することによって，「多様性」が保たれているように見受けられ，良かれ悪しかれ，この現状はそう簡単に変更できるものではないと思われる。

（1）「ミクロ経済学」と「マクロ経済学」を基礎として，「財政学」「金融論」「国際経済学」等の研究分野・科目も，あくまで基礎理論たる「ミクロ経済学」

---

❖1……日本経済学会では，社団法人に移行後，かつての「理事」を「社員」と呼ぶことになった。一般会員は「社員」とは異なるが，現在でも，私は，日本経済学会の一般会員である。ちなみに，私自身は，「原案」作成に全く関与していない。

❖2……私のアプローチはいわゆる「ポスト・ケインジアン」の伝統に属するとみなされることが多いが，私自身は，この呼称にこだわっているわけではない。

❖3……ちなみに，中央大学経済学部では「政治経済学」や「社会経済学」という名称の科目は存在しないが，そのかわりに，「マルクス経済学」という科目が存在し，複数の専任教員が担当している（このようなことは，わが国でも珍しいのではないだろうか）。必修科目でないにもかかわらず，「マルクス経済学」の受講者は，毎年1000人を超え，学生による授業評価も好評である。ちなみに，私を含む複数の教員が担当する必修科目である「基礎マクロ経済学」と「基礎ミクロ経済学」は，おそらく多用される数式やグラフを用いた抽象的推論への抵抗が主な原因であると思うが，学生による授業評価はあまりよくない。皮肉なことに，私が勤務する中央大学を含む一部の私立大学では，学生の需要に応じた科目の供給を行えば，ミクロ経済学とマクロ経済学は無くなり，マルクス経済学が必修科目になるかもしれないのである。しかし，それは，多くの学生がマルクス経済学の基本的メッセージを理解しているということを必ずしも意味しない。ちなみに，数年前にマルクス経済学を受講していた私のゼミ生が「マルクス経済学の授業はわかりやすい」と言うので，「それでは，マルクス経済学の基本的メッセージは何だと思うか」と尋ねたら，「市場は均衡して安定するということです」という答えが返ってきた。私が意図的に「市場は均衡もしないし安定もしないということもあり得るんじゃないの」という意地悪な質問をしたら，「そういう説は初めて聞きました」という答えが返ってきた。初級のミクロ経済学とマクロ経済学の基本的内容が受講者になかなか正確に伝わらず四苦八苦している身としては，他の科目でも同様だということを知り，少し安堵した次第である。

と「マクロ経済学」の応用として位置づけられる「主流派アプローチ」。最近主流派経済学の中で大きな影響力を獲得つつある「ゲームの理論」も，基本的にはこの範疇に属するものとみなされる。新古典派経済学とは一線を画すケインズ経済学もマクロ経済学の中に依然として確固たる地位を占めているし，時として筆者が属するとみなされるケインジアンの中の異端派たる「ポスト・ケインジアン」のようなアプローチも，あくまで「マクロ経済学」の内部における非主流アプローチに過ぎないという意味で，広い意味ではこの範疇に属する。

(2) 「マルクス経済学」とほぼ同一視される「政治経済学」ないし「社会経済学」を理論的基礎として，「財政学」「金融論」「国際経済学」等の研究分野・科目まで統一的に位置づけられる，理論的基礎がはっきりした「非主流派アプローチ」。

(3) (1)や(2)のような理論的背景が希薄な制度的・歴史的なアプローチ。「財政学」「金融論」「国際経済学」のような分野でさえ，このアプローチに基づく研究・教育がかなりの比重を占める。[4]

私見によれば，「進化経済学」や「複雑系の経済学」，「限定合理性の経済学」，「経済物理学」のようなアプローチは，(2)と同様に，理論志向の強い非主流アプローチであるが，わが国の経済学教育のカリキュラムにおいては，(2)に匹敵する「非主流派の中の主流」という地位を獲得していないように思われる。これらのアプローチに基づく「財政学」「金融論」「国際経済学」等が確立されない限り，これらのアプローチが「非主流派の中の主流」にはなり得ないのではないだろうか。結局，日本における経済学の研究・教育の「多様性」も，理論的アプローチとしては，「ミクロ・マクロ経済学に基づく主流派アプローチ」と「政治経済学＝マルクス経済学に基づく非主流派の中の主流派アプローチ」と「その他の非主流アプローチ」の3種類程度に還元されてしまうのである。この状況は，「主流派としてのマルクス経済学」と「非主流派としてのミクロ・マクロ経済学に基づく『近代経済学』」の没交渉的共存が長らく続いた1950年代から1980年代半ばまでの日本の経済学界の状況と比べて，ソ連の崩壊やそれに伴う東欧諸国による社会主義の放棄等の時代の趨勢の影響を受けてマルクス主義の影響力が低下し，「主流」と「非主流」の立場が逆転したことを除けば，あまり変化していないとも言えよう。[5]

# IV　デフレと金融政策に関する特殊日本的な論争と「経済学の多様性」

　経済学の研究・教育における「多様なアプローチ」を認めるということは，特定の具体的な経済現象の説明力と提示された政策的処方箋の有効性に関して，代替的なアプローチの優劣を客観的に判定することが不可能であることを必ずしも意味しない。19世紀ウィーンのクラシック音楽界では，ブラームス派とワグナー派に分かれて激しい対立と抗争が繰り返されていたというが，芸術の世界では，どちらの音楽が優れているかは，所詮好みと主観の問題であり，客観的に判定する方法はないであろう。どちらかの音楽を禁止することは文化の発展にとって有害であり，「音楽の多様なアプローチ」を許容することが我々の生活を豊かにするであろう。どの音楽を評価するかは，個人の判断に任せればよいのである。まさに，主流派（新古典派）経済学が推奨する「選択の自由」である[6]。文学，美術，哲学の場合にも，音楽と同様な結論があてはまるだろう。しかし，特定の具体的な経済問題の原因と解決策に関する相容れない複数のアプローチがある場合には，論理とデータにより，それらの優劣がある程度客観的に判定できる場合があるのではないだろうか。経済思想やイデオロギーをめぐる論争は，音楽や文学をめぐる決着がつかない論争と似ているが，経済学の一部の分野における論争は，物理学や生物学の論争と似ているのではないだろうか。

　この問題を考える手がかりとして，1990年代から2000年代まで約20年間にもわたってわが国の経済学者，エコノミスト，ジャーナリスト，政策当局者の間で延々と繰り返されてきた「デフレと金融政策」をめぐる論争について考察することにしよう。

---

❖**4**……このように，日本の経済学教育の現状では，応用科目の場合，科目名を見ただけでは，その科目が上述の(1)，(2)，(3)のいずれの範疇に属するのか区別がつかない。同じ科目であっても，担当者が誰であるかによって，授業の内容が大幅に異なるのである。講義要綱を見ても，土地勘がない学生には区別がつかないことが多い。この点は，問題であるかもしれない。

❖**5**……1950年代から1980年代半ばまで，わが国では，ミクロ・マクロ経済学に基づくアプローチ（新古典派経済学とケインズ経済学の双方を含む）を「近代経済学」と呼ぶ習慣があったが，このアプローチがマルクス経済学に代わって経済学の主流派の地位を占めて以来，「近代経済学」という呼称はあまり使われなくなった。それは，現在の主流派にとっては，このアプローチこそが「経済学」そのものである，という意識を反映しているのかもしれない。

❖**6**……ちなみに，筆者は，決してワグナーの音楽が嫌いなわけではないが，どちらかと言えば，ブラームス派である。

この論争の背景をなす歴史的事実は，図1に要約されている。

図1は，1980年から2011年までの32年間に，名目成長率（名目GDPの成長率）$g_N$と実質成長率（実質GDPの成長率）$g_R$が極めて密接に連動して動いてきたことを示している。すなわち，この期間に関する限り，名目所得の動向と実質所得の動向が乖離することは，ほとんどなかったのである。また，この図において，$g_N$と$g_R$の差は，GDPデフレーターの成長率（インフレ率＝物価上昇率の一つの指標）$p$を近似的に示している。すなわち，$p \cong g_N - g_R$であり，この指標を用いれば，$g_N > g_R$ならばインフレ，$g_N < g_R$ならばデフレと判定できる。

図1によれば，1980年代には名目成長率も実質成長率もインフレ率も比較的高く，$g_N$の平均値は年率6.4％，$g_R$の平均値は年率4.4％，$p$の平均値は年率約2％であった（6.4％－4.4％＝2％）。他方，1990年から1993年にかけて名目成長率も実質成長率も急降下し，それ以降，名目成長率も実質成長率も低迷し，それに伴って物価が緩やかに下落し続ける「デフレ不況」に，約20年間ものあいだ，日本経済ははまり込んだ。1997年から2010年までの14年間の$g_N$の平均値は年率マイナス0.7％，$g_R$の平均値は年率0.6％，$p$の平均値は年率約マイナス1.3％であった（－0.7％－0.6％＝－1.3％）。

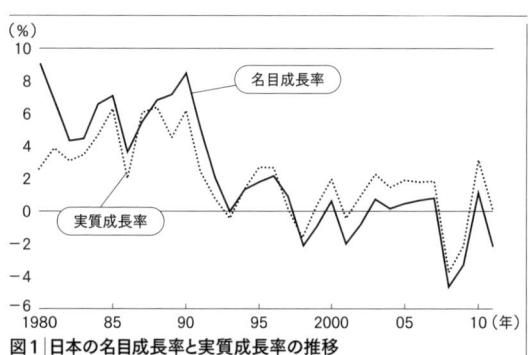

また，デフレ不況下の2000年代には，年率2％程度の緩やかなインフレが継続した1980年代に比べ「完

図1｜日本の名目成長率と実質成長率の推移
出所：内閣府のホームページのデータより筆者作成。
浅田（2013a, p.47）より。

図2｜日本のマネーストック成長率と名目成長率の推移
注：マネーストックはM₂（現金＋国内銀行等に預けられた預金）。
出所：内閣府のホームページのデータより筆者作成。
浅田（2013a, p.47）より。

全失業率」が2倍にまで上昇した(1980年代の2%台に対して、2000年代の5%前後)。すなわち、1980年代から2000年代にかけては、失業率とインフレ率のトレードオフを示す典型的な右下がりの「フィリップス曲線」が厳然と存在していたのである(浅田 2012参照)。デフレ不況下の失業率の上昇には、雇用者に占める非正規雇用の割合の急上昇と賃金をはじめとする平均的な労働条件の悪化を伴い、また、労働者を劣悪な待遇でこき使って費用節約をはかるいわゆる「ブラック企業」の増加を伴った。これは、一企業の力ではコントロールできない長期間の「デフレ不況」という経済環境を所与として各企業がそれに適応するために、自らコントロールできる手段を用いて「部分最適化」を図った結果と考えられる。もちろん、デフレ不況を所与とするこのような各企業の「部分最適化」の合成結果は、経済全体の「最適化」からはほど遠い。このようなマクロ経済環境を所与として既成事実に心理的に過度に適応し、まるで自然現象のように経済停滞を受け入れて正当化する「経済成長不要論」や「良いデフレ論」が一部の経済学者・エコノミスト・ジャーナリスト・評論家によって提唱されたが、筆者は、そのような認識は根本的に間違っていると思う。[7]

このような長期間にわたる「デフレ不況」をもたらした主要原因を中央銀行としての日銀の金融政策の失敗に求め、年率2%から3%程度の目標インフレ率に日銀が責任を持ってコミットする「インフレーション・ターゲティング」を採用する「金融政策のレジーム転換」によってデフレ不況から脱却する政策を提唱する「リフレ派」と呼ばれる少人数だが活動的なグループが、経済学者・エコノミスト・ジャーナリスト・評論家・政治家を横断する形で、わが国では、2000年前

---

❖7……ちなみに、橋本政権下の政府が財務省主導のもとで「財政構造改革」と称して消費税を3%から5%に引き上げ、日銀法が改正されて日銀に政府からの大幅な独立権が賦与された年でもある1997年に記録された約521兆円が日本が過去に記録した名目GDPのピークであり、2011年には、日本の名目GDPは14年前よりも約50兆円も少ない約470兆円になり、それに伴って、消費税を含めた税収総額は、14年間に約15兆円も落ち込んだ。年率平均マイナス0.7%程度の緩やかな名目所得の落ち込みでも、14年間も積み重なれば、このような大きな差になるのである。ちなみに、もしこの間の日本の名目GDPが「先進国クラブ」と言われるOECD諸国の平均に過ぎない年率4%(米国にほぼ匹敵する)で成長し続けていたら、2011年の名目GDPは900兆円を超えていたであろう{(521兆円)×(1.04)$^{14}$≅902兆円}。「この場合には、現在日本で顕在化している税収不足問題も、国債残高の対GDP比の急上昇も、社会保障の財源の不足問題も発生せず、財務省も消費税率を引き上げる口実を失っていたであろう。」(浅田 2012, p.3より) このことは、経済停滞が所得の低下と失業率の上昇以外にも様々な問題を引き起こすこと、また、経済成長がそれらの問題の解決に寄与することを示している。

後から形成されてきた。このような考え方は，ポール・クルーグマン(2008年ノーベル経済学賞受賞者)やベン・バーナンキ(2006年2月から2014年2月までFRB議長)等の海外の大物経済学者達によって支持された(Krugman 1998, Bernanke 2004参照)が，日本では，その中核メンバーは，2013年に安倍政権が「アベノミクスの第一の矢」という名称でリフレ政策を政府の方針として正式に採用し，それを受けて日銀が劇的な政策転換を実行する以前の15年間もの間，岩田規久男氏(2013年3月まで学習院大学教授，2013年3月途中より日銀副総裁)と浜田宏一氏(イェール大学教授)を筆頭とする合計30名前後に過ぎず，その中でアカデミックな経済学者は，10人前後に過ぎなかった(筆者もその10人前後の中に含まれる)。なお，欧米の経済学界では，「リフレ派」という呼称は一般的ではない。なぜならば，このような考え方は，欧米では，とりたてて命名するまでもないむしろ普通で平凡な考え方であり，学界・政界・ジャーナリズム界でこのような考えが20年間にもわたって異端視されてきたのは，特殊日本的な現象だからである。正統派であれ，異端派であれ，日本の経済学界は欧米の経済学界の動向に追随してきたはずであるのに，なぜ「デフレ不況」の問題についてのみ，状況が異なるのであろうか。

　主流派たる日本経済学会だけで約3000人の会員を擁し，マルクス経済学・政治経済学を中心とする非主流の経済学会である経済理論学会でも約1000人の会員を擁するのであるから，「リフレ派」は日本の経済学界では圧倒的に少数派であったと言えよう。しかし，約15年間にもわたってリフレ政策を支持してきた10人前後の経済学者は，決して特定の学派に集中しているわけではなく，新古典派，正統派ケインジアン，ポスト・ケインジアン，マルクス経済学者，経済統計学者，経済学史家，経済史家等から構成されていることが，特徴的である。主流派(新古典派)であれ，非主流派(マルクス派)であれ，2013年に劇的な政策転換を行うまでの約20年間にわたって頑なにリフレ政策を拒否してきた旧体制下の日銀の強い影響下にある日本金融学会に所属する日本の金融論学者は，2013年に新体制下の日銀によって梯子をはずされた以降も，リフレ政策に敵対的な人が多い(筆者は従来から数少ないリフレ派の日本金融学会の会員の一人であるが)。20年間リフレ政策を拒否する日銀を擁護し続けてきた日本金融学会における多数派たる「日銀派」は，2013年における日銀の劇的な政策転換後は自動的にまるごと「反日銀派」に分類されることになってしまったことは，

皮肉と言うほかはない。
　「リフレ派」の基本的な主張を要約すれば，以下のようになる。

(1) 中長期的には，ある国における名目マネーストックの成長率は，その国のインフレ率(物価上昇率)と名目成長率(名目GDPの成長率)および為替レートに大きな影響を与える。
(2) インフレ率，名目成長率，為替レートのような名目経済変数の変動は，実質成長率(実質GDPの成長率)や失業率のような実物経済変数の変動を伴う。たとえば，名目マネーストックの成長が停滞すれば，インフレ率の低下・名目成長率の低下・自国為替レートの高騰が引き起こされ，それはまた，実質成長率の低下と失業率の上昇を引き起こすのである。すなわち，貨幣変数が物価や為替レートのみならず実物経済変数にも影響を及ぼすという意味で，貨幣は「非中立的」である。
(3) 一国におけるマネーの成長率を制御する最も大きな能力と権限を持っている組織は，中央銀行(わが国では日銀)である。したがって，20年間にもわたるデフレ不況の最も大きな原因は，日銀による不適切な金融政策である。それはまた，中央銀行としての日銀が抜本的な「金融政策のレジーム転換」を行えば，デフレ不況から日本経済を脱却させることができることを意味する。そのための具体的な手段として，日銀の信憑性のあるコミットメントを伴う年率2％程度の「インフレーション・ターゲティング」が有効である。

---

❖8……「リフレ」という言葉の語源は，1930年代の世界大不況の時代に米国の経済学者アーヴィング・フィッシャーによって提唱された，中央銀行が緩やかなインフレーションに意図的にコミットすることによって不況からの脱出を実現させることを意味する「リフレーションreflation」である。
❖9……「リフレ派」の主張を集約した基本文献を以下に列挙しておこう。浅田[2012, 2013a, 2013b]，岩田[2011]，岩田[2003]，岩田編著[2004]，岩田・浜田・原田編著[2013]，片岡[2013]，中原[2002]，野口編[2007]，浜田[2004][2013]，浜田・若田部・勝間[2010]，原田・岩田編著[2002]，松尾[2010]。上述の出版物の著者・編者ないしは共著者のほかに，嶋中雄二氏，山崎元氏，森永卓郎氏，山形浩生氏，宮崎哲弥氏，稲葉振一郎氏，上念司氏等の若干のエコノミストや評論家，田村秀男氏や長谷川幸洋氏等の少数のジャーナリストを付け加えれば，経済学者・エコノミスト・評論家・ジャーナリストにおけるリフレ派の主要メンバーのリストが出来上がる(ここでは，政治家はリストから除外している)。なお，リフレ派と反リフレ派による論争を収録した文献としては，小宮・日本経済研究センター編[2002]，田中編[2013]，原田・齋藤編著[2014]がある。

これらの主張を,「リフレ派の3命題」と呼ぶことにしよう。これらの命題は,2012年までは日銀が全否定し,敵視さえしていたが,いわゆる「アベノミクス」の「第一の矢」の背景をなし,2013年3月に発足した黒田東彦総裁・岩田規久男副総裁・中曽宏副総裁による日銀の新体制では,正式に日銀の方針として採用されている。

　それに対して,2012年までの金融政策の当事者であった旧体制下の日銀を含む経済学界・政界・ジャーナリズム界の「多数派」は,様々な多岐にわたる論点をとりあげて,日銀の金融政策にデフレ不況の原因があることを否定しようとしたが,それらの論点は,必ずしも整合的ではない雑多な仮説の集合体であった。まず,デフレ不況の比較的初期の段階である2000年前後は,「デフレは構造改革の成果であって望ましい」「円高は日本円が世界から尊敬されることを意味するから望ましい」などという論調が盛んに流布されたが,デフレ不況が深刻化するにつれて,さすがにこれらの論調は,次第に鳴りを潜めるようになった(野口・浜田 2007b, 浜田 2004, 浜田 2013参照)。デフレと円高がマクロ経済に望ましくない影響を及ぼすことを否定できなくなった次の段階では,デフレは貨幣以外の何か,従って中央銀行の金融政策以外の何かによって引き起こされるという説が流布された。その「金融政策以外の何か」としては,以下のような特に関連性がない諸要因が,様々な論者によって挙げられた。[10]

(1) 中国から安い輸入品が入ってくるのがデフレの原因である。
(2) 生産年齢人口の減少がデフレの原因である。
(3) グローバル競争がデフレの原因である。

　これらの主張を「反リフレ派の3命題」と呼ぶことにしよう。しかし,これらの3命題はいずれも,事実によって棄却される。まず,(1)については,中国は世界中に商品を輸出しているが,日本以外の国は当の中国も含めてデフレに陥っていないことから,棄却される。実際,片岡(2014)の計測結果によれば,OECD加盟34か国について1995年から2012年までの中国からの輸入の対GDP比率 $x$ (%)とインフレ率(GDPデフレーター上昇率) $p$ (%)の関係を回帰分析した結果は,

$$p = 0.0762x + 4.0693, \quad R^2 = 0.0002 \qquad (1)$$

であった。もし「反リフレ派」の命題(1)が成立するならば，$x$にかかる係数はマイナスであり，かつ決定係数$R^2$は1に近いはずであるが，実際には，決定係数はほとんど0である。すなわち，$x$と$p$はほとんど無関係であり，それどころか，$x$にかかる係数は，ほとんど無意味とはいえ，マイナスどころかむしろプラスであった。ちなみに，日本の$x$は約2.0%であり，OECD34か国の中で上から12番目であったが，34か国中$p$がマイナスのデフレであったのは，日本だけである。「反リフレ派」の命題(2)についても，岩田(2011, p.111)で紹介されているように，やはり統計的に棄却される。岩田(2011)によれば，1998年以降で2年以上生産年齢人口が減少した国は，日本，ドイツ，ウクライナを含めて11か国あったが，日本のみがデフレであり，他の国は皆インフレであった。「反リフレ派」の命題(3)は，もしグローバル競争がデフレの原因ならば，ほとんどすべての国がデフレになっているはずであるが，日本以外はインフレであることによって棄却される。マネーにも中央銀行の金融政策にも一切言及することなくデフレを説明しようとするこれらの「反リフレ派」の3命題は，いずれも，日本のデフレの原因を説明することに失敗しているのである。

---

❖10……特殊日本的な現象であるリフレーションに対する広範囲の反発は，以下のように，理論的には正統派から異端派まで，政治的には右派から左派まで，様々な理論的・政治的背景をなす諸集団の中で，現在でも強固な影響力を保持しているが，それぞれの論者がリフレーションに反発する理由は一様ではなく，「リフレーションに反対」という結論のみ一致する。日本経済学界の主流派たる新古典派(塩路・雨宮・岩本・植田・本多2012における岩本，齋藤2014)，日本金融学界の主流派(池尾2014)，旧日銀関係者(速水2004，白川2008，翁2011, 2014，塩路・雨宮・岩本・植田・本多2012における雨宮と植田)，正統派ケインジアン(吉川2009)，左派ケインジアン(伊東2006，服部2014)，マルクス派(米田・岡田・藤田・鳥畑・増田2013，関野2014)，非理論派のエコノミストや評論家(池田2009，水野2009，藻谷2010)。なお，これらの論者は通常，金融緩和の効果が生産や雇用のような実態経済に及ぶことをしぶしぶ認めざるを得ない場合でも，「プラシーボ(偽薬)効果」(塩路・雨宮・岩本・植田・本多2012, p.226における岩本の発言)とか「架空需要」「バブル」(関野2014)という，否定的な印象を喚起する用語を使用する。なお，本多(2014)は，日本経済学界の会長講演において，「2001年3月から2006年3月にかけて日本銀行が採用した量的緩和政策が，少なくともトービンのqを通ずる経路を通じて，民間投資および生産活動に景気刺激をもたらした」(pp.3–4)という実証分析の結果を提示し，「金融緩和がマクロ経済に及ぼす影響は偽薬効果にすぎないなどという主張はなんら客観的な証拠のない主張であり，このような主張は統計データと相いれない」(p.7)という趣旨の主張をしている。日本経済学界の出版物でこのような主張が述べられることは，浜田(2004)のような例外はあるものの，従来，極めて稀であった。

それでは，リフレ派の命題については，どうであろうか。**図1**と**図2**は，リフレ派の命題(1)と(2)のうち，為替レートに関する記述以外がすべて成立することを示している(為替レートに関する記述が成立することについては，浜田(2013, pp. 99-100)を参照されたい)。**図1**は，約30年間にもわたって，名目成長率と実質成長率とインフレ率が密接に連動して動いていることを示している。他方，**図2**は，日銀の金融政策以外の原因によって景気が落ち込んだ1997年(財務省主導による3％から5％への消費税の増税)と2007年(米国発の「サブプライム・ショック」による世界金融恐慌)を除いて，マネーストックの変動が約2年間のタイム・ラグを伴って名目成長率の変動を誘発することを示している。実際，高橋(2014)の計測結果によれば，あてはまりの良くない$t=1997$年(消費税増税)，$t=2007$年(サブプライム・ショック)および$t=2011$年(東日本大震災)を含めても，$t=1971$年から$t=2011$年にかけての40年間の日本では，第$t-2$年のマネーストックの増加率$m(t-2)$(％)と第$t$年の名目成長率$g_N(t)$(％)の間に，

$$g_N(t)=0.87m(t-2)-2.0, \quad R^2=0.81 \qquad (2)$$

という回帰式が成立する。(2)式は，(1)式とは異なり，決定係数も1に近く，$m(t-2)$にかかる係数も理論どおり1に近いプラスである。**図1**，**図2**と日本のフィリップス曲線(浅田2012参照)を結びつければ，「リフレ派の命題」の(1)と(2)のうち，為替レートに関する記述以外の結論が得られる。ちなみに，高橋(2014)によれば，同期間における第$t$期のインフレ率を$p(t)$，失業率を$u(t)$とすれば，

$$p(t)=0.61m(t-2)-2.1, \quad R^2=0.76 \qquad (3)$$
$$u(t)=-0.16m(t-2)+4.4, \quad R^2=0.67 \qquad (4)$$

となり，ともに，理論から予測される結論と整合的である。

　なお，2012年以前の旧日銀関係者(たとえば翁邦雄氏)は，物価が主としてマネーによって決まることを否定するだけではなく，マネーストックどころかベースマネーさえも国民の必要に応じて日銀が受動的に供給しているだけなので日銀はコントロールできない，と主張しており，この主張が事実上日銀の公式見解となり，この見解に対する最も厳しい批判者であった岩田規久男氏(当時

は学習院大学教授,2013年3月以降は日銀副総裁)によって「日銀流理論」と名付けられた。2012年までの日銀は,(1)物価はマネーによっては決まらず,マネー以外の何かによって決まる,(2)日銀はマネーをコントロールできない,という二重の防御網をはりめぐらし,デフレに対する日銀の責任を回避しようとしたのである。

この世界の中央銀行でも例をみない特異な「日銀流理論」(中央銀行の神聖不可侵な権威を背景にわが国でのみ圧倒的な影響力を誇った)に同調する経済学者やエコノミストもわが国には多く存在したが,もしこれが事実であるとするならば,そもそも金融政策の手段が存在しないことになり,現行の日銀法の条文にさえも存在する「物価の安定」という任務を遂行する手段を日銀は持たないことになってしまうのである。翁氏等によるこの主張の背後には,図2における1990年から1992年にかけてのマネーストック増加率の急降下が「バブル」を崩壊させる目的で意図的に行われた日銀による急激な金融引き締めの結果である,という批判をかわす意図があった。しかし,この期間に突然国民がマネーを必要としなくなったという仮説よりも,この期間に日銀の金融政策の構造変化が起こったという仮説のほうが,はるかに説得力があるのではないだろうか。「ベースマネーを政策手段として2%のインフレ目標を達成する量的・質的金融緩和」を導入し,上述の「リフレ派の命題」(3)を公式の政策として実践しつつある新体制下の日銀自身によって,2013年以降は「日銀流理論」が正式に否定されてしまったのは,周知の事実である。いわば,権威としての日銀に追随していた「日銀流理論」信奉者は,日銀自身によって梯子をはずされてしまったのである。

# V　結語的覚書

本稿では,日本学術会議「経済学分野の参照基準(原案)」に端を発した「経済学の多様性」に関する論争について考察し,さらに,「経済学の多様性」の特殊日本的なゆがんだ表れである「デフレ不況」の原因と処方箋をめぐる論争についてとりあげた。経済学界・政界・ジャーナリズム界の圧倒的な多数派は,理論的・政治的・思想的な相違を超えて,新古典派も,ケインズ派も,マルクス派も,非理論派も,「物価は主としてマネーの量によって決まる」「中央銀行による金融政

策が所得や雇用に影響を及ぼすことができる」という，マクロ経済学の初級教科書に載っているありふれた平凡な命題を，いかにこの命題を支持する統計的証拠を提出されても，また，いかにこの命題の対立仮説に不利な事実を提示されても，敵意さえ持って全力で否定し続ける，というのは，外国には例をみない特殊日本的な現象である。この現象は，「学派やアプローチの多様性」では，説明できない。この特殊日本的な現象の原因を説明する仮説としては，「既得権益仮説」と「既得観念仮説」がある。このうち，「既得権益仮説」のほうが，比較的わかりやすいだろう。

「既得権益仮説」は，浜田(2010, 2013)によって提示されている。2012年以前の段階では，絶対的な権威と権力を伴う中央銀行としての日銀によって表明された「日銀流理論」に表だって反対することは，学者・評論家・ジャーナリストにとって，様々な面で直接的・間接的に不利益を蒙りやすく，逆にこの説に従順に従うことによって利益を得る機会が増えるから，というものである。特に，次期の日銀審議員の椅子や，日銀金融研究所主催の研究会への招待や，卒業生を日銀に採用してもらうことに利益を感じる有名国立大学の主流派経済学者，日銀記者クラブに出入りする大手メディアのジャーナリスト，学会の長老に睨まれて不利益を蒙りたくない若手経済学者，日銀に睨まれたくない民間銀行や証券会社の研究所に所属するエコノミストには，この仮説があてはまる可能性が高い。しかし，もともと政府や体制に批判的な左派の経済学者にこの仮説をあてはめることは，困難である。

そこで，既得権益仮説で説明できない現象を説明するために考案されたのが，野口・浜田(2007a, 2007b)で提示されている「既得観念仮説」である。野口・浜田(2007a, 2007b)は，個人的利害とは必ずしも一致しない共同体内部での「観念」ないしは「認識モデル」が経済政策の評価に特定のバイアスを与える可能性について考察している。左派ケインジアンを含む日本の左派経済学者の間には，以下のような「既得観念」としての「認知バイアス」が広汎に存在するように思われるが，2012年以前の旧体制下の日銀関係者の間にも，同様の「認知バイアス」が存在したように思われる。

(1) 拡張的なマクロ経済政策を忌避する「緊縮主義バイアス」。

(2) 貨幣的要因が実質成長率や失業率のような実質変数に及ぼす影響のみならず，インフレ率や名目成長率のような名目変数に及ぼす影響までも無視する「非貨幣的バイアス」。

(3) インフレを極度に嫌って警戒するが，デフレがもたらす害悪と危険性に対して無頓着な「反インフレ・親デフレバイアス」。特に，このバイアスを持った論者は，数値的な定義抜きで「ハイパーインフレーション」の恐怖を煽り立てる傾向がある。

(1)と(2)の傾向を持つ経済学者は，定義により反ケインジアンになるはずであるが，一部の「ケインジアン」がこれらのバイアスを共有しているのは，不思議な現象である[11]。しかし，これらの「認知バイアス」は，世界中の左派のエコノミストに共有されているわけではない。たとえば，リフレーションに理解を示す数少ない日本のマルクス経済学者である松尾匡氏は，日本では右派に分類される安倍政権が採用しているリフレ政策は西洋では「左派」が提唱する政策であることを指摘している[12]。また，クルーグマン，スティグリッツ，ハジュン・チャン等の政治的には左派ないしはリベラル派に属する海外の経済学者も，リフレーションを支持する見解を表明し，適度のインフレは害悪よりメリットのほうが大きく，デフレの害悪のほうがはるかに大きいことを指摘している[13]。

このように，主流派であれ非主流派であれ，日本では欧米の経済学の動向にタイム・ラグを伴いながら追随してきたはずなのに，特定の具体的な経済現象の原因とその解決策をめぐる日本の経済学者集団の認識が，明らかに特定方向に偏ったバイアスを伴いながら，学派の相違を超えて欧米の主流派や非主流派の標準的な思考パターンと大きくずれているのはなぜか，ということを考察することは，「経済学の多様性ないしは多様性の欠如」をめぐる特殊日本的な現象の解明にとって，興味深いテーマであろう。

---

❖11……その典型例が，伊東(2006)と吉川(2009)である。彼らは，貨幣が物価に影響を及ぼすという見解を「マネタリズム」と呼んで忌避する。ミルトン・フリードマンに代表される本来の「マネタリズム」は，貨幣は物価にのみ影響を及ぼし，実質所得や失業率のような実物変数には影響を及ぼさないという，「貨幣の中立性」を主張しているが，「貨幣は物価を含む名目変数にも実物変数にも影響を及ぼす」という「貨幣の非中立性」を意味するケインズ的な命題まで「マネタリズム＝悪」という条件反射的反応によってケインジアンを自称する経済学者がなぜ却下できるのか，私には理解できない。

❖12……松尾(2013)参照。また，安倍政権が誕生する以前の民主党政権下で出版された松尾(2010)にも，既に同様の指摘がある。筆者はかつて，松尾(2010)を好意的に書評したことがある(浅田2011)。

❖13……たとえば，Chang (2010)およびKrugman (2012)を参照されたい。Chang (2010)は，2000年代の日銀の金融政策を批判して，以下のように述べている。

「有名な話だが，2000年代はじめ，日本銀行の総裁だった速水優氏は，ハイパーインフレになる可能性を心配して，通貨供給量(マネー・サプライ)を増やす量的金融緩和政策をとることを拒んだ。当時の日本は実際にはデフレーション(物価水準の低下)のまっただなかにあったにもかかわらず，だ。しかし，すべてのインフレは必然的にハイパーインフレになってしまうという証拠など――あるいは，なりやすいという証拠さえ――まったくない。」(Chang 2010, 邦訳書 p. 88)「低レベルのインフレが経済に悪いという証拠は，実はまったくないのだ。たとえば，自由主義市場経済学者たちがシカゴ大学，IMFといった機関でおこなった研究でも，8～10%未満のインフレは経済成長にまったく影響をおよぼさない，という結果が出ている。」(Chang 2010, p. 89)「さらに，過度のインフレ対策は経済に害をおよぼしうる，という証拠もある。(中略)なぜそういうことになるのか？ それは，インフレ抑制政策をやりすぎると，投資が減り，それによって経済成長も削がれるからだ。」(Chang 2010, p. 90)このハジュン・チャンの認識は，日本の「リフレ派」の認識と完全に一致する。また，表1にまとめられている過去50年間にわたる日本経済のデータは，「8～10%未満のインフレは経済成長にとって害にならない」という彼の指摘と整合的である。

さらに興味深いことに，ハジュン・チャンは，「自由市場を支持するエコノミストたちは，人々がハイパーインフレーションにいだく当然の恐怖を意図的に利用して，益となるより害となる過度のインフレ対策を実施させようとしてきたことになる」(Chang 2010, p. 91)と述べている。すなわち，マルクス経済学者のボブ・ローソンから博士号を授与されたケンブリッジ大学における左派経済学者であるハジュン・チャンの認識によれば，日本の多くの左派経済学者の認識とは反対に，「アベノミクスの第一の矢」の名のもとに2013年以降に新体制下の日銀が実施し始めたリフレーション政策ではなく，2012年までの20年間にわたって旧体制下の日銀が実施してきたインフレ抑制・デフレ促進政策こそ，「新自由主義」の経済政策なのである。

**表1│日本のデータ**(平均年率：%)

| 期間 | $m$ | $p$ | $g_1$ | $g_2$ | $g_1-p$ | $g_2-p$ |
|---|---|---|---|---|---|---|
| 1960～69年 | 16.5* | 6.4 | 16.7 | 16.9 | 10.3 | 10.5 |
| 1970～79年 | 16.3 | 8.3 | 13.3 | 16.3 | 5.0 | 8.0 |
| 1980～89年 | 9.1 | 1.9 | 6.2 | 5.8 | 4.3 | 3.9 |
| 1990～99年 | 3.7 | 0.4 | 1.9 | 2.4 | 1.5 | 2.0 |
| 2000～09年 | 2.0 | −1.2 | −0.7 | −1.0 | 0.5 | 0.2 |

$m$＝マネーストック($M_2$)の平均成長率
$p$＝GDPデフレーターの平均増加率(平均インフレ率)
$g_1$＝名目GDPの平均成長率
$g_2$＝名目雇用者報酬の平均成長率
$g_1-p$＝実質GDPの平均成長率
$g_2-p$＝実質雇用者報酬の平均成長率
＊は，1968年と1969年の平均
出所：内閣府のホームページのデータより著者作成。

## 引用文献

[1] 浅田統一郎[2011]「書評 松尾匡著『不況は人災です！――みんなで元気になる経済学入門』」『経済科学通信』第125号(2011年4月号), pp. 117–118。
[2] 浅田統一郎[2012]「安倍新政権の金融政策の経済学的根拠について」Chuo Online 2012年12月20日 (http://www.yomiuri.co.jp/adv/chuo/research/20121220.htm)
[3] 浅田統一郎[2013a]「デフレは『貨幣的現象』にすぎない」『エコノミスト』(毎日新聞社) 2013年1月15日号, pp. 46–47。
[4] 浅田統一郎[2013b]「アベノミクスと財政問題」『景気とサイクル』(景気循環学会)第56号, 2013年11月, pp. 55–67。
[5] 池尾和人[2013]『連続講義・デフレと金融政策：アベノミクスの経済分析』日経BP社。
[6] 池田信夫[2009]『希望を捨てる勇気：停滞と成長の経済学』ダイヤモンド社。
[7] 伊東光晴[2006]『現代に生きるケインズ――モラル・サイエンスとしての経済理論』岩波新書。
[8] 岩田規久男[2011]『デフレと超円高』講談社現代新書。
[9] 岩田規久男編[2003]『まずデフレをとめよ』(共著者：安達誠司・岡田靖・髙橋洋一・野口旭・若田部昌澄)日本経済新聞社。
[10] 岩田規久男編著[2004]『昭和恐慌の研究』(共著者：安達誠司・飯田泰之・岡田靖・田中秀臣・中澤正彦・中村宗悦・野口旭・原田泰・若田部昌澄)東洋経済新報社。
[11] 岩田規久男・浜田宏一・原田泰編著[2013]『リフレが日本経済を復活させる――経済を動かす貨幣の力』(共著者：安達誠司・矢野浩一・平野智裕・青柳潤・飯田泰之・若田部昌澄)中央経済社。
[12] 翁邦雄[2011]『ポスト・マネタリズムの金融政策』日本経済新聞出版社。
[13] 翁邦雄[2014]「ゼロ金利制約下では金融政策で物価はコントロールできない」原田泰・齋藤誠編著[2014] pp. 1–21。
[14] 片岡剛士[2013]「アベノミクスの経済理論」『景気とサイクル』第56号, 2013年11月, pp. 41–54。
[15] 片岡剛士[2014]「金融政策で物価をコントロールできる」原田泰・齋藤誠編著[2014] pp. 23–41。
[16] 経済学史学会幹事会[2013]「経済学分野の参照基準原案への要望書」http://jshet.net/modules/news/details.php?bid=30
[17] 経済教育学会理事会[2013]「日本学術会議経済学分野の参照基準への意見書」http://ecoedu.jp/2013/11/post-9.html
[18] 経済理論学会幹事会[2013]「経済学分野の教育『参照基準』策定についての要望書」http://www.jspe.gr.jp/node/107
[19] 経済理論学会幹事会[2014]「経済学分野の教育『参照基準』第二次修正案についての意見書」http://www.jspe.gr.jp/node/113
[20] 経済理論学会主催[2014]「『経済学分野の参照基準』を考えるシンポジウム」予稿集(岩本康志・八木紀一郎・吉田雅明・橋本勝・大西広・鈴木誠・足立眞理子・遠藤公嗣) http://www.jspe.gr.jp/node/110
[21] 小宮隆太郎・日本経済研究センター編[2002]『金融政策論議の争点――日銀批判とその反論』(共著者：伊藤隆敏・岩田一政・岩田規久男・香西泰・白川方明・新保生二・深尾光洋・八代尚宏・吉川洋)日本経済新聞社。
[22] 齋藤誠[2014]「金融政策で経済は良くなるのか――AD-ASモデルにおける景気循環に関する3つのパターンを踏まえて」原田・齋藤編著[2014] pp. 43–56。
[23] 白川方明[2008]『現代の金融政策：理論と実際』日本経済新聞出版社。
[24] 塩路悦朗・雨宮正佳・岩本康志・植田和男・本多佑三[2012]「パネル討論 非伝統的金融政策の評価」大垣昌夫・小川一夫・小西秀樹・田渕隆俊編『現代経済学の潮流2012』東洋経済新報社, pp. 193–235。

[25] 進化経済学会理事会[2013]「参照基準改定案素案に対する意見書」http://www.jafee.org/sanshokijun.html
[26] 杉山伸也(社会経済史学会代表理事)[2013]「経済学分野の参照基準(原案)(提案1)に関する意見書」http://sehs.ssoj.info/jp/pdf/opinion20131127.pdf
[27] 関野英明[2014]「『アベノミクス・バブル』の形成と崩壊：マルクス『資本の過多と過剰生産の相互促進』論に立ち返る」『経済』第228号，2014年9月，pp. 18–31。
[28] 高橋洋一[2014]「現在の金融緩和に危険はない」原田・齋藤編著[2014] pp. 101–122。
[29] 田中秀臣編[2013]『日本経済は復活するか』(共著者：浜田宏一・若田部昌澄・原田泰・安達誠司・田村秀男・片岡剛士・高橋洋一・松尾匡・中村宗悦・榊原英資・中島将隆・西部進・ロベール・ボワイエ・植村博恭)藤原書店。
[30] 中原伸之[2002]『デフレ下の日本経済と金融政策』東洋経済新報社。
[31] 日本学術会議経済学委員会経済学分野の参照基準検討分科会[2013]「経済学分野の参照基準(原案)」http://www.scj.go.jp/ja/member/iinkai/bunya/keizai/pdf/teian_sanshoukijun_220701.pdf
[32] 日本学術会議経済学委員会経済学分野の参照基準検討分科会[2014a]「経済学分野の参照基準(原案・第二次修正)」http://www.scj.go.jp/ja/member/iinkai/bunya/keizai/pdf/shiryou_sanshoukijun_221002.pdf
[33] 日本学術会議経済学委員会経済学分野の参照基準検討分科会[2014b]「大学教育の分野別質保証のための教育課程編成上の参照基準　経済学分野」http://www.scj.go.jp/ja/info/kohyo/pdf/kohyo-22-h140829.pdf
[34] 野口旭編[2007]『経済政策形成の研究——既得観念と経済学の相克』(共著者：浜田宏一・若田部昌澄・中村宗悦・田中秀臣・浅田統一郎・松尾匡)ナカニシヤ出版。
[35] 野口旭・浜田宏一[2007a]「経済政策における既得権益と既得観念」野口旭編[2007] pp. 29–58。
[36] 野口旭・浜田宏一[2007b]「デフレをめぐる既得観念と経済政策：昭和恐慌と平成大停滞の経験から」野口旭編[2007] pp. 134–186。
[37] 服部茂幸[2014]『アベノミクスの終焉』岩波新書。
[38] バーナンキ，ベン(Bernanke, Ben)[2004]『リフレと金融政策』高橋洋一訳，日本経済新聞社。
[39] 浜田宏一[2004]「デフレ下での政策決定：インサイダーの視点から」岩田規久男・岩本康志・本田佑三・松井彰彦編『現代経済学の潮流2004』東洋経済新報社，pp. 53–79。
[40] 浜田宏一[2010]「経済学と経済政策の間：金融政策は無力なのか?」『経済セミナー』2010年8/9月号，pp. 62–68。
[41] 浜田宏一[2013]『アメリカは日本経済の復活を知っている』講談社。
[42] 浜田宏一・若田部昌澄・勝間和代[2010]『伝説の教授に学べ！——本当の経済学がわかる本』東洋経済新報社。
[43] 速水優[2004]『中央銀行の独立性と金融政策』東洋経済新報社。
[44] 原田泰・岩田規久男編[2002]『デフレ不況の実証分析』(共著者：安達誠司・伊藤靖晃・今川拓郎・江川暁夫・太田智之・岡田靖・杉原茂・野口旭・堀雅博)東洋経済新報社。
[45] 原田泰・齋藤誠編著[2014]『徹底分析アベノミクス：成果と課題』(共著者：翁邦雄・片岡剛士・安達誠司・河野龍太郎・高橋洋一・吉松崇・中里透・竹中平蔵・小峰隆夫・八代直宏・八田達夫・北崎朋希・谷山智彦)中央経済社。
[46] 本多佑三[2014]「非伝統的金融政策の効果：日本の場合」岩本康志・神取道宏・塩路悦朗・照山博司編『現代経済学の潮流2014』東洋新報社，pp. 3–38。
[47] 松尾匡[2010]『不況は人災です！——みんなで元気になる経済学入門』筑摩書房。
[48] 松尾匡[2013]「本来左派側の政策のはずだったのに」田中秀臣編[2014] pp. 172–182。

[49] 水野和夫[2009]『100年デフレ：21世紀はバブル多発型物価下落の時代』日経ビジネス文庫。
[50] 藻谷浩介[2010]『デフレの正体：経済は「人口の波」で動く』角川書店。
[51] 吉川洋[2009]「デフレーションと金融政策」吉川洋編『デフレ経済と金融政策』慶應義塾大学出版会, pp. 115–154。
[52] 米田貢・岡田智弘・藤田実・鳥畑与一・増田正人[2013]「座談会『アベノミクス』批判：日本経済の再生を論ずる」『経済』第213号, 2013年6月, pp. 10–33。
[53] Chang, Ha-Joon [2010] *23 Things They Don't Tell You about Capitalism*, Penguin Books（田村源二訳『世界経済を破綻させる23の嘘』徳間書店, 2010年）.
[54] Krugman, P. [1998] "It's Baaack: Japan's Slump and the Return of the Liquidity Trap," *Brookings Papers on Economic Activity 2*, pp. 137–205 (山形浩生訳「復活だあっ！ 日本の不況と流動性の罠の逆襲」山形浩生訳編『クルーグマン教授の〈ニッポン〉経済入門』春秋社, 2003年, pp. 11–114).
[55] Krugman, P. [2012] *End This Depression Now!*, WW. Norton & Company (山形浩生訳『さっさと不況を終わらせろ』早川書房, 2012年).

# 第7章 経済学に女性の居場所はあるのか
## ——フェミニスト経済学の成立と課題

### 足立眞理子
あだち・まりこ｜お茶の水女子大学大学院人間文化創成科学研究科教授・ジェンダー研究センター長／所属学会：日本フェミニスト経済学会・経済理論学会

## I はじめに
### ——経済学に女性の居場所はあるのか

経済学に女性の居場所はあるのか？

現代の日本社会において，「女性の居場所は家庭」であるという言説は，日常的な感覚では意味をもたなくなりつつあるのだろうか。「女性の居場所は家庭」であれば，女性が関心を寄せるべきは，家庭の中のことであり，家庭の外，すなわち財政，金融，税制，社会保障，労働市場，賃金，貧困，格差などには，関心をむけなくてもよい。何故なら，女性は婚姻によって「主婦」となり，配偶者による生涯にわたる扶養を約束されているのだから。

「主婦」という存在が，近代社会成立によって生み出された歴史的形態であることは，社会学，歴史学，文学などの領域から詳細に研究されてきた。ジェイン・オースティン『高慢と偏見』を紐解くまでもなく，日本の女流文学の多くは，教育を受け，賢く，夢を抱く，女性主人公たちの行く末の物語である。彼女たちの大半は，良い教育は受けられるが持参金は乏しい中産階級出身の娘たちであり，将来の婚姻相手の選択に苦慮し，多少の波乱はあるものの，うまくやっていく。そうでなければ……。あらゆる形での社会的制裁を受け，社会的スティグマを負わされる。「主婦」になることは，家庭での仕事を引き受け，貨幣所得は配偶者に依存することであるから，夫選びは，良き就職と同義の死活問題である。夫は，夫自身のみが単身で生活できる，単身者自律賃金以上を稼ぐひと，妻と子どもを扶養できる家族賃金稼得の男性でなければならない。

このような，近代性別分業家族，つまり，夫が生涯にわたる家族扶養賃金稼得者であることを前提として，妻が家事・育児・介護を担当するという近代家族像は，実のところ，日本では第二次世界大戦後から高度成長期までのものである。つまり，この近代家族像は，中産階級雇用労働者家族像であり，日本におい

ては，農村家族からの上昇婚形態として憧憬され，一方では，家庭内有給使用人を雇う戦前上層階級の崩壊とともに，一般化されてきた。日本の戦後「総中流意識」の経済基盤である。

しかしながら，1970年代以降には雇用労働者である夫賃金への全面依存は不可能になってくる。この近代家族像が揺らぐ時期こそ，ニクソン・ショック以降の現代のグローバル経済化の始まりにあたる。日本型男性標準労働者を主体とする，労使協調，終身雇用体制，世帯単位の社会保障・税制度に軋みが出はじめ，「雇用労働力の女性化」など，経済社会全体に対する変化が顕著になってくる。

現在，たとえば，日本の国立女子大学において女子学生を教育するという場合，女性の主体性を涵養する教育に中心をおくということに異論は出ないであろう。そのとき，第一に留意されなければならないのは，このグローバル化のもとでの経済社会の変化を，従来「家庭の外」とみなされてきた市場経済の仕組み，政策，制度，その歴史的経緯を含めて，精確に把握する力を養うことである。

1970年代以降に，先進諸国を中心として，既存の認識や社会慣行，制度に潜む差別，格差についての学問的批判理論の潮流が生み出されてきた。社会学，歴史学，文学などに先行的にあらわれた学問的体系批判は，大学のカリキュラム編成に影響を与え，学際的研究領域の拡大が進められ，従来の枠組みに囚われない新たな知の獲得がなされてきた。ジェンダー研究も，このような学際的研究のなかで生まれ，ジェンダー研究の対象範囲そのものを広げてきた。

学問の学際化の流れの中にあって，しかし，最も堅牢な体系的統一を標榜してきた学問的領域の一つが，経済学であったことも言を俟たない。とりわけ新古典派経済学の合理的経済人(経済男性)仮説は，経済学とそれ以外の境界設定を「合理性」において画する。しかしながら，前述した近代家族像と分離可能な領域に合理的個人を仮定したとしても，結合効用関数の前提となっている家族成員の個々人の間にある対立可能性を不問に付してきたことは明白である。別の表現でいえば，自己の家族を彼個人で代表できるとする代表単数化によって理論的に操作可能とみなしている体系なのである。この理論方法上の操作可能性により，合理的経済人は，ジェンダー・レスな個人として措定できる。そして，その裏側には，非利己的かつ非合理的な存在が，経済学とは無縁な領域に切断されて無意識のうちに配置される。この非利己的かつ非合理的存在は，新古典

派体系の外部に措かれつつ, さらには継続する不可逆的な時間を, つまり歴史的現実を与件としているという点でも, 新古典派体系と本来矛盾している。

この体系の中にあって, 分離された非経済的領域に追いやられ, 著しく非利己的な, したがって非経済的な存在として認識されるのが, 「女性」である。そして, この分離された領域の外に出ようとするならば, 「男性化した例外」とみなされる。この経済学の認識体系の袋小路にあって, 現代世界を生きる女子学生の未来はどこにあるのだろうか。そして, 「家族扶養が男性らしさ」という刷り込みから逃れたいと熱望する男性たちに, 行き場はあるのだろうか。

フェミニスト経済学は1990年代初頭に, ジェンダー問題に関心を寄せる経済学者を中心として成立した。経済学に「女性」の居場所はあるのか？ もし無いのであれば, 経済学の体系的批判が必要である。何故なら, 少なくとも世界の半分の人間がそれを必要としているから。

経済学教育の未来は, これらの人々の経済社会認識の有り様がいかに形成されていくのかに, 直接関わっているのである。

## II　フェミニスト経済学の成立と展開

1990年代の初めに, フェミニスト経済学が成立してから, 20年以上の時がたった。今日, フェミニスト経済学は, 他の異端派経済学Heterodox Economicsであるケインズ学派, ポスト・ケインズ学派, 制度学派, 新制度学派, ラディカル・エコノミクス, そしてマルクス学派と並ぶ経済学の一潮流として, 欧米に基盤をおく国際学会では広く知られるに至っている。フェミニスト経済学は, 1992年にワシントンD.C.で, 最初の「フェミニスト経済学会議」が開催されたのを契機として, 国際フェミニスト経済学会(International Association For Feminist Economics, IAFFE)が設立され, 95年春に学会誌 *Feminist Economics* を創刊し, 今日までその活動を行っている。D. Strassmann (Rice大学)を初代議長として発足し, 学会幹事会, 編集委員会には, ノーベル経済学賞受賞者である Amartya Sen, Kenneth Arrow, Diane Elson, Marianne Ferber, Nancy Folbre, Susan Himmelweit, Myra Strober, James Heintz, Jane Humphries, Bina Agarwal, Nancy Fraser, Loudes Beneriaなど, 欧米, アジア, ラテンア

メリカ，アフリカの研究者が名を連ね，現代の経済学とジェンダーに関する最も先進的かつ大規模な学会組織となった。日本フェミニスト経済学会（JAFFE: Japan Association For Feminist Economics）は，この国際組織の日本ブランチを担うため2004年に設立された。

　会員は北米，欧州を中心として，ラテンアメリカ，アジア，アフリカの各国，各地におよぶとともに，総会員数千名を擁し，年に1回の世界大会では共通論題，分科会など合わせて70以上のセッションをもつ国際学会へと発展してきた。現在，主要な会員の多くは，経済学者として，国連等におけるジェンダー主流化政策，貧困削減政策，環境問題などの現代経済社会の喫緊の課題解決に携わるなど，現実の制度設計・政策決定にジェンダー視点を取り入れるように提言し，意思決定に影響力を持つようになってきた。2000年以降は，アジア諸国からの参加も多く，2008年タイ・バンコク，2011年中国・揚州で，世界大会が開催され，3日間にわたる大会会場校を務めている。昨2014年は，アフリカのガーナで開催され，2015年はドイツ・ベルリン，2016年には韓国・ソウルで開催予定である。発足当初は，欧米系の研究者が主流であったが，2010年のアルゼンチン・ブエノスアイレス大会，2011年中国・揚州大会，2012年スペイン・バルセロナ大会においては欧米中心的に成立してきたフェミニスト経済学への批判的研究が提出されるようになってきており，世界大会での基調報告はスペイン語，中国語が使用された。言うまでもなく，アジア地域での世界大会開催地として日本への要請はある。しかし，中国，韓国，タイ，フィリピン，インド，インドネシア，シンガポールなどのように，国連のジェンダー主流化政策に敏感な諸国のような対応は，是非はともかく，行われていないのが現状である。

　このことは，フェミニスト経済学が，日本の経済学・経済政策・経済教育の内部においても認知度が低く，教育システムを構築できていないことに関連している。

　例を挙げてみよう。2011年に中国・揚州において第17回国際フェミニスト経済学会が開催されたとき，世界大会の直後に，北京では主要なフェミニスト経済学者を招聘した，女性の家庭内無償労働を含む総労働時間分析のセミナーが，中国の若手政策当局者・研究者，大学院生を含めて開催された。中国のジェンダー統計は，近年目覚ましく整備されてきているが，国連におけるジェンダー

主流化政策の理論的基礎となるフェミニスト経済学の手法にたいして，中国政策当局が関心を示し始めたからに他ならない。たとえば，『アジア女性論壇報告』において，中国・北京大学における1978～1998年と2000～2005年の，大学の専攻別のジェンダー比に関する統計数字が報告・公表されている。筆者は，劉伯紅という中国全国婦女連婦女研究所副所長である。その内容は，北京大学専攻別に基礎理科，応用理科，人文科学，基礎社会科学，応用社会科学，芸術，外国語に分類したうえで，対象期間の変化を見るものである。この統計の特徴は，第一に，専攻のジェンダー比の変化，第二に，ジェンダー不均等な専攻の特徴を分析するものである。経済学は，応用社会科学の中に，法学等とともに分類され，1978～98年に男女比は58.6対41.4であったものが，2000～2005年には，39.5対60.5に変化している。少なくとも，中国・北京大学の教育において，女子学生が経済学専攻を選択することに躊躇はなくなっており，国際機関や実務において経済学専攻卒業者として経歴を積んでいる姿をしばしば見かけるようになっている。経験を積めば，ハードな交渉力を有するようになるであろう。ちなみに，日本の東京大学経済学部専攻の女性比は，はるかに低く，30％にはみたない。

　このようなフェミニスト経済学のもつ現状分析としての成果は，今日では，様々な用語の使用とともに，広く実践的に応用されるようになってきている。「ワーク・ライフ・バランス」などの用語は，議論の余地はあるが，代表的な例である。しかしながら，日本の現状が，国際水準からみて極めて低位であることは指摘するまでもない。2013年10月25日，世界経済フォーラム (World Economic Forum, WEF) は "The Global Gender Gap Report 2013" を発表したが，日本の男女平等（ジェンダー・ギャップ）指数は136ヵ国中105位であった。先にあげたアジアの諸国の中で，最下位である。この現状を，日本の経済学者のアカデミック・コミュニティは傍観し放置するのであろうか。学問は純粋に学問であり，純粋理論であるから，何ら現実社会の社会的責任はないと言い切れるのであろうか。

　*Feminist Economics* 誌の創刊号 (1995年) において，D. ストラスマンは，フェミニスト経済学は，70年代以降に培われた社会運動の一つであるフェミニズム独自の理論的概念と思想的・実践的課題を，経済学のうちに持ち込み，経済学の領域の問題として再考することをとおして，従来の経済学の体系と方法を問

いなおし，経済学のフェミニズムによる再概念化を試みるものであると述べている。しかしフェミニスト経済学は，経済学としては新古典学派，新・旧制度学派，ケインズ学派，ポスト・ケインズ学派，ラディカルズ，マルクス学派といった諸学派に出自をもち，またフェミニズム思想としてはリベラル，ラディカル，マルクス派，社会主義派，分離派，差異派といった様々なフェミニズムの影響を受けて今日に至っており，諸学派，諸思想の潮流による混声的な基盤の上に構成をされている。この多様性を，多様性のまま併存する性格は，設立当初から20年を超えた今日まで変わることがない。同時に，このような混声的状況の中で，成立時から現在に至るまで，フェミニスト経済学が共有している認識について，M.ストローバーが述べていることを要約すれば次の点をあげることができよう。第1に，歴史的かつ現存する社会において構築されたジェンダーによって発生する格差・差別が，他の諸要因による差別化とともに現存し，かつジェンダー特有の位相をもっている。ジェンダー格差・差別は経済的問題として析出しうる，つまりジェンダー格差・差別には経済的基盤が存在する。したがって第2に，ジェンダーによる差別化の問題を経済学の領域に持ち込み，経済内部の問題として，つまりジェンダー経済格差・差別として理論化する。そのためには，従来の社会と経済の分離による領域化や分節化の方法そのものを批判する。そして第3に，この過程において既存の経済学が前提するか，あるいは決着をみたと考えている問題を再び問い直し，体系および方法における経済学の根本的再考を促すというものである。すなわち，フェミニスト経済学とは，これまで既存の経済学が注意深く排除するかあるいは前提としてきた「非経済的諸要素」あるいは「非経済的領域」と呼称されてきたものの，資本主義市場経済における意味を再度問い直すことをとおして，既存の経済学体系それ自身への根源的批判の展開と再構築をめざすものと言うことができよう。

## III フェミニスト経済学による新古典派経済学批判の要諦
―― 自己選択という隘路

ここでは，フェミニスト経済学以外の様々な異端派経済学による新古典派経済学批判としてでは，視点そのものが存在しえない問題を，あえて遡上にのぼらせ，フェミニスト経済学による新古典派経済学批判の一例として，極めて特

徴的な議論を行うものとする。

　そのようなトピックの一つとして，近年の生殖科学技術の進展とともに発生してきている「代理母」問題をとりあげよう。昨今，日本人の20歳代半ばの男性が，アジア諸国で，受精卵を代理母に移殖する形で子どもを16人以上もうけたことが話題になった。当初，営利目的の人身売買かとみられ刑事事件になりそうであったが，この青年が富裕であることが報道されるとともに，急速に関心が薄れていった。この代理母問題は，フェミニスト経済学では，従来から，女性の生殖に関わる自己選択の問題として議論されてきており，課題そのものはむしろ古典的である。

　それでは，新古典派経済学の手順において，代理母問題はどのように扱われるのか？ Hewitsonによる分析をたどりつつ，みていこう。Hewitsonによれば，新古典派的手続きにおいては，子宮は資本の一部とみなされ，理論的には，子宮—資本隠喩として語られる。これにより，子宮を，自己身体の一部として自己所有する「主体」という矛盾—子宮・資本という隠喩—が生じてくる。すなわち，子宮を所有するものとしての合理的経済人＝代理母という統合式の登場である。そして，代理母は，ある種の地代取得者，賃貸業者として語られ，これは，身体部位の擬制資本化を行っていることを意味している。しかも，市場交換関係にあっては，契約が全てに先行し，ゆえに，子宮内に保管される商品（胎児）は購買側に所有される（契約によって売買関係が成立）。ここで，注意深く避けられているのが，胎児（子ども）そのものの人身売買である。近代の原則において，人身売買は人食と同様，あってはならない。それ故，代理母と，胎児を欲しがるものとの間の取引は，人身取引ではなく，所有物の貸与関係（身体部位としての子宮の貸与）というわけである。付加すれば，身体部位や身体由来物質の一部分の取引関係であれば，人間身体そのものの売買ではない，とみなされる。

　しかしながら，このような，新古典派経済学の手続きに従うならば，近代的主体における自己身体の自己所有原則と市場における契約行為者のあいだに乖離が生じるという事態が発生する。すなわち，一つの身体に二つの人格という絶対矛盾である。しかも，この取引の主導権をもっているとされるのは，当事者としての身体を共有しない支払側である。市場取引が優先的に肯定される売買契約の内部には，以下の矛盾が生成するとともに，それを解決する方法をも

たない。
　すなわち，新古典派における近代的主体と市場の契約行為者の同一性仮説における内的破綻がでてくる。これは，フェミニスト経済学において，「女性」が，近代社会において，自らの経済諸権利を行使する契約当事者として扱われにくいという問題系とし議論されてきたが，ここに鮮明化する。これは高齢社会化の進行による，判断力に衰えが出てくる高齢者の自己決定の問題に直接かかわる。
　新古典派的な合理的経済人にとって，「子ども」は投資か消費行為であったとしても，対象が「モノ」ではなく，「生きている人間」である限り，「期待」が裏切られる可能性は非常に大きい。それならなぜもっと確実な物的ないし金銭的投資や消費を選ばないのか，といった問題を引き起こすであろう。また，OLG (Overlapping Generation Model) は，後続世代の利益ではなく，自世代利益のみを考察するモデルであり，そうであれば，「子ども」ではなく「自己」へのケアに関心を向けるのであり，自己の「死」への関心に集中される，はずである。このことは，新古典派経済学の体系が，未来なき世界であることを露呈する。すなわち，新古典派的世界において，前述した「自己」利害・関心を超えて「真に子ども＝未来」を希求することはない。Hewitsonによれば，これは，需要がないことを意味し，需要なき世界は即時に破綻する。ここで「需要者」として呼び出されるものこそ，利他的「母性」である。つまり，世界の外にある極度に利他的な「母性」を呼び込まない限り，新古典派の世界には「未来」はない。「家族」を「利他的集団」として経済学の領域と切断する所以がここにある。逆に言えば，世界の外部にある「母性」，いかなる意味においても自己の利害関心に基づかない未来を希求すること，死への憧憬を越えるものとしての「母性」が希求されている。前述の16人の子どもをもうけた若い日本人男性の行為にも，利他的「母性」を付与せざるを得ず，そこに潜むおぞましさは，契約の名のもとに肯定されるであろう。しかし，ここにあるのは，ジェンダー経済格差・差別への鈍感さである。
　Hewitsonは，更に論述を展開するが，ここでは，合理的経済人仮説における，極めて強い不可視化された想定，つまり，「自己身体の自己所有」としての近代的主体と，市場における交換行為者との間に，強い同一化が前提されており，生殖科学の技術的発達は，「代理母問題」という，身体部位，一人の身体と身体部位の所有者，一人の身体内部の複数の人格的主体といった，当事者と遂

行者という簡単な関係では把握できない複雑さを帯びてゆき，それらの間に分離・切断不可能性があることを表示している。すべてが「自己選択」によるという理念の隘路がここにある。

## IV フェミニスト経済学の展開過程
――ミクロ・メゾ・マクロ・グローバル

フェミニスト経済学成立当初の1990年代初めにおける重要な課題は，新古典派ミクロ理論の合理的経済人仮説に関わるものであり，P.イングランドなどによって，合理的経済人仮説に基づく経済人男性の経済世界が普遍化するためには，利他的他者の理論的密輸入が不可避であり，ジェンダー・ブラインドであることによってのみ，理論的抽象化が可能であるという批判が行われた(England 1993, Grapard 1996, Hewitson 1999, Ferber 1993)。前述した論点などが，現在では様々な観点から展開されるに至っている。

続く90年代半ばには，メゾ・レベルにあたる，与件されるかあるいは選択可能な集団・組織内個人と構成メンバーおよび集団・組織間相互関係の分析，とくに合理的経済人批判として，利己的個人効用最大化ではなく，状況づけられた場における目的的合理性による選択の問題，集団におけるコンフリクトと協調関係の分析枠組みの提示が行われた(Agarwal 1997, Folbre 1994; 2001)。これにより，世帯を代表単数で代位するという，ジェンダー化された個人と世帯の利害関心と内部格差・差別への経済分析が可能となった。

また，フェミニスト経済学においては，基礎理論となる，フェミニズムの最も主要な主張であった，家事労働などの非市場労働の労働概念としての措定がS.ヒメルヴァイトによって理論化された(Himmelweit 1995)。

その要諦は，労働概念の拡張，すなわち，市場を介さない労働を労働概念に包含するにあたって，次の3つの条件を提示したことにある。第1は，当該労働投入には機会費用の発生が起きる。第2は，当該労働が社会的分業の内部に位置づけられる。第3は，当該労働は第三者代替が可能である。

そして，この3つの条件が充足されるのであれば，その行為は労働概念として定義しうるものとし，（労働投入が繰り返し行われる限りにおいては），貨幣的評価を受けない不払い労働unpaid laborでありながら，社会的必要を充足す

る労働と規定したのである。

　この3つの規定による労働概念の拡張は，次のように応用されうる。たとえば，食事をするという一連の行為は，食料の生産—食料加工—食品販売—食材購入—食物調理—食事をする，という連鎖によっているが，食事をするまでに投入される一切の活動は，3つの規定を充たすのですべて労働である。すなわち労働連鎖である。問題は，食事をする行為のどこまでを労働概念で区分しうるかであるが，これは，スプーンを持って口に運ぶまで，つまり食事する行為までは，第三者代替可能であるので労働であり，咀嚼のみ自己享受であるので行為となる（機械を身体に埋め込んだ場合の措置に関しては，ここでは触れない）。ここで重要なことは，労働概念の拡張は，当事者自身が第三者とは代替不可能な自己享受である咀嚼という行為＝非労働に至るまでの一連の活動を，遡及的に労働概念に置換することが可能である点にある。また，同時に，ここでいう非労働とは，従来の労働／非労働＝余暇といった区分とは全く異なり，他者代替が不可能なものとされている。

　ここから今日では，乳幼児ばかりではなく，高齢化や身体困難を伴った場合に他者を必要とするが，健常である場合は自らで行っている自分自身のために行う一連の生活維持活動を含めて，セルフ・ケアという労働として労働概念に組み入れるという理解になっている。これによってはじめて，現代において介護という労働が世帯内貨幣不払い介護労働を含め労働として理解され，遡及的に，個人で生活している場合においても，自らに対してケア労働を行っているのであり，もし，入浴など自分自身に対するケア労働・享受が行えない状態になれば，それは第三者代替による他者による介護労働に依存するしかない。もし他者依存状態を配慮されることがない人間存在であれば，個体の死をもって社会的再生産における労働投入の社会的必要性を証明するに至ることが認識されたのである。

　このような，フェミニスト経済学における労働概念の拡張とケア労働に関する理論の特徴は，労働概念の定立が，労働対象と投入主体および労働成果との関係が，個体的主体による労働のインプット—アウトプットにおいてのみ決定されるとはみなさず，労働概念そのものに「他者と切断可能な自己」の想定が持つ幻想性を排し，他者依存性・協働性が内包され，それが第三者代替規定として

表現されていることである。これは，私見では，商品交換における貨幣の位置に，生身の第三者たる労働力の供給者が等値されていることであり，ここに人間としての同等性根拠を求めているのである。

これらの理論的革新により，次のような新たな労働の位相が展開した。

すなわち，生産的労働とは相対的に自律する，生命・労働力・人間の再生産をとおした社会的再生産における，構造が再生産を継続するにあたってコスト化せざるをえない社会的必要労働の一分枝である再生産労働(reproductive work)の領域である。この労働は，結果として如何なる社会的評価を受けるかどうかにかかわることなく投入が行われる必要があり，過剰である場合には費消されるが，一定の水準を欠くのであれば，社会的再生産構造それ自体の再生産不可能性が顕在化する。再生産労働の公式的な定義は，1999年の国連経済社会局「女性2000：21世紀のジェンダー平等，開発，平和のための基本文書」よる以下ものである。再生産労働reproductive workは「社会構造を維持し強化する労働」であり，「大方の家事労働，子ども，高齢者，病人のケア，地域のボランティア労働，生存維持のための自給用生産を含む」とし，「再生産労働が報酬を欠いていることは，(貨幣評価を受けない)不払い労働によって行われている，他の形態の非市場労働と同様に，その活動の性質によるものではなく，社会的・経済的状況からもたらされるものである」。そして，「再生産労働(および"世話するcaring"労働一般)は，原則的に，(貨幣評価を受ける)支払われるサービスに置換可能」であり，「ある種の再生産労働，たとえば教育や医療などは，国家や民間セクターによって，諸社会において程度は様々であるが，(貨幣評価を受ける)支払われる労働を使用して，行われている」。

このように，労働概念の拡張が行われ，非市場労働の労働としての理論化が達成された1990年代後半から2000年代において，メゾ・レベル，マクロ・レベルのジェンダー分析が行われるようになり，比較制度分析のジェンダー化が行われた。その最も大きな成果は，従来のジェンダー分析の限界であった，女性が具体的現実的に関与している状況を，ミクロ・メゾレベルで分析することが可能になった点である。ここに新たな世帯組織論や世帯内交渉の分析が，ケア労働を含めて分析しうるものとなった。また，マクロ経済に関しては既存の経済学に依拠していたのに対して，マクロ・レベルにおいて，マクロ経済は市場

経済およびケア経済(care economy)によって構成されていることを明示化した(D. Elson, N. Folbre)。すなわち，フェミニスト経済学は，市場経済・非市場経済を統合した社会的再生産の循環を対象とするプロヴィジョニングの経済学であることが主張された。そこから，市場経済(システム)それ自体が非市場のケア経済(システム)によって制度的に支持されているジェンダー化された制度であり，マクロ経済総体がジェンダー分析の対象となったことである。

　これにより，財政緊縮・均衡，インフレーション／デフレーション，利子率，税制，社会保障制度，労働市場などを統合して分析可能となり，ジェンダー・イシューとは無関係に見えていた政策課題こそ，ジェンダー非対象的な影響を与えるばかりではなく，むしろそれを政策の根幹に据えつつ経済政策が執り行われていることへの分析が進んだ。その手法のひとつとして，ジェンダー予算分析が焦点化し，マクロ経済動向とりわけマクロ経済・社会政策の制度構築によって受ける影響が，具体的にどのような経路でジェンダー非対称的に結果するかについてまで，明確化されるようになった。たとえば，緊縮財政，高利子率などによる需要抑制政策によって生じるデフレ・バイアス(有償雇用と経済成長を達成可能水準以下に抑制すること)は，女性のケア負担を重くし，貨幣不払い労働を増大させ，不釣合いに女性の負担を高めることなどが検証された。

　これらのミクロ・メゾ・マクロレベルのジェンダー分析の成果のうえに，グローバル化そのものへのフェミニスト経済学の分析が行われ，1980年代以降に提起された，グローバルなレベルでのジェンダー経済格差・差別が生じているというフェミニズム・ジェンダー論からの主張が，計量的にも証明されるとともに，新たな問題提起が行われるようになった。

　グローバル化を推進する新自由主義思想に前提されるのは，利己的関心の合理的追求を主体化する合理的経済人仮説であることはいうまでもない。したがって，グローバリゼーションとは合理的経済人による同質的な市場経済への収斂，すなわち単一のグローバリゼーションの浸透過程による経済世界の構築として捉えられている。新自由主義思想，合理的経済人仮説による人間観，市場観にもとづく経済自由化の世界的な浸透力を前提として導出される経済・社会政策は，一面では労働市場を含む市場の規制緩和と，均衡財政政策，行財政改革，公的セクターの民営化，社会保障予算の削減にみられる，しばしば各政

策間では矛盾する市場化政策の進展を推し進める。他面では，社会的再生産の困難に直面するや否や，利他的・情緒的家族の再生や，地域コミュニティへの依存，国家による破綻金融機関などへの救済措置を正当化する。その際，ドル基軸通貨・変動相場制の下における貿易自由化，資本移動の自由化，労働の規制緩和の方向は，想定される完全な競争による国際間の均衡状態の達成ではなく，累積的不均衡状態をもたらす可能性が強い。

　1990年代末のアジア通貨危機以降，通貨・金融システム，為替相場，国際貿易，資本移転の管理と自由化，国際労働力移動などの事象を，現代のグローバリゼーションの進展過程における理論的課題として，経済学批判の形で展開する作業がフェミニスト経済学において開始された。本格化してくるのは2000年代半ば以降であり，現在，企業の国際移転，海外生産基地における労働組織編制，女性の国際労働移動とりわけ家事・介護・看護労働を担う女性移住労働者などの研究が進められている。

　以上述べたように，1990年代に成立したフェミニスト経済学は，ミクロ，メゾ，マクロ，グローバルの4つのレベルによる経済分析をジェンダーの視点を取り入れる形で発展してきた。しかしながら，これら4つのレベルは，既存の経済学が目指す体系化ではなく，あくまで世界内存在としての複数化されたスタンド・ポイントからの分析である。S.ハーディングによる「近代の科学的認識」そのものへの批判は，フェミニスト経済学の認識論の出発点をなした。世界を鳥瞰する立場に立つ「経済学者」は存在しない。それは，ハーディングの命名する「ミスター・ノーウェア，どこにもいない彼」である。現存する世界内における，それぞれの状況づけられた位置からのみ，世界は見ることができる。より普遍的なものは，それらの複数性・多様性を相互承認することにおいてしかありえない。その意味において，フェミニスト経済学は，従来の経済学が構築することを願望してきた，一般理論の構築を目的とするものではない。フェミニスト経済学は，中範囲，あるいは中間理論の領域にあって，現実的，歴史的文脈の上にのみ，有限なる生きている存在の学としてのみ成立することを放棄することはない。

# V　現代における経済学とジェンダーの教育
## ——UNDPを事例として

　最後に，現代における経済学とジェンダーに関する教育に関して，UNDP（国連開発機構）のプログラムを紹介しておきたいと思う。

　このプログラムは，アジア太平洋地域の政策実務担当者や研究者を対象にした11日間の「ジェンダーとマクロ経済」に関する講義と討論会による研修である。日本外務省によるUNDPへの資金拠出によって2年間の計画で実施されており，初年度の2010年はフィリピン・マニラのミリアム大学で開催され，2011年は日本・お茶の水女子大学で開催された。

　セミナーの目的は，アジア太平洋地域諸国における，貿易，投資，労働および金融と財政の各分野での，ジェンダーの視点に立った政策立案やプログラム策定を行う能力の開発を目的としたものである。セミナーでは，とくに開発に携わる政策実務担当者や経済学者を対象に，ジェンダーとマクロ経済についての知識や情報を教育するとともに，ジェンダー主流化を目的としたプロジェクトやマクロ経済政策をデザインする際に有用な実践的ツールや手法を習得させる。具体的には，ジェンダー予算，貿易政策が人々の生活に与える影響のジェンダー分析，ケア・エコノミーなど女性に負担の多い無償労働の課題などのジェンダー問題とマクロ経済問題に関する短期集中研修を行う。そして参加者が研修を終えた後，国やコミュニティ・レベルで能力開発プロジェクトを実施する際に技術的，資金的支援を行う。

　セミナーの特徴として，セミナーは世界レベルでの国連ジェンダー主流化政策の一環として構想されており，すでにグローバル（NY本部）レベルのほかに，ラテンアメリカ，アフリカで実施されている。2011年はアジア太平洋地域における初めてのセミナーとして，日本で開催されたものである。

　セミナーへの参加状況は，アジアなど海外からの参加者，講師，オーガナイザー，お茶の水女子大学からの若手研究者，大学院生などのオブザーバー，71名であり，11日間の合宿集中講義である。セミナー講師は，ジェンダーと開発についての世界的に著名な経済学研究者をはじめとして，開発の現場に携わる実務家等が訪日し専門プログラムごとに担当した。また，講義ではとくにアジアの文脈・事例を用いることで，アジア太平洋地域で開催されるセミナーの特

徴が打ち出された。ちなみに講義用言語は英語を使用したが，参加者同士の会話はそれぞれ母国語も用い，複数言語であった。

　これらの国際セミナーによる教育がもたらす結果の一つとして，参加者が若手であり，相互のコミュニケーションがはかられ，生涯にわたるネットワークの構築が可能となることである。国家利害にのみ耽溺することのない，若い層が育成される。付加するが，このUNDPプログラムは，日本政府拠出資金によるものであるが，日本国籍者は対象とはならない。つまり，参加資格をもたず，ジェンダーとマクロ経済教育のプログラムを受ける機会そのものが与えられていない。したがって，お茶の水女子大学からの参加は全員オブザーバーとしての参加となった。しかし，内容に差別はない。

　経済学のアカデミック・コミュニティが，かかる状況を認識していただくことを期待している。

**参考文献**

足立眞理子[2010]「労働概念の拡張とその現代的帰結――フェミニスト経済学の成立をめぐって」，『季刊 経済理論』(経済理論学会)第47号第3号, 6-21頁。
足立眞理子[2011]「グローバリゼーションとジェンダーの政治経済学――金融領域・生産領域・再生産領域の接合」，大沢真理編『ジェンダー社会科学の可能性』第4巻, 岩波書店。
大沢真理[2007]『現代日本の生活保障システム――座標とゆくえ』岩波書店。
Agarwal, B. [1997] "'Bargaining' and Gender Relations: Within and Beyond the Household," *Feminist Economics*, Vol. 3, No. 1, pp. 1–51.
Agarwal, B., I. Robeyns & J. Humphries [2003] "Exploring the challenges of Amartya Sen's work and ideas: an introduction," *Feminist Economics, special issue on the work of Amartya Sen* (Taylor and Francis), Vol. 9, Issue 2–3, pp. 3–12.
Agarwal, B. [2007] *Capabilities, Freedom, and Equality: Amartya Sen's Work from a Gender Perspective,* New Delhi New York: Oxford University Press.
Beneria, L. [2008] "The crisis of care, international migration, and public policy," *Feminist Economics*, Vol. 14, No. 3, pp. 1–21.
Elson, D. and N. Cagatay [2000] "The Social Content of Macroeconomic Policies," *World Development*, Vol. 28, No. 7, pp. 1347–1364.
Elson, D. [2012] "Finance, Production and Reproduction in the Context of Globalization and Economic Crisis," *Journal of Gender Studies,* No.15 (Total of 32 Issues), Institute for Gender Studies, Ochanomizu University, pp. 3–12.
England, P. [1993] "The Separative Self: Androcentric Bias in Neoclassical Assumptions," in M. A. Ferber and J. A. Nelson (eds.), *Beyond Economic Man: Feminist Theory and Economics,* Chicago and London: The University of Chicago Press, pp. 37–53.

England, P. and N. Folbre [2003] "Contracting for care," in M. A. Ferber and J. A. Nelson (eds.), *Feminist Economics Today: Beyond Economic Man,* Chicago: The University of Chicago Press, pp. 61–79.

Ferber, M. A. and J. A. Nelson (eds.) [1993] *Beyond Economic Man: Feminist Theory and Economics,* Chicago and London: The University of Chicago Press.

Folbre, N. and H. Hartmann [1988] "The Rhetoric of Self-Interest: Ideology and Gender in Economic Theory," in A. Klamer, D. M. McCloskey and R. M. Solow (eds.), *The Consequences of Economic Rhetoric,* Cambridge: Cambridge University Press.

Folbre, N. and M. Bittman (eds.) [2004] *Family Time: The Social Organization of Care,* London and New York: Routledge.

Grapard, U. [1996] "Feminist economics: Let me count the ways," in F. E. Foldvary (ed.), *Beyond Neoclassical Economics: Heterodox Approaches to Economic Theory,* Cheltenham and Brookfield: Edward Elgar, pp. 100–114.

Harding, S. [1995] "Can feminist thought make economics more objective?," *Feminist Economics,* Vol. 1, Issue 1, pp. 7–32.

Hewitson, G. J. [1999] *Feminist Economics: Interrogating the Masculinity of Rational Economic Man,* Cheltenham: Edward Elgar Publishing.

Strassmann, D. [1995] "Introduction," *Feminist Economics,* Vol. 1, No. 1, pp.1–5.

Strober, M. [1994] "Can Feminist Economic thought Improve Economics? Rethinking Economics through a Feminist Lens," *American Economic Review,* 84(29): pp. 143–147. (*US-Japan Women' Journal,* No.17, Ochanomizu University.)

United Nations, *1999 World Survey on The Role of Women in Developmen, Globalization, Gender and Work,* 1999.

# 経済学の多様な考え方の効用
## ——パート労働者の労働供給についての研究例から

第8章

**遠藤公嗣**
えんどう・こうし｜明治大学経営学部教授／所属学会：社会政策学会

## I　はじめに

　私の専門は「雇用関係・労使関係」と呼ばれる分野であって，この学問分野は，米国では「制度派経済学」に分類される。私は，この数年，1960年代から現在までの日本社会における労働供給はどのようなものであったかに研究関心があり，関連する既存研究に目をとおしてきた。目をとおした既存研究の1つを素材にして，本論文の表題「経済学の多様な考え方の効用」を考察したい。

　本論文のIIで述べる内容は，2014年3月12日に開催された「『経済学分野の参照基準』を考えるシンポジウム」で私が発表した内容とほぼ同一であり，それを，大学1年生程度にも理解しやすいように，加筆修正したものである。本論文のIIIとIVで述べる内容は，IIに関連して考察した内容である。なお，私の研究関心による成果の一部は，遠藤［2011, 2014a, 2014b: 第3章］である。

## II　鈴木亘［2010］への批判的コメント

　鈴木亘氏は，「平成18年度介護労働実態調査」(2006年調査実施)の「労働者調査データ」を使った計量分析をおこない，女性が圧倒的に多いパート労働者グループの賃金弾力性が負の値であることを計測した（鈴木［2010］）。賃金弾力性とは，賃金率（時間あたり賃金額）の変化率を分母とし，労働供給量の変化率を分子としたところの，2つの変化率の比のことであり，それが負の値であるとは，分母の変化の方向（賃金率が上昇するのか，低下するのか）と，分子の変化の方向（労働供給量が増加するのか，減少するのか）が，正反対であることを示す。

　鈴木氏は，賃金弾力性が負の値であるという計測結果を，賃金率が上昇すると労働供給が減少することと理解して，さらに，それが「103万円・130万円の

壁」によってもたらされているとの解釈を強調した。ここで「103万円・130万円の壁」とは，所得税制度と社会保険(厚生年金保険および健康保険)制度によって，年間所得額がその金額以内におさまるように，女性パート労働者が自分たちの労働供給を調整する行動のことである。すなわち，賃金率が上昇して，就業時間が短くても，年間所得額が「103万円・130万円の壁」に容易に近づくようになると，女性パート労働者は就業を抑制して就業時間を短くし，「壁」を越えないように行動するのだ。鈴木氏による計測結果とその解釈は，あり得ることと私は思う。

　しかし鈴木氏は，論文の最後で，非常に興味深い「推計結果3」を附記している(鈴木[2010: 436-437])。すなわち，「103万円・130万円の壁」を越えた所得で働くパート労働者であっても，その賃金弾力性がやはり負の値であること，これである。この計測結果は上記の解釈で説明できない。そこで鈴木氏は，この計測結果を解釈する案として，①企業が支払う扶養手当等に反応している，②夫の所得の所得効果が大きい，③保育所等の整備が遅れている，の3つを示唆するが，使った調査データでは分析できないとして，示唆にとどめている。

　この「推計結果3」を読んで，私は別の解釈をすぐに思い浮かべた。賃金弾力性が負の値であることは，賃金率が低下すると労働供給が増加することでもあるが，これが生じているのではないかということである。パート労働者はもともと所得額が低いが，そこで賃金率が低下すると，生活費であれ子どもの教育費であれ遊興費であれ，何かの必要のために以前の所得額の維持を目的として，パート労働者は労働供給を増加させようとするのである。この解釈は，パート労働者が「103万円・130万円の壁」を越えた所得の場合でも説明できるし，もちろん，越えない場合でも説明できる。

　また，鈴木氏の別の推計結果も，この別解釈に整合的なように思われる。すなわち，パート労働者が未婚・離死別者であっても，あるいは健康保険の被扶養者以外であっても，やはり賃金弾力性が負の値であるとの推計結果である(鈴木[2010: 432])。どちらの場合のパート労働者の労働供給も，「103万円・130万円の壁」から受ける影響は小さいと考えられ，賃金弾力性が負の値である要因は他に求めるのが妥当と思われるからだ。

　ところで，私がこの別解釈を思い浮かべたのは，私の大学院生時代に，私の

恩師の一人である故氏原正治郎先生から口頭で，こうした労働供給の場合があることを教えられていたからである。そして，私のその後の勉強で，氏原先生が翻訳したドッブ[1961: 150]に依拠して，氏原先生は私にこれを教えたのではないかと感じた。また，こうした労働供給の一例として，必要な生活費の確保のために労働者が労働供給を増加させる場合を，マルクス経済学では「労働力の窮迫販売」と呼ぶことも私は知った。これら全部は，新古典派でない経済学の考え方といってよく，これらの教育を受けていたゆえに，私はこの別解釈をすぐに思い浮かべたのである。

　鈴木氏は，上述した解釈する案の3つでわかるように，この別解釈をまったく思い浮かべていない。その理由は，鈴木氏は新古典派でない経済学の考え方をほとんど身につけていないからではないかと私には思われる。身につけていれば，鈴木氏は，もっともあり得る解釈として，まずこの別解釈を思い浮かべたように思う。というのは，上述した解釈する案の3つを，鈴木氏はそれほどの深い考えがあって述べたとは思われないからだ。鈴木氏は，論文の別箇所で，103万円の「壁」が，企業が支払う扶養手当の受給資格とリンクすることが多いと，正しく認識している(鈴木[2010: 419])。つまり扶養手当の「壁」は103万円の「壁」と重なるのであるから，上述した解釈する案の3つの最初である①企業が支払う扶養手当等に反応している，は，103万円の「壁」を越えた領域での現象を解釈する案として，もともと非常に苦しいことを，鈴木氏は自覚していると考えられるのだ。

　鈴木氏の考え方は，新古典派経済学として正統的な考え方である。新古典派経済学の考え方では，賃金弾力性が正の値であることは，すなわち，賃金率が上昇すれば労働供給量は増加し，賃金率が低下すれば労働供給量は減少することは，いくつかの前提条件のもとで，理論的に厳密に導出できる(その導出は，ミクロ経済学教科書の最初のあたりを参照してほしい)。いいかえると，横軸が労働供給量で縦軸が賃金率のグラフ上では労働供給曲線は右上がりであること，これが基本である。したがって，この基本が成り立たないことは，ここでは，賃金弾力性が負の値であることは，この基本を阻害する何かの制度が存在するからのはずで，その制度が存在する証明となるのだ。その制度が，ここでは「103万円・130万円の壁」なのである。

ところが経済学の歴史では，阻害する何かの制度がとくに存在しなくとも，労働供給曲線が右下がりとなる場合があること，いいかえると，賃金弾力性が負の値となる場合があることは，くりかえし指摘されてきた。新古典派経済学の教科書でさえも，その場合があることを指摘するものもある。しかし新古典派経済学では，その場合の理論的な導出は，おそらくできていない。「おそらく」と私が控え目にいうのは，不勉強な私が目にする程度の教科書には，それはまったく記載されていないからである。だから新古典派経済学の正統的な考え方では，おそらく，それは理論的に存在しないことになるのだ。鈴木氏はそれを正当にうけついでいる。

　多様な系譜の経済学の考え方を身につけることは，新しく知った経済現象をどのように理解・解釈したらよいのかが問われるとき，非常に効用があるように私は思われる。新古典派経済学以外の考え方にも通じていないと，理解・解釈の幅が著しく狭まるのではないか。鈴木氏の新しい解釈案①②③は，その一例であろうと思う。

## III　新古典派経済学ないし鈴木亘氏の功績と，新古典派でない経済学の欠点

　しかし，さらに深く考察すると，別の評価も必要なことを私は感じる。というのも，現代日本における女性パート労働者の労働供給の研究についての，新古典派経済学ないし鈴木氏の功績は正当に評価する必要があると，私は思うからである。同じことだが，このテーマの研究について，新古典派でない経済学の欠点は正当に指摘されなければならないと，私は思うからである。定量的な事実発見についてと，研究関心についての，2つの側面から考察したい。

### 1｜定量的な事実発見について

　現代日本における女性パート労働者が「103万円・130万円の壁」に影響され，自分たちの労働供給を調整する行動をとることは，女性パート労働者自身や経営側の人事管理担当者に話をきけば，よく聞くことができる。私も何度も聞いたことがある。とくに珍しい事実ではない。

だが「聞いた話」ではなく，その強固な証拠を提示する研究，あるいは，それは〈どの程度〉なのかを計測するという定量的な研究は，新古典派経済学者によってのみ実施されてきたといっても言い過ぎではない。たとえば，その賃金弾力性の値を計測した研究成果は，安部・大竹［1995］と大石［2003］であり，鈴木［2010］はそれらを発展させた研究成果と位置づけることができる。賃金弾力性の値を計測しないけれども，何らかの定量的な研究をおこなった成果も，新古典派経済学者，ないしは新古典派経済学を十分に理解し影響を受けた研究者，によるものに限られるように思う。概していえば，このテーマの定量的な事実発見は新古典派経済学によってもっぱら達成されているのであり，その他は「外野」にすぎない。このことは正当に評価されなければならない。

さて，「103万円・130万円の壁」を越えた所得で働くパート労働者の賃金弾力性が負の値であること，これはよく聞く話ではない。だから，これは鈴木氏による貴重な新発見と思われる。この新発見を鈴木氏が達成できたのは，上記の研究発展の上に，「壁」の影響だけが賃金弾力性を負の値にしているのかとの疑問を鈴木氏は抱いたからであり，それを確かめるために，「壁」を越えた領域での賃金弾力性も計測することを鈴木氏がおそらく研究者としてはじめて試みたからである。それが貴重な新発見をもたらした。その疑問と計測の試みと結果を記した「推計結果3」の記述は短いけれども，新しい知見を得ることが学術研究というものの根幹だとするならば，そのとおりの記述だと私は思う。鈴木氏の功績は正当に評価されなければならない。

## 2 | 研究関心について

日本におけるパート労働者の労働供給について，なぜ，定量的な事実発見は新古典派経済学によってもっぱら達成され，その他は「外野」にすぎないのか。

一言でいえば，新古典派でない経済学者はこのテーマに研究関心が薄い，したがって研究が実施されず成果が出ない，これが理由ではないかと私は思う。「研究関心が薄い」の意味は，いくつかが重なり合っている。私は，たとえば，つぎのことを思いつく。ア）新古典派でない経済学者は，経済体制そのものや，その歴史的変動など，いわばマクロな，あるいは抽象度の高いテーマのみに研究関心を向けやすい。イ）これと相当に関連するが，新古典派でない経済学者は，

定性的な研究を好み，定量的な研究を好まない。あるいは，定量的な研究手法の必要を感じず，それを身につけない。ウ）新古典派でない経済学者は，男性稼ぎ主型家族が標準であることを無自覚に前提していて，そのため，男性の正規雇用こそが雇用労働という経済現象の基本であり，女性のパート雇用は例外的周辺的な経済現象で重要でないと無自覚に考え，それを研究関心の対象としない。

　もちろんだけれども，「ア）イ）ウ）ばかりではない」との反論は成り立つし，その反論は正しいと私は思う。だが同時に，概していえば「ア）イ）ウ）である」ことも否定できないと私は思う。そして，新古典派経済学者，ないしは新古典派経済学を十分に理解し影響を受けた研究者は，「ア）イ）ウ）でない」度が相対的には（相対的には，である）高い。だから，研究関心があり，研究が実施され成果が出るのだと私は思う。

# IV　協業と相互批判の必要

　経済学をより豊かに発展させるためには，多様な系譜の経済学間で，協業と相互批判が必要だと私は思う。経済学の教育のあり方も，そのように組み立てられるべきだろう。本論文の素材に即して，これを考察したい。

## 1｜労働供給曲線の右下がりの理論化

　パート労働者の賃金弾力性が負の値であること，いいかえると，労働供給曲線が右下がりになること，これはどのような前提条件の下に成立するのか。理論的にどのように導出できるのか。これらを考えるのに参考となる既存の考え方の1つは，マルクス経済学の「労働力の窮迫販売」概念のように思う。しかし，「労働力の窮迫販売」概念は厳密な理論とは必ずしもいえないので，その厳密な理論化の努力が経済学にとって望ましい。私が直感的に考えるのは，「労働力の窮迫販売」概念が成立する前提条件は，限定的だということである。というのは，「労働力の窮迫販売」をしなければならない労働者は，一般的にいって，何かの理由（たとえば景気の回復など）で賃金率が上昇しても，やはり労働供給を増加させるだろうからである。その場合に，労働供給を減少させることは考えられない。

ともあれ，労働供給曲線の右下がりの理論化にとって，ないしは「労働力の窮迫販売」概念の理論化にとって，その有益な一つのやり方は，その概念をもつマルクス経済学者と，数学的理論化能力が高いと思われる新古典派経済学者の協業と相互批判だと私は思う。もちろんだけれども，これは両学派の折衷のすすめではない。

## 2 | 特徴の歴史的変化と定量的な事実発見

　私は制度派経済学者に分類されるが，その視点からみると，パート労働者の労働供給については，学派を問わず，その特徴の歴史的変化を十分に考慮すべきだと思う。

　「103万円・130万円の壁」によってパート労働者が労働供給を調整するという経済現象は，私の言葉でいえば「1960年代型日本システム」のもとでの経済現象である。「1960年代型日本システム」とは，労働の供給と需要で，日本的雇用慣行と男性稼ぎ主型家族がおたがいに必要としていて，そのため両者が強固に結びついた社会システムのことである（遠藤［2014b: 100-111］）。図示すると，下図となる。この社会システムのもとでの主婦パート労働者は，夫の収入が主に家計を支えていて，自分の収入は家計を支えない，さらには自分の生活も支えないという条件があるからこそ，「壁」によって労働供給を調整するのだ。

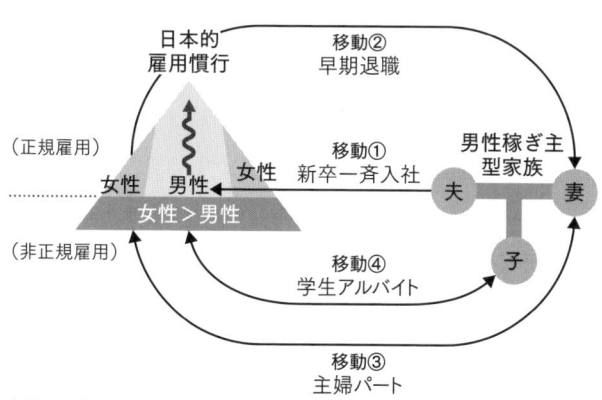

図｜1960年代型日本システムのモデル
出典：遠藤［2014b:105 図表3-1］

ところが，1990年代のバブル経済の崩壊後，この社会システムは崩壊しつつある。たとえば，「パートタイム労働者」であっても，2007年ですでに，その28.6パーセントが自分自身の収入で生活をまかなっていた。それが，わずか3年後の2010年になると，36.0パーセントが自分自身の収入で生活をまかなうようになった(厚生労働省「就業形態の多様化に関する総合実態調査結果（平成19年）（平成22年）」)。これらの中には，自分の生活だけでなく，子どもや親など家族の生活を支える労働者も含まれる。こうした「パートタイム労働者」は，1960年代型日本システムでは増加しないはずだ。しかし実際は，増加している。その増加が示しているのは，1960年代型日本システムが崩壊しつつあることだ。なお，この調査の「パートタイム労働者」の定義は，男女込みの短時間労働者であって，鈴木[2010]が使用した2006年調査データのパート労働者の定義とほぼ同様なはずである。

　パート労働者には，自分自身の収入で生活をまかなう労働者が存在する。そうしたパート労働者の中に，賃金率が低下すると，以前の所得額の維持を目的として，労働供給を増加させる労働者が存在することは，十分に推測できる。その所得額が生活に必須だからである。こうしたパート労働者の労働供給曲線は右下がりであり，賃金弾力性は負の値のはずである。鈴木氏の新発見は，この経済現象の定量的な事実発見であるかもしれないと推測できる。

　単純化していえば，つぎのとおりだろう。1960年代型日本システムのもとでは，「103万円・130万円の壁」によって主婦パート労働者が労働供給を調整する。1960年代型日本システムが崩壊過程に入ると，一方では，主婦パート労働者によるこうした労働供給の調整が継続するものの，他方では，パート労働者が，賃金率の低下に際して，所得額の維持のために労働供給を増加させる場合が増える。「103万円・130万円の壁」によって労働供給を調整しても，あるいは，賃金率の低下に際して，所得額の維持のために労働供給を増加させても，どちらの場合でも，賃金弾力性は負の値である。

　では，両者は〈どの程度〉の割合なのか。さらには，これ以外に賃金弾力性を負の値にする要因はないのか。これらを計測するという定量的な研究は，新しい研究課題である。この定量的な研究を実施するためには，労働供給曲線の右下がりの理論化が必要である。そのためには，やはり，マルクス経済学者と新

古典派経済学者の協業と相互批判が必要である。

## 補記

本論文の脱稿後，大澤[2012]の存在を私は知った。大澤[2012]は，鈴木[2010]への批判を意識しており，独自の計量分析をおこなって，パート労働者の賃金弾力性が正の値であることを計測している。大澤[2012]は，「平成18年度介護労働実態調査」(2006年調査実施)の「事業所調査データ」を使用し(鈴木[2010]は同じ調査の「労働者調査データ」を使用)，計量分析に混合効果モデルを使用している(鈴木[2010]は線形モデルを使用)。また，時給額だけでなく，介護サービス提供以外の業務時間もまた説明変数に入れている(鈴木[2010]はこれらを説明変数に入れていない)。大澤[2012]の計測結果は注目すべきだが，私の能力と時間の制約のため，その検討は今後の課題としたい。

## 引用文献

安部由紀子・大竹文雄[1995]「税制・社会保障制度とパートタイム労働者の労働供給行動」『季刊 社会保障研究』第31巻第2号，120–134頁。

遠藤公嗣[2011]「雇用の非正規化と労働市場規制」大沢真理編『承認と包摂へ——労働と生活の保障(ジェンダー社会科学の可能性 第2巻)』岩波書店，143–166頁。

遠藤公嗣[2014a]「労働における格差と公正——「1960年代型日本システム」から新しい社会システムへの転換をめざして」『社会政策』第5巻第3号，11–24頁。

遠藤公嗣[2014b]『これからの賃金』旬報社，全180頁。

大石亜希子[2003]「有配偶女性の労働供給と税制・社会保障制度」『季刊 社会保障研究』第39巻第3号，286–305頁。

大澤理沙[2012]「短時間訪問介護員の労働供給関数の推定——労働条件の改善は短時間訪問介護員の労働時間数を増加させるか」『GEMCジャーナル』第7号，130–142頁。(http://www.law.tohoku.ac.jp/gcoe/wp-content/uploads/2012/04/gemc_07J1.pdf　2014年10月28日アクセス)。

鈴木亘[2010]「パートタイム介護労働者の労働供給行動」『季刊 社会保障研究』第45巻第4号，417–443頁。

ドッブ，モーリス(氏原正治郎訳)[1961]『賃金論 新訂版』新評論，全267頁。

# 第9章 地域の現実から出発する経済学と経済教育
―― 地域経済学の視座

## 岩佐和幸
いわさ・かずゆき｜高知大学人文学部教授／所属学会：日本地域経済学会・日本農業市場学会

## I　はじめに

　現在，日本では，経済のグローバル化や新自由主義政策を背景として，地域社会の存続が大きな課題になっている。全国を見渡すと，人口・産業の首都圏一極集中が加速化し，国土の不均衡がかつてないほど広がっている。この間，大多数の地域では縮小傾向となり，工業地帯では空洞化が進み，農村や地方都市ではますます疲弊の度合を深めている。山間部では「限界集落」が広がる一方，都市部の中心市街地では「シャッター通り」化に伴う「買い物難民」が増え，郊外では「ファスト風土」化が進み，「無縁社会」に象徴される生活・アメニティの貧困化が進んでいる。もちろん，それは「3.11」後の被災地も同様であり，依然先行きの見えない状況に置かれている。その結果，疲弊の激しい地域では，中央政府に対する不満が募るなか，日本からの独立をテーマにしたフィクションや学術研究が登場するまでになっている。

　つまり，私たちの経済社会は，国民経済という平均化されたイメージだけでは捉えきれない，多様で重層的な地域で構成されている。しかも，足もとの地域に目を向ければ，いずれも個別的かつ普遍的な課題に直面すると同時に，逆境を跳ね返すべく，住民主体のいわば「下からの」地域づくりが盛り上がりを見せている。最近では，地域の課題を真剣に受け止め，地域づくりに関心を抱く若者も増えつつあり，在学中に地域の現場に出かける学生も見受けられるようになっている。

　その意味で，都市・農村を問わず，産業や生活をめぐる地域の再生産が危機に陥る中，地域経済の現状を科学的に分析し，地域の持続的再生産を目指した経済学が，社会から要請されているといえる。そして，こうした視座から学問的・実践的に取り組んできたのが，地域経済学という学問分野である。これまで地

域経済学を専門とする研究者や社会活動家は，現場に足を運んで課題を真摯に受け止め，理論と現実を往復しながら原因・背景を探り，地域住民と協働しながら対策に取り組んできた経緯がある。

日本学術会議の経済学委員会の分科会による，教育の質保証に関する「経済学分野の参照基準」の策定過程では，日本の経済学界で論じられてきた「多様なアプローチに基づく経済学教育」からは距離を置き，新古典派経済学を典型とする「国際的に共通したアプローチ」＝「標準的アプローチ」に立脚した学習目標を定めるという原案が，当初発表された。しかし，地域経済学の視座からすれば，マクロ／ミクロ経済学のみに限定されたこの原案には，地域の現実把握という点でも，学生の主体的な学習機会という点でも，大きな限界があったといえる。最終的に原案の内容には大幅な修正が加えられたものの，本来であれば，日本の経済学が蓄積してきた多様なアプローチを踏まえつつ，現実社会に根差した理論・実証研究，ならびに学生が魅力を実感できるような教育実践を，出発点から総合化する作業が必要だったのではないだろうか。

本章のテーマは，地域経済学について，特に政治経済学的な立場からその特徴を紹介し，地域の現実から出発する教育・研究の意義について論じることにある。まず，今日の日本における地域経済の具体的な問題状況について紹介した上で，日本において地域経済学が登場し，学界において普及していく社会経済的背景とその意義について論じる。さらに，地域経済学の理論と実践を教育に展開していく手段の1つとしてフィールドワークを取り上げ，具体的な教育実践の特徴について述べる。最後に，経済学ならびに経済学教育の創造的可能性という点での課題を整理し，締めくくることにしたい。

## II　今，地域で何が起きているのか
### ——現代地域経済の断面

最初に，日本の地域経済の現状について触れておこう。[*1]

経済のグローバル化の中で，日本経済には大きな構造変化が起きている。周知の通り，日本の経常収支は，2005年に貿易収支の黒字額と所得収支の黒字額とが逆転し，2011年以降は貿易収支が赤字へと転落した。特に，貿易の内実に着目すると，食料・木材等の原料・エネルギー源は，一貫して赤字が続いている

が，近年では黒字品目の代表例であった電気機器(ICや電気計測機器等)や輸送用機器(自動車・同部品等)でも，黒字幅が縮小している。つまり，これまで輸出によって外貨を稼ぎ出してきた品目でも輸入が増加し，黒字額が傾向的に減少しているのである。これは，一次産業を犠牲にした「加工貿易立国」から，越境サプライチェーンに基づく「投資立国」へという再生産構造の変容を表している。

　こうした変化は，日本企業の海外投資動向にも表れている。経済産業省の調査によると，過去10年間で日本企業の海外法人数は3倍強，現地従業員数は4倍に達しており，製造業全体の海外生産比率も，1994〜2013年の間に1割弱から2割強の水準に到達している。つまり，グローバル化の主役である多国籍企業が，国内生産をリストラしながら，海外生産を通じた企業内世界分業やアウトソーシングを拡充することで，グローバルな利潤追求を図ってきたのである。

　と同時に，このような多国籍企業主導のグローバル化を推進してきたのが，日本政府の構造改革であった。米国の「年次改革要望書」等に見られる外圧を推進力にしつつ，『経団連ビジョン2020』での「活力あるグローバル国家」や『奥田ビジョン』での「Made by Japan」戦略といった日本経団連の要望に応える形で，橋本「六大改革」や小泉「構造改革」が断行された。そして，現在では，「アベノミクス」の下で，「世界で一番企業が活動しやすい国」を目指した構造改革が再起動している。

　こうして，多国籍企業主導のグローバル化とそれに対応したグローバル国家体制を背景に，日本国内では産業構造の変化とリストラが進行した。全国の有業者数は，1997〜2002年の間に戦後初めて減少に転じたが，産業別では農林漁業・建設業・製造業で10%以上の減少率を記録し，特に製造業は200万人という激減ぶりであった。また，従業上の地位別では，自営業主・家族従業者の激減に加えて，正規就業者の激減(約400万人減)と非正規就業者の大幅増(約360万人増)を記録し，今では非正規就業者の割合は35%(2012年)に達している。その結果，企業の経常利益は，1997〜2012年の間に1.7倍に増加する反面，雇用者

---

❖1……ここでの内容は，特に断りのない限り，岩佐[2014]での分析結果を基にしている。
❖2……財務省『国際収支統計』各年版，同『貿易統計』各年版を参照。
❖3……経済産業省『海外事業活動基本調査』各年版を参照。
❖4……総務省統計局『就業構造基本調査』各年版より算出。

報酬は，先進国では唯一10％減少しており，福祉国家機能の後退とあわせて，社会階層の二極化が表出するようになった。

もっとも，こうしたグローバル化や構造改革の影響は，全国一律に影響を与えるものではなかった。図1は，人口の地域的構成を示したものである。東京圏は，1960～2010年の間に18％から27％へと全国シェアを大きく伸ばす一方，他の地域は停滞・縮小傾向にある。とりわけ地方圏は，人口シェアでは過半を割り込む等，首都圏への人口集中と地方圏の地盤沈下が着実に進行してきたといえる。また，こうした首都圏一極集中は，地域の基盤となる産業・金融活動になると一層明瞭になる。図2は，東京・大阪・愛知の全国シェアを表したものであるが，人口や事業所で1割の東京が，多国籍企業本社の4割弱，外資系企業の7割を占めていることが読み取れる。さらに，給与所得や法人所得，利子・配当等所得では，東京のシェアは3～6割と，金融面では一層集中度が高いことが明らか

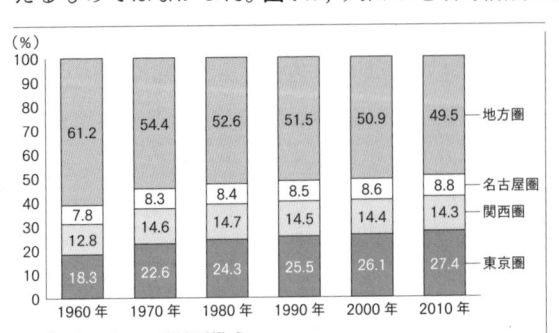

**図1 日本の人口の地域別構成**
出所：総務省統計局『住民基本台帳人口要覧』国土地理協会，各年版より作成。

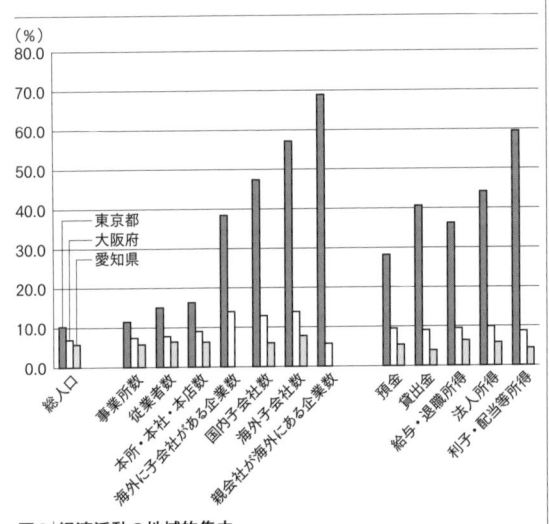

**図2 経済活動の地域的集中**
注：総人口，預金，貸出金は2010年，国内子会社数と海外子会社数は2008年，それ以外は2009年のデータである。
出所：岩佐[2014]（原資料は，総務省統計局『国勢調査報告（平成22年）』，同『経済センサス（基礎調査）（平成21年）』，経済産業省『企業活動基本調査（平成21年）』，国税庁『国税庁統計年報（平成21年度版）』，日本銀行『預金貸出関連統計』）。

岩佐和幸

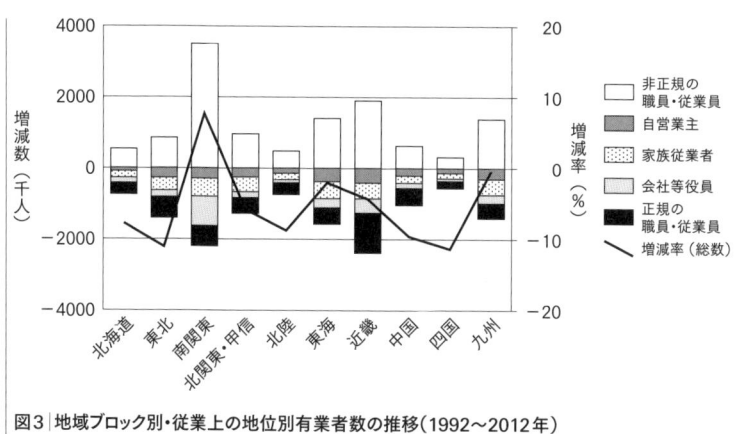

**図3｜地域ブロック別・従業上の地位別有業者数の推移（1992〜2012年）**
出所：総務省統計局『就業構造基本調査』各年版より作成。

である。

　つまり，グローバル化の受益は，産業面でも人口面でも，世界都市・東京に偏在する状況が生まれている。

　このような中で，就業構造の地域的な不均等が顕著になっている。**図3**は，過去20年間の有業者数の変動を地域ブロック別に示したものである。有業者全体では，首都圏に当たる南関東のみが増加する反面，他の地域はいずれも減少しており，特に東北，北陸，中国，四国での落ち込みが激しいことが見て取れる。さらに，増減の中身を検討すると，自営業主や家族従業者の絶対減が顕著であることに加えて，雇用者については，南関東を含めていずれの地域も正規就業者の絶対減と非正規就業者の絶対増の様子がうかがえる。

　特に，地方の現場は，非常に厳しい状況にある。業種別で見ると，農業は，WTO体制と市場主義農政の下で，農家数の減少と自給率低迷に歯止めがかからない。代わりに地域経済を支えてきた建設業も，小泉政権時代の公共事業の大幅削減で倒産や転廃業が続出してきた。製造業では，グローバル競争下で分工場が閉鎖されて人員削減が進み，残った工場も派遣・請負労働者への置き換えが進んでいった。地場産業も，輸入製品の急増でアジア並の価格競争を強いられ，産地の崩壊に直面している。こうしたグローバル化に伴う地域産業の打

---

❖**5**……これについては，山家［2014］：12–18, 45–50を参照。

撃が，雇用・賃金の劣化と住民生活の悪化に直結し，地域経済の悪循環を招いている。

　加えて，グローバル化は，商品や資本だけでなく労働力にも及び，地域社会に大きな影を落としている。代表例が，農漁業や製造現場での日系人労働者やアジア人技能実習生の導入である。しかし，グローバル競争の中での低コスト労働力の輸入が，労働者の使い捨てや人権侵害という産業の質的劣化に帰結するとともに，自治体では医療・教育等の新たな社会的費用負担に悩む状況をもたらしている。

　以上のように，グローバル化の進行は，社会階層の二極分化とともに，グローバル化の受益地域である首都圏とグローバル化の中で「底辺へ向かう競争」を強いられる受苦地域という地域間の二極分化を生み出している。したがって，問題状況を全国一律に捉えるのではなく，地域に即して具体的に分析し，問題を乗り越える打開策を探究することが，ますます切実な課題となっている。そのような問題意識から現実にアプローチするのが，地域経済学の特性である。

　では，地域経済学はこれまでどのような形で論じられてきたのだろうか。次節では，方法論的な特徴に踏み込んでみることにしよう。

# III　「地域」のクローズアップと地域経済学の展開

　地域経済学が日本で本格的な関心を持たれるようになるのは，戦後のことである。高度成長期より各地で地域問題が深刻化するようになり，他方で国民経済や中央集権体制という枠組の限界が見えてくる中，財政学や農業経済学，経済地理学，中小企業論，都市計画等の様々な角度から，地域に入り込み，住民や自治体労働者と共同で具体的な分析・解決を模索する調査・研究が進められるようになっていった。[❖6] 当時は地味な学問という受け止められ方が多かったといわれているが，次第に経済学の中でも地域・空間分析への関心が次第に認知される

---

❖6……その一例として，住民の生活問題と公務労働者の労働問題の双方のつながりを意識し，それを解決するための運動として始まった，自治体労働者の自治研活動と，それに対する研究者の協力が挙げられる。柴田・宮本[1963]：244-249。

表1｜日本地域経済学会のシンポジウム

| 開催年度 | 開催地 | 共通論題シンポジウム | 地域公開シンポジウム |
| --- | --- | --- | --- |
| 1999年度 | 金沢市 | 地方都市の現状と展望 | 地方都市の現状と未来——金沢から21世紀の地域経済を展望する |
| 2000年度 | 鹿児島市 | 転換期の地域経済 | 「地域力」の発見——鹿児島からの提案 |
| 2001年度 | 京都市 | 21世紀地域経済学の課題と展望 | 歴史都市・京都の再生と創造 |
| 2002年度 | 岐阜市 | まちづくりと地域経済の再生 | 現代のまちづくり——岐阜からの展望 |
| 2003年度 | 札幌市 | 国際シンポジウム・東アジア諸国における地域的不均等発展の国際比較 | 市町村合併と地域づくり——地域のあり方・将来のマチづくりを中心に |
| 2004年度 | 横浜市 | 国際シンポジウム・東アジア諸国における地域的不均等発展の国際比較 | 京浜臨海部の都市再生 |
| 2005年度 | 松山市 | 戦後日本の国土計画の決算と新しい地域政策の展望 | 文化薫る地域づくり |
| 2006年度 | 福島市 | 21世紀における地方広域都市の地域経済振興 | 地方分権時代の地域政策——改正まちづくり3法と地域再生 |
| 2007年度 | 豊田市・名古屋市 | 地域経済の活性化と少子化・格差問題 | 豊田のまちづくりと観光——企業都市をこえて |
| 2008年度 | 岡山市 | 地域経済の構造変化と国土形成計画・道州制 | 中国山地再生への課題——過疎からの脱却を目指して |
| 2009年度 | 奈良市 | グローバル危機がもたらしたローカル経済への影響と対応 | 世界遺産都市・奈良における新たな観光戦略と地域経済 |
| 2010年度 | 大垣市 | 低炭素社会のための環境政策と地域経済の再生——環境と経済の地域政策統合の条件を探る | 郷土力を活かした豊かな地域経済の形成に向けて——地方都市・大垣からの地域産業政策の提案 |
| 2011年度 | 金沢市 | 東日本大震災と日本経済・地域経済 | 現代日本の地域産業論——北陸から21世紀の地方都市像を展望する |
| 2012年度 | 高知市 | 「人口減少社会」と地域再生 | 「農」と「食」のつながりを通した地域の再生へ——課題先進地・高知からの発信 |
| 2013年度 | 東京都 | 「グローバル都市東京」と地域経済 | グローバル都市「東京」の産業・企業の未来 |
| 2014年度 | 札幌市 | 自治体再編と地域経済の持続可能性——「平成の大合併」から15年 | 地域の足づくり——生活インフラとしての公共交通を考える |

注：共通論題シンポジウムに加えて，地域公開シンポジウムが開催されるようになった1999年度以降を記載。ちなみに，地域公開シンポジウムは，1999年度はパネルディスカッション，2000年度は地域づくりシンポジウムの名称で開催。
出所：日本地域経済学会ウェブサイトより作成。

ようになる等，「地域」が経済現象を分析する際のキーワードになっていった[7]。

　そのような中，1989年には，様々な分野において地域経済を専門にしてきた研究者等が一同に会する場として，日本地域経済学会が設立された。同学会では，地域経済学に関する歴史・理論・政策の科学的発展を目指すとともに，地域経済の民主的発展に寄与するという理念を掲げ，**表1**が示すように，研究者同士の議論のみならず，行政や企業，社会活動家を交えたシンポジウムや研究交流が行われている[8]。また，社会的にも，「3.11」震災問題への対応として，経済系学会の中で唯一「日本学術会議・東日本大震災の総合対応に関する学協会連絡会」メンバーに加わり，東日本大震災・原発災害後の復旧・復興に向けた現状分析と政策提言にも取り組んでいる[9]。

　一方，大学教育に視線を移すと，「地域経済論」の登場は，1969年に大阪市立大学商学部での講座開設が最初であるとされている。その後，地域経済に関する学術的・社会的関心を背景に，全国各地の国公私立大学で地域経済論の講義科目が設置されるようになり，今では地域経済学に関する様々なアプローチのテキストも出版されるようになった[10]。さらに1990年代に入ると，地域を総合的に捉える学際的な「地域学」への取り組みも始まり，授業科目の設置のみならず，学部・学科等の名称に「地域」を掲げて問題解決や人材養成等の社会貢献を目的とする大学も登場するようになった[11]。

　このように，現在では地域への関心がますます高まり，ローカルに足場を置く学術研究や社会活動が市民権を得るようになっている。では，地域を分析対象とする経済学は，どのような形で形成・展開してきたのだろうか。地域経済学には様々な方法論があるが，ここでは政治経済学をベースとする地域経済学・地域政策の系譜を辿ってみることにしよう[12]。

　世界史的に見ると，地域経済学が登場する時代とは，資本主義が独占段階に突入し，資本の自由な立地が困難となる中で重要な立地条件である資源や社会資本が問題化する時代に相当する。また，市場メカニズムによって地域間の生産要素の均衡に伴う地域間格差が解消されるという新古典派の想定とは異なり，国内において都市問題や農村問題が深刻化し，中央政府や地方自治体が公共的な介入に踏み込まざるを得ない時代でもある[13]。特に，日本の場合，戦後復興から高度成長期にかけて，大都市部では重化学工業化によって人口・産業

が過密状態となり，生活過程における住宅不足や教育・福祉サービスの枯渇といった共同社会的条件の劣化や，コンビナート形成に伴う大気汚染や水質汚濁等の公害に直面するようになった。一方，農村部では，若年層の都市流出に伴って担い手が減少し，農林漁業の衰退や村落維持に欠かせない共同作業の困難に象徴される過疎問題が浮上する等，今日の中山間地域問題の原型が形成されるに至った。こうして，地域問題の激化を背景に，地域開発政策が全国的に推進され，格差是正の「夢」が喧伝されるようになったものの，これらの政策は，あくまで産業優先の大規模拠点開発を基調としていたため，本質的な解決には至らない「現実」を開発現場にもたらすことになった。

　こうした時代状況に対して，経済学の立場からいち早く捉えた議論が，島恭彦の「地域経済の不均等発展論」である。1951年に公表された『現代地方財政論』の中で，島は，当時の地方自治体が直面していた地方財政危機を，単なる財政問題ではなく，独占資本主義段階における経済の不均等発展の地域的表出と捉え，都市と農村の社会経済的・文化的不均等を実証的に明らかにした。と同時に，地域的不均等発展は，経済のみならず国家や地方財政に支えられた政治問題であるという視点から，民主主義運動としての地方自治の重要性を主張した。[14] さらに，島は，地域的不均等の是正策としての地域開発政策に対しても，そ

---

❖**7**……例えば，従来地域経済を論じてきた研究に加えて，「新しい経済地理学」のクルーグマンや「産業クラスター論」のポーターといった，異分野から地域・空間にアプローチする研究も登場しており，新古典派を含めて地域・空間をテーマとする研究が大きな注目を集めている。これらについての批判的評価は，富樫[2002]，中村[2004]：第1章を参照。

❖**8**……日本地域経済学会ウェブサイトを参照(http://www.jares.jp/)。

❖**9**……例えば，「特集 巨大災害から生命と国土を護る──三十学会からの発信」『学術の動向』2013年3月号を参照。また，学会内で「震災復興研究会」を組織するとともに，2012年3月には他学会とともに「震災・原発問題福島シンポジウム」を開催した。これについては，後藤・森岡・八木編[2012]を参照。

❖**10**……代表的なものとして，宮本・横田・中村編[1990]，岡田・川瀬・鈴木・富樫[1997]，山田編[2002]，中村編[2008]等がある。

❖**11**……例えば，国立大学では岐阜大学地域科学部が，公立大学では高崎経済大学地域政策学部が1996年に設置され，2005年には国立大学の地域学系大学・学部等連携協議会が設立されている。

❖**12**……ここでの議論との関連では，地域開発については小田[2013]，地域政策については鈴木[2010]等を参照。なお，地域経済学の中には，本章でとりあげるアプローチの他に，地域構造論をはじめとする経済地理学や制度派経済学等の様々な潮流がある。詳しくは，富樫[2002][2014]を参照。

❖**13**……宮本・横田・中村編[1990]：12。

❖**14**……島[1951]（島[1983]）。

れが地域的集中と外延的膨張の傾向を必然的にもたらし，後進地域の先進地域への従属を拡大するという見通しを立てる等，資本の投資戦略としての地域開発論を展開した。[15]

　こうした島の議論を敷衍する形で，激化する都市・公害問題や地域開発政策に対する批判理論とオルタナティブを前進させたのが，宮本憲一である。「国民所得倍増計画」をはじめとする政府の社会資本充実政策に対して，宮本は，社会的一般的労働手段と社会的共同消費手段とに社会資本を区分し，都市問題の本質を集積不利益と社会的共同消費手段の不足に伴う都市的生活様式の破綻と捉えた。また，「日本列島改造論」等の開発政策の矛盾を，産業基盤整備優先・域外資本誘致重視の「外来型開発」であると批判し，それに対抗して，総合的な開発目的，開発方法としての域内産業連関と社会的剰余配分，開発主体の面での住民参加・自治を特徴とする「内発的発展論」を提示した。[16] 加えて，社会資本論を出発点とする「容器の経済学」の観点から，地域経済・地域問題・地域政策の三部構成となる地域経済学の体系化も図った。[17]

　さらに，1980年代後半以降の国際化の時代に入ると，宮本の議論をさらに継承する形で新たな展開を見せるようになった。その1つが，中村剛治郎による制度としての「地域政治経済システム」を軸にした地域政治経済学と，それに基づく地域政策の提起である。中村は，企業内分業の全国展開に照応した外来型開発とそれに規定されたこれまでの垂直的国土構造が，今日ではグローバル化とともに国際的統合と国内的非統合へと変質している点を描写し，金沢市等を事例にしながら，ポスト工業化・知識経済段階に対応した新たな内発的発展モデルを示した。[18] また，多国籍企業段階における地域経済の危機と再生の方向性を「地域内再投資力論」という形で提唱したのが，岡田知弘である。岡田は，資本蓄積のグローバル化と政策の国際化という「二重の国際化」によって，住民の生活領域と資本の活動領域との矛盾が極限まで広がるなか，資本主導の地域開発から住民生活の向上を優先した地域の持続的発展への転換の必要性を主張する。その鍵として，地域に根付いた再投資主体＝地域内再投資力の意識的形成と地域内経済循環の構築，ならびに地域社会を形成する基礎自治体の役割と政策を方向付ける地域住民主権の重要性を，各地の先進事例を通じて提起している。[19]

　以上のように，各時代において直面する地域問題を出発点に，現実に即した

方法論を構築しながら，経済学の一環としての地域論が論じられてきたのである。では，このように形成されてきた地域経済学には，一体どのような特徴があるのだろうか。

　まず第1に，一国経済を前提とした経済学の問い直しである。地域とは，本源的には人間の生活領域であり，自然と人間との物質代謝を基盤としつつ，人間同士の様々な社会関係が一定の空間で総合的に結合しながら，歴史的に形成されてきたものである。その意味で，人間は，国家よりもむしろ都市と農村といった地域を基礎に歩んできたのであって，国民国家に基づく国民経済は近代以降の産物にすぎない。だが，資本主義の発展につれて経済活動が住民の生活領域を超えるようになり，そこから資本と地域との間で矛盾が生じているのである。しかも，経済活動は国民経済の枠を超えて地球規模に拡大する一方，かつての公害地帯や沖縄の基地経済，原発「城下町」に象徴されるように，経済的苦境の中での「選択」が「国益」の観点から正当化される等，空間的疎外の極限状況を迎えている。その意味で，地域を分析対象とする経済学は，国民経済分析では捨象されてきた人間生活の土台を経済学の射程に収める役割を果たしているといえる。

　第2に，市場的側面と非市場的側面との総合化である。上で述べたように，地域の存在を経済のみならず自然や政治，文化，共同体等の独自の性格を持つ統一体として捉える観点からすれば，市場メカニズム内での経済主体の行動だけに分析を矮小化することはできない。住民の生活・環境問題に典型的に表れる人間社会を規定する自然環境への作用・反作用や，多様な経済主体によって作り出される歴史的特質，市場を支える法的・制度的・文化的枠組，地方自治体の行財政のような社会を統治する公権力や政治過程等の側面を視野に収める必要がある。その意味で，地域経済学の特徴は，市場という体制的規定のみならず，非市場的な素材的規定を含めた政治経済学の手法をとらざるをえない。加えて，地

---

❖**15**……島［1963］（島［1983］）。
❖**16**……宮本［1967］［1973］［1980］［1999］。なお，宮本の「社会資本論」については，「生活安全の経済学」という視点から，「再生産の学」としての政治経済学を基盤的富の次元へと拡張・深化させたという評価もなされている。八木［2012］：90-95を参照。
❖**17**……宮本［1982］，宮本・横田・中村編［1990］。
❖**18**……中村［2004］。
❖**19**……岡田［2005］。

域の総合性という観点から，経済学にとどまらず，他の人文学・社会科学や自然科学との学際的な共同作業に対しても，開かれた姿勢を取ることにもなる。

第3に，住民自治の立場からの経済学の提起である。民主主義運動としての地方自治論や内発的発展論，地域住民主権論からも明らかなように，地域経済の自律的発展は，市場の論理に任せるだけでも，また地方分権のような行財政権限の委譲だけでも実現しない。主権者である住民自身が自らの地域に対して自己決定権を有し，そこから豊かさの実現を目指して地域経済を再建していくことが不可欠である。その意味で，地域経済学は，官僚主義的な統治を乗り越え，民主主義的な自治を推進する運動に積極的に寄与する経済学であるといえる。

# IV　フィールドに学ぶ経済学教育

このように，地域経済学の特徴は，地域の現実から方法論を打ち立てる点にあるが，そうであるならば，研究手法の面でも既存の理論の適用だけで済ませることはできず，現場での調査研究活動が不可欠となる。そして，こうした研究上の特性は，教育面においても当てはまる。地域経済学の教育活動は，単なるキャンパス内での机上の学習にとどまるわけにはいかない。地域に足を運び，そこから生きた現実を学びとることによって，初めて経済社会の魅力や経済学のおもしろさが学生に伝わる可能性が開けてくる。そうした生きた現実を学ぶ教育方法の1つが，フィールドワークである。本節では，地域経済学におけるフィールドワークの実践とその効果について取り上げることにしよう。[20]

フィールドワークとは，何らかのテーマを設定した上で「現場」(field)に足を運び，そこでの状況や人々の話を記録・分析する一連の「作業」(work)のことである。頭の中でのイメージ構築や机上での作業とは対照的に，五感を働かせて現場と格闘する作業と言い換えることができる。地域経済の教育・研究にとってフィールドワークが不可欠な理由は，そもそも現場に行かなければ必要な資料が得られない点がまず挙げられる。既存の文献資料は，過去の調査結果を示したものであるが，それらは生成する現実からのタイムラグや調査者による選別の結果であるため，現場に出かけて生きた一次資料を収集することが必要になるのである。また，現場を経由することで，仮説の立証や新たな問題の再発見

ができることも，大きなメリットである。さらに，現場に即した政策提言も可能になる。地域経済学とは，主権者である住民の自治を重視する立場に立つ経済学であるが，まさにフィールドワークとは，普通の人々が「主権者」として社会を自己決定していく際の重要な手段なのである。

では，こうした特徴を持つフィールドワークを，教育現場ではどのような形で展開していけるのだろうか。以下では，筆者が日頃行っている2・3年生ゼミナールの経験を素材に，フィールドワークの実践例を紹介してみたい。[21]

筆者のゼミナールでは，「地域から考えるグローバル化」というテーマを掲げ，毎年，参加者全員でフィールドワークに挑戦している。具体的には，キャンパス内での学習に加えて，本を持って現場に出かけることによって，地域という「窓」からグローバル化の影響について考察し，最終的には調査報告書を刊行する活動を1年を通して行うというものである。ゼミナールの年間活動は，以下の通りである。

まず，開始早々の春の時期は，基礎的知識の学習を行うとともに，調査課題の探索に着手する。この段階では，大半の学生がテーマに関する十分な知識を持ち合わせていないため，関連文献の輪読を通じて共通理解を図るとともに，テーマの絞り込みを進めていく。こうして調査対象が決定すれば，調査先との交渉や資料収集，宿泊・移動手段の手配等，調査に向けた準備・調整を進めていく。

それを受けて，夏休み期間からは，本格的な現地調査に取りかかる。この段階では，関係機関へのヒアリングや，調査票を抱えながらの調査先の個別訪問が，主な作業となる。実は，この現地調査が，教員にとっても学生にとっても，実り多いものとなる。調査の過程で重要なデータが入手できることはもちろんであるが，それに加えて現地の観察や住民との交流を通して，学生が五感を駆使しながら雰囲気を感じ取ろうとする様子や，学内では見せない様々な表情の変化が観察できるからである。また，学生同士も親密になり，積極的に協力し合うようになる等，秋以降のゼミ運営にもプラス効果が働くことが多い。

本調査が終了する秋からは，調査結果の入力・分析作業に入る。並行して，毎

---

❖20……フィールドワークや社会調査の手法や実践については，大阪経済大学地域政策学科[2003]，森[2005]，岩佐[2007]，岡田編[2009]を参照。
❖21……岩佐[2003]を参照。

週のゼミナールでは担当者が分析結果を発表し，それを元に議論しながら理解を深めていく。その過程で，調査時に見落としていた論点が見つかる場合もあり，その際は現地を再訪して補足調査を行う。

それを受けて，初冬あたりからは，分析結果・議論を土台に，調査報告書の検討に入る。全員でアウトラインを検討し，報告書全体の構成案と執筆分担を確定し，その上で執筆作業に取りかかる。学生にとっては，通常の授業レポートに比べて分量が多く，データを用いながら読者に伝わる文章を書く経験が浅いため，数度のリライトを経て完成稿を仕上げるのが普通である。執筆が一段落した後は，編集作業と報告書タイトルの検討に入る。

こうして，一連の作業を経て報告書が完成することによって，1年間のフィールドワークが完了する。出来上がった報告書を調査対象者や関係者に寄贈するのはもちろんであるが，それに加えて関係者を対象にパワーポイントを用いての報告会を実施する等，調査の成果はできる限り地元に還元するようにしている。

以上のような1年にわたるフィールドワークは，学生にとって様々な教育効果をもたらしている。まず第1に，社会調査体験を通じた現実社会へのリアリティの獲得である。文献講読だけではイメージが湧きづらい問題でも，地域に出かけて生身の人間に出会うことによって，文献テクストに対する深い理解を得ることができるようになるし，そこから現実社会における「当事者性」を意識できるようになるからである。また，社会に生きる様々な人と出会うことで，友人関係や大学・バイト中心の「狭い世界」を脱し，市民社会の一員としての認識を抱くようになるといった副次的効果も生まれることが多い。

第2に，フィールドワーク体験を通じての自信と達成感である。筆者のゼミナールでは，調査開始時点では誰もが漠然とした不安な表情を見せるものの，未知なる取り組みへの不安感や苦労を乗り越えて報告書を完成する段階になると，大半の学生が「自分たちで一つのものをゼロから築き上げる」ことへの自信を抱くようになる。なかには仕上げた報告書の「現物を初めて手にした時は，『何か自分の子どもみたい』と，感動すら覚えた」という言葉を発しながら，達成感を表現してくれた学生も出てきている。

第3に，こうした自信や達成感から生まれてくるのが，経済学の面白さの発

見である。大学で本を読み，書を持ってフィールドワークに挑戦することによって，自分の体を通して知識を得る「身体知」と呼べる貴重な体験ができるのである。実際，「ひとつひとつ小さなデータや資料を集め，大きなものが見えてくる過程は，とても楽しかった」と語った学生がいたが，

ゼミナールでのフィールドワーク風景。
土佐茶生産農家へのヒアリング（筆者撮影）

そのような感想は，研究者が日々実感することの多い創造的な研究活動の醍醐味でもある。フィールドワークを通して学生自身が体験したこのプロセスは，経済学教育の大切さを伝える有用な手段であると考えられる。

　最後に，発展的な学習や将来の進路への波及効果である。筆者のゼミナールでは，4年生に入ると，集団で行う調査・報告書作成から，個人レベルでの卒論作成へとシフトする。卒論の作成プロセスは，①テーマ発見から②資料収集・実地調査，③データ分析，④構成検討・論文執筆，⑤編集・製本へという流れであるが，このプロセスは上記のフィールドワークと同様の手順であり，3年生終了時までの経験の有無が，卒論の成否を左右することが多い。また，卒業後の進路にも，好影響を与えている。特に注目されるのが，大学院進学希望者の出現である。例えば，在学中に語学から経済学へと関心が移った学生の場合，3年生時に体験したフィールドワークを機に，4年生の卒業論文では外国人研修制度について執筆することになり，それを土台に大学院では外国人労働者問題を中心とする研究に取り組むことになった。他にも，「実際にヒアリング調査を行いながら，1年間を通じて学び，そして報告書という形でまとめ上げることができたということは，これからの自分の進むべき道をある意味で決定付けるものであったといっても過言ではないような気がします」と語った学生がいた

❖22……「身体知」については，高橋・辻[2014]：第2章を参照。

が，彼の場合，その後大学院で地場産業を研究し，現在は大学教員として学生にフィールドワークを指導する立場になっている。つまり，在学中のフィールドワークが，社会への興味や経済学への関心のみならず，本格的な研究者を目指す契機にもなることがあるのである。

# V 地域の構想力と経済学教育の再構築
## ——「足もとを掘れ!」

以上，地域経済学の教育・研究上の特徴を具体的に紹介してきた。最後に，これまでの内容を纏めつつ，経済学ならびに経済学教育における課題を述べてみたい。

日本では，戦後の公害・環境問題や都市・農村問題の深刻化を背景に，具体的な問題解決を目指した調査研究が進められ，そこから地域経済学の本格的な研究が前進していった。IIIで紹介した地域経済の不均等発展論から内発的発展論へ，さらには，地域政治経済システム論や地域内再投資力論へという展開は，いずれも地域の現実を土台にしながら方法論を作り上げた成果であった。これらの議論は，マクロな一国経済の限界を明らかにし，素材的側面と体制的側面の双方を視野に入れながら，住民自治に基づく経済学を提起した点で，従来の経済学に新たなインパクトをもたらしたといえる。

と同時に，地域の現実を出発点とする経済学は，研究面のみならず教育面でも革新が求められる。キャンパス内での机上の学習にとどまらず，地域に足を運び，そこから生きた現実を学びとる作業が不可欠だからである。そのための主要な方法が，フィールドワークである。フィールドワークとは，現地での最新情報を集め，仮説を検証するという教育研究上のメリットに加えて，主権者としての住民が社会を分析し，課題を解決していく際の重要な手段でもある。そして，IVで述べたように，学生がフィールドに入ることによって，机上の学習では得られないリアルな現実社会への興味・関心や，実践を通した自信・達成感，さらには経済学の醍醐味の実感といった効果を実際にもたらしており，中には研究者を目指す出発点になるケースも生まれているのである。

今日，グローバル化や構造改革によって，東京一極集中とその他の「地方」の衰退といった二極化が進んでいることは，IIで示したとおりである。米軍基地

が集中し，住民の声を無視した国策を強いられる沖縄や，「3.11」後の被災地をはじめとして[23]，地域で暮らす人々の多くは，生活の豊かさが実感できない状況に置かれている。このような中，例えば，一次産業や中小企業の復旧・復興や，原発依存型経済からの脱却，住民主体の自治によるコミュニティ再生等，住民の視点に立ちながら地域特性を活かした経済の再構築が求められている。地域の具体的現実に向き合いながら，現地に入って分析を行い，住民の豊かさをもたらす理論と政策を着実に進めていくことも，経済学の重要な課題の1つではないだろうか。と同時に，教育現場では，既成の知識・理論の現実への機械的適用にとどまらず，学生とともに現場に入って問題状況を分析し，理論と現実を往復しながら問題解決に関わるような教育実践を一層深めていく必要があるといえる[24]。

「足もとを掘れ，そこに泉がわく」……これが，地域を対象とする社会科学者が共有する問題意識である[25]。問題状況を日常の現場で掘り下げ，そこから日本や世界の大問題を考察し，新たな社会を構想していくこと，こうした視座から，経済学ならびに経済学教育の創造的可能性を切り開いていくことが，ますます求められているのである。

---

❖23……例えば，沖縄問題については，宮本・佐々木編[2000]，「3.11」後の復興問題については，岡田ほか編[2013]，濱田[2013]，山川[2013]等を参照。

❖24……こうした教育実践は，教える者が知識を独占し，教えられる者に対して一方的に知識を詰め込む「銀行型教育」に代わって，教える者／教えられる者双方が対話をベースに知の創造主体となる「問題解決型教育」への転換に通じているといえる。Freire[1968]（三砂訳[2011]）を参照。

❖25……柴田・宮本[1963]。

## 引用文献

岩佐和幸[2003]「フィールドワークを踏まえた国際理解教育」『経済学教育』第22号。
岩佐和幸[2007]「フィールドワークをやってみよう」高知大学松尾國彦基金図書刊行会編『越境する人と文化——人文・社会科学をはじめる人のための参考書』リーブル出版。
岩佐和幸[2014]「グローバリゼーション下の地域的不均等発展と農村生活の現段階」『地域経済学研究』第29号。
大阪経済大学地域政策学科[2003]『フィールドワークのすすめ——アクティブ地域政策学』法律文化社。
岡田知弘[2005]『地域づくりの経済学入門——地域内再投資力論』自治体研究社。
岡田知弘編[2009]『行け行け！わがまち調査隊——市民のための地域調査入門』自治体研究社。
岡田知弘・川瀬光義・鈴木誠・富樫幸一[1997]『国際化時代の地域経済学』有斐閣。
岡田知弘・自治体問題研究所編[2013]『震災復興と自治体——「人間の復興」へのみち』自治体研究社。
小田清[2013]『地域問題をどう解決するか——地域開発政策概論』日本経済評論社。
後藤康夫・森岡孝二・八木紀一郎編[2012]『いま福島で考える——震災・原発問題と社会科学の責任』桜井書店。
柴田徳衛・宮本憲一[1963]『地方財政——現代資本主義と住民の生活』有斐閣。
島恭彦[1951]『現代地方財政論——危機の地方財政』有斐閣(島恭彦[1983]『地域論(島恭彦著作集 4)』有斐閣)。
島恭彦[1963]「地域開発の現代的意義——投資戦略としての地域開発」『思想』第471号(島恭彦[1983]『地域論(島恭彦著作集 4)』有斐閣)。
鈴木誠[2010]「地域政策論の課題と方法」『地域経済』第29集。
高橋源一郎・辻信一[2014]『弱さの思想——たそがれを抱きしめる』大月書店。
富樫幸一[2002]「地域経済学の諸潮流と新たな地域政策の条件」『経済』第84号。
富樫幸一[2014]「ポスト開発主義における地域政策の展望——サステナビリティ，不均等，コミュニティー」『地域経済学研究』第27号。
中村剛治郎[2004]『地域政治経済学』有斐閣。
中村剛治郎編[2008]『基本ケースで学ぶ地域経済学』有斐閣。
濱田武士[2013]『漁業と震災』みすず書房。
宮本憲一[1967]『社会資本論』有斐閣。
宮本憲一[1973]『地域開発はこれでよいか』岩波書店。
宮本憲一[1980]『都市経済論——共同生活条件の政治経済学』筑摩書房。
宮本憲一[1982]『現代の都市と農村——地域経済の再生を求めて』日本放送出版協会。
宮本憲一[1999]『都市政策の思想と現実』有斐閣。
宮本憲一・佐々木雅幸編[2000]『沖縄 21世紀への挑戦』岩波書店。
宮本憲一・横田茂・中村剛治郎編[1990]『地域経済学』有斐閣。
森靖雄[2005]『新版 やさしい調査のコツ』大月書店。
八木紀一郎[2012]「震災・原発問題と日本の社会科学——政治経済学の視点から」後藤康夫・森岡孝二・八木紀一郎編『いま福島で考える——震災・原発問題と社会科学の責任』桜井書店。
山川充夫[2013]『原災地復興の経済地理学』桜井書店。
山田浩之編[2002]『地域経済学入門』有斐閣。
山家悠紀夫[2014]『アベノミクスと暮らしのゆくえ』岩波書店。
Freire, Paulo [1968] *Pedagogia do Oprimido*, Paz e Terra (三砂ちづる訳[2011]『新訳 被抑圧者の教育学』亜紀書房)。

# 第10章 主流派経済学(ニュー・クラシカル学派)への警鐘
## ──経済理論の多様性の必然

## 岩田年浩
いわた・としひろ|京都経済短期大学経営情報学科教授／所属学会：経済教育学会・応用数理学会

 本稿での目的は 第一。「経済学の参照基準」が経済理論の多様性をどのように無視しているかを近代経済理論の立場から内在的に検討する。第二。教育学の視角から検討する。これら二点は関連している。

## I 「経済学の参照基準」(原案と第3次修正案)の要点とその問題点

 まず,日本学術会議経済学委員会の経済学分野の参照基準検討分科会が提議してきた「経済学分野の参照基準」の特徴を示しておこう。

**1**|**「経済学の定義」**(原案の第2節)について: 「希少な資源の有効配分に関する合理的選択の理論」としている。この発想は全くL.ロビンズに由来するものであるが,この主張の前提に資源は**与件**として与えられているということが忘れられてはならない。希少性を前面に出すことは近代理論主流派の定義の上では便利なことであった。しかし,経済学の定義とはかくも狭いものではないのだが。

 これが議論を経た(**第3次修正案**)では,大きく変化し「……個人や社会の活動を分析するとともに,幸福の意味やそれを実現するための制度的仕組みを検討し,望ましい政策対応の在り方を考える学問領域である。」となっている。希少性については削除されている。ここでは「厚生」概念を述べることになる。ただ,T.サージェントが言うように,「公平」と「効率」の間にトレード・オフ関係はあるが,厚生経済学の第二基本定理からは,助けたい人を助けることにならないという分析もあり,その上,welfareを「厚生」と訳した概念と「福祉」と訳した**概念では内容が異なり**,意味していることに大きな相違があることが注意されてよい。

**2**｜「**経済学の体系**」(原案の第3節)では，ミクロ経済学とマクロ経済学が基礎科目とされているが，これらの内容は経済学派によってその内容が異なることが確認されてよい。この中で「市場メカニズムの有用性が世界全体の共通認識」という説明があるが，これは経済理論の学派間の論争を無視しており，楽観的な現実感覚になっている。市場の調整能力の不完全性の指摘は近代理論のケインズ派のよって立つ基盤であることがなぜ忘れられていたのであろうか。

これが(第3次修正案の)「**経済学に固有の特性**」では，「経済学のアプローチは多様であるが，多くの場合，経済問題の本質的な要素を抽出し，操作可能なモデルを構築し，それを分析することで問題解決の手がかりとする。……論理的数学的に仮説を立ててそれを**検証**するという手法がとられることが多い。……制度的・歴史的アプローチを活用することも有用である。」これは論理実証主義の方法を述べたものであり，**実証**という現実的(唯物論的と言ってもいいだろう)手続きを述べている。もちろん，市場の調整機能を様々に取り入れて，均衡や体系の安定性を帰結する経済理論の主流を柱にして，様々なアイディアを取り入れる姿勢が示されているとみてよかろう。経済学の多様性についてのかなりの譲歩を見て取ることができる。なお，数学利用は批判的な数理モデルを提唱し，応用研究の業績も国内外に存在している(置塩シューレもその例であろう)ので，この部分についての批判は的を射ていない。

**3**｜「**経済学を学ぶすべての学生が身につける事を目指すべき基本な素養**」(原案の第2節)を持たなければ「**様々な不利益を受ける危険がある**」(原案の第4節案)。確かに市場競争原理の公正に反した行為は好ましいものではない。しかし，不利益を受ける危険のほとんどはこのような知識を持つかどうか以外のところにある。この中で行動するのは**合理的経済人**である。社会的平均的には確かに人間は合理的に行動するが，その過程と結果では様々な問題が生じている。

「**コスト・ベネフィットの枠組み**」(原案の第4節案)ですべてが決せられているわけでは全くない。(第3次修正案)では，「**すべての学生が獲得すべき基本的な知識**として，市場経済システム・需要と供給・市場の均衡と不均衡・国民経済計算体系・経済成長と景気循環」が，「**日常生活にも役立てることのできる一般性をもった基本概念**として，機会費用・限界・インセンティブ・戦略的行動・不確実性

と期待」が挙げられている。これをもって経済学のミニマムエッセンスとしている。

特に近代理論の教科書によく出てくる**「失業」**や**「実質」**の概念が取り上げら**れていない**のはなぜであろうか。ここでは，経済の現実を全面的に見る感覚が求められるのではないか。各経済社会の特徴に基づいた市場取引が現存し，それは各国の各時点での政策によって変形していることが無視されている。これらの点はなぜ顧みられていないのか。なぜ，主流派の原理だけで十分などと言えるのか。これらのことが経済教育のミニマムエッセンシャルズとなるのかを(3)で明らかにしたい。実際には，経済界は「効率」ばかりの教育上の提言と実行をしてきたが，この点はどうなのであろうか。

最終案(2014年8月29日)では，「経済学の学びを通じて獲得すべき基本的な知識と理解」として，「社会人の常識としての経済学の基本的知識と理解」，「一般的職業人としての経済学の基本的知識と理解」，「専門職・研究者を目指す者にとっての経済学の基本的知識と理解」に分けて説明されているが，上記の論点に変わりはない。

**4** (第3次修正案)の**「学修方法及び学習成果の評価方法に関する基本的な考え方」「市民性の涵養をめぐる専門教育と教養教育の関わり」「経済学分野の学士課程と数学・統計学」**では教育の方法について多くの追加的な説明がなされている。これらについては，人間が年齢を経て，学校教育で学んでいくことや生活体験から身につけていく学習構造は**図1**のようになっている。教養的知識や技能も専門的知識や技能も年齢と共に増加していくが，後者の比率は増大していく。この中での教養的知識は専門が深まっても，知識のすそ野としてなお必要である。ここには様々な学問や芸術，技術が含まれている。専門的知識を大学での経済学にしぼった

図1 | 知識拡大の模式図

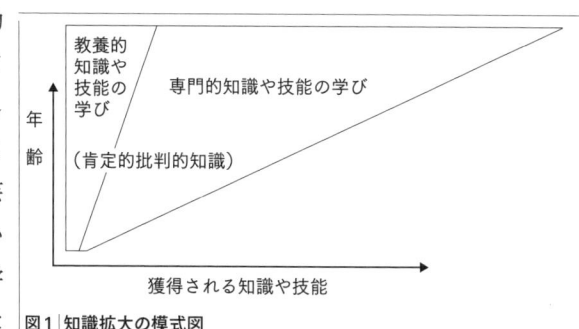

場合も様々な学説を批判的に学ぶ場こそアカデミック・フリーダムであるべき大学が準備をすべきことではなかろうか。

なお、この参照基準については、経済理論学会、経済教育学会、経済学史学会、進化経済学会、社会思想史学会、フェミニスト経済学会、林業経済学会、基礎経済科学研究所などから、反対と懸念の声明があげられている。

## II 経済学はなぜ多様になったか
(図2「経済学説の系譜と論点」を参照)

**1** 図2で見ると、経済学の潮流を分ける基準は資本制の是非を問う、または資本制の枠内での研究(近代経済学)かそれを止揚しようとする研究(マルクス経済学)かを基準に区分された。戦後、近代経済学を代表したのはケインズ派経済学であった。もちろん、制度学派などの流れもあった。しかし、1960年代の後半以後は**市場の調整機能**を信頼できるものとするか、それに批判的または否定的かどうかを基準に区分されることになった。制度学派の延長上にある進化経済学や複雑系の経済学、環境経済学が登場してきた。経済学は何を目指すかの点では、市場の調整機能を信頼する近代理論の中のニュー・クラシカル学派とそれ以外の学派の価値観の違いを「効率」か「公平」によって区分できるとみるのは概ね妥当していよう。経済政策の実際では、公平を目指した政府支出が必ずしも救われるべき弱者のためにならないこともあるが(T.サージェントらの指摘)。

さて、経済学説の多様性の中で、この「参照基準」を提案した側は**ニュー・クラシカル学派(均衡理論)**に依拠している。それは、

①古典派以来の均衡理論の主流派に位置している。

②この学派はマクロ経済学にミクロ経済学的基礎を与えたサイエンティフィックな進化を遂げた近年の成果に自信を持っている。

③この主流派はケインズ的な不完全雇用も価格の硬直性のもとでの一般均衡論で説明できると考えている。主流派のモデルは数理的な精緻さを特徴としており、彼らにはマクロとミクロを統一したという自負があり、これらの理論モデルは回帰分析や多変量自己回帰モデルなどの計量経済学的分析によって、現実妥当性を問う手続きをする。これらを発展させて、先進

国の政策当局が実証的(世界)モデルとして，現実の解釈をすすめることになっている。

アメリカの経済学界ではこの学派が有力である。

**2**│各経済学説の勃興や隆盛には各時代の経済社会の変化の影響があった。例えば，初期資本制(戦前戦後の日本の経済学もそうだったが)の下では，供給サイドが重視された(古典派)。

　資本制生産と流通の矛盾の高まりの中で，マルクス理論は形成され発展した。

　ソ連邦の崩壊はマルクス経済学に負の影響を与えた。

　マネタリズムやニュー・クラシカルは経済の金融化の進展を背景にしている。

　内生的成長論は技術進歩，特に情報化の進展とともにあった。

　進化的経済学や環境経済学は均衡理論が無視した，地球環境や景気変動の不規則性の激化を動機や背景にしている。

**3**│数理的モデルがもたらす，安定や不安定の帰結はそれらの前提条件に含まれるものによって影響される。たとえばマクロ経済モデルにおける，新古典派経済成長モデル(ソロー・モデル)とケインジアンの成長**モデル(ハロッド・モデル)の決定的な違いは投資行動の変動性とは無縁の生産関数を入れる前者と投資行動を含む(投資行動はさまざまな投資関数の形態に反映されているが)投資関数を取り入れる後者の違いが決定的な影響をもたらした。**事後的投資と事後的貯蓄が等しいことなどはいずれの経済学にも共通する。問題は事前の投資をどのように陽表化するかである。投資関数を消し去って取り入れられる生産関数にはこの根本的な点で問題がある。新古典派経済成長モデルの完全販売・完全稼働・完全雇用・完全情報を前提としたモデルは当初から現実から離れた経済を想定していた。これに対して，ケインズ派経済学は変動要因としての投資関数を取り入れ，体系の不安定性に目を向ける，リアルな観点を持っている。なぜなら，**企業者の野心的な投資行動(J.ロビンソンはこれをanimal spirit 血気と呼んだ)が取り去られた企業者はまるで隠者のような存在でしかない。**

　ケインズ経済学の特徴には2点ある。賃金や価格の硬直性ゆえに市場の調整力が不十分なことと，流動性選好によって有効需要の不足が生じることであ

18世紀半ばからの 啓蒙思想 （キリスト教の学問・思想支配

経済学の嚆矢としての「自然価格」概念（市場価値の重心と

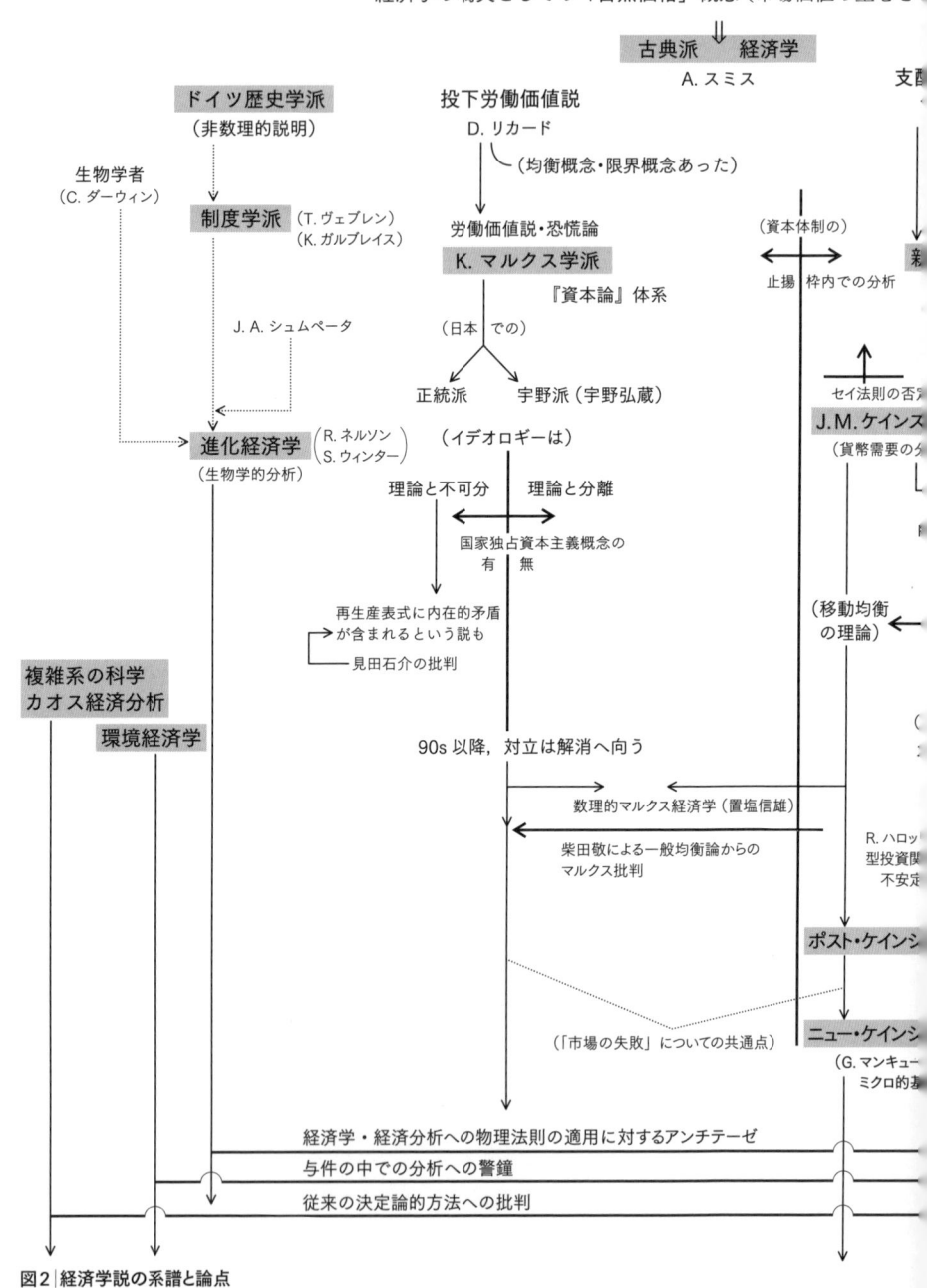

⇓

古典派 経済学
A. スミス

ドイツ歴史学派
（非数理的説明）

投下労働価値説
D. リカード
（均衡概念・限界概念あった）

生物学者
（C. ダーウィン）

制度学派 （T. ヴェブレン）
（K. ガルブレイス）

労働価値説・恐慌論
K. マルクス学派
『資本論』体系

（資本体制の）
止揚 枠内での分析

J. A. シュムペータ

（日本での）

正統派　宇野派（宇野弘蔵）

セイ法則の否

進化経済学 (R. ネルソン)
(S. ウィンター)
（生物学的分析）

（イデオロギーは）

J.M. ケインズ

理論と不可分　理論と分離

（貨幣需要の

国家独占資本主義概念の
有　無

再生産表式に内在的矛盾
が含まれるという説も
見田石介の批判

（移動均衡
の理論）

複雑系の科学
カオス経済分析

環境経済学

90s 以降，対立は解消へ向う

数理的マルクス経済学（置塩信雄）

R. ハロッ
型投資関
不安定

柴田敬による一般均衡論からの
マルクス批判

ポスト・ケインシ

ニュー・ケインシ

（「市場の失敗」についての共通点）

(G. マンキュー
ミクロ的基

経済学・経済分析への物理法則の適用に対するアンチテーゼ

与件の中での分析への警鐘

従来の決定論的方法への批判

図2│経済学説の系譜と論点

218　　　　　　　　　　　　岩田年浩

付して）

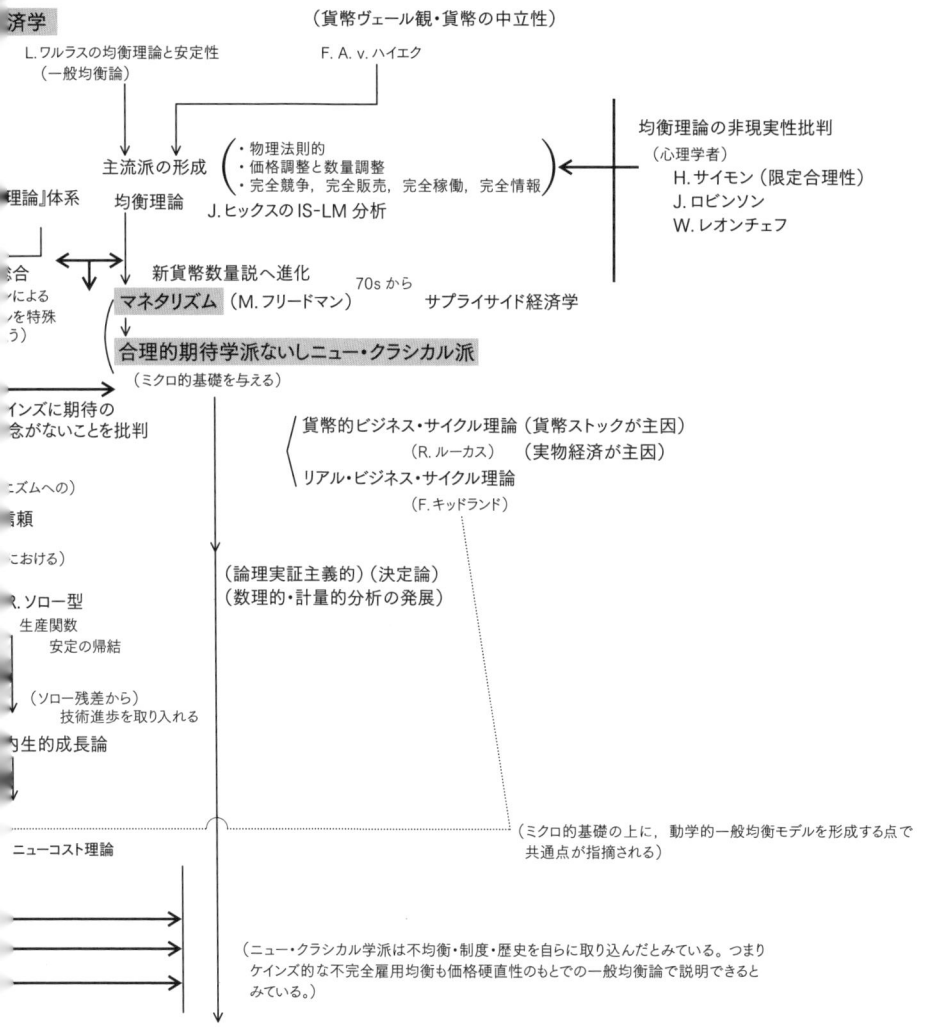

……R. カンティロンによる）

兌

に基礎を置く，限界理論の活用 ＋ 貨幣数量説

済学　　　　　　　　　　　　　（貨幣ヴェール観・貨幣の中立性）

　L.ワルラスの均衡理論と安定性　　F. A. v. ハイエク
　　（一般均衡論）

　　　　　　　　　　　　　　　　　　　　　　　　　　　　　均衡理論の非現実性批判
　　　　　　　　　　　　　　　　　　　　　　　　　　　　　　（心理学者）
　　　　　　　主流派の形成　・物理法則的　　　　　　　　　　　　H.サイモン（限定合理性）
理論 体系　　　　　　　　・価格調整と数量調整　　　　　　←　　J.ロビンソン
　　　　　　　均衡理論　　・完全競争，完全販売，完全稼働，完全情報　　W.レオンチェフ
　　　　　　　　　　　　　J.ヒックスのIS-LM分析

合　　　　　　新貨幣数量説へ進化　　70sから
による　　　　　　　　　　　　　　　　サプライサイド経済学
を特殊　　マネタリズム　（M.フリードマン）
う）　　　　↓
　　　　　合理的期待学派ないしニュー・クラシカル派
　　　　　　（ミクロ的基礎を与える）

インズに期待の　　　　　　　　貨幣的ビジネス・サイクル理論（貨幣ストックが主因）
念がないことを批判　　　　　　　　　　　　（R. ルーカス）　（実物経済が主因）
　　　　　　　　　　　　　　リアル・ビジネス・サイクル理論
ズムへの）　　　　　　　　　　　　　　　（F.キッドランド）
信頼

における）　　　　　　　　　　　（論理実証主義的）（決定論）
R.ソロー型　　　　　　　　　　　（数理的・計量的分析の発展）
　生産関数
　　安定の帰結

（ソロー残差から）
　　技術進歩を取り入れる
生的成長論

　　　　　　　　　　　　　　　　　　（ミクロ的基礎の上に，動学的一般均衡モデルを形成する点で
ニューコスト理論　　　　　　　　　　　共通点が指摘される）

　　　　　　　　　　（ニュー・クラシカル学派は不均衡・制度・歴史を自らに取り込んだとみている。つまり
　　　　　　　　　　　ケインズ的な不完全雇用均衡も価格硬直性のもとでの一般均衡論で説明できると
　　　　　　　　　　　みている。）

る。日本に多いワルラシアンやヒックシアンが考えるようなものとは異なり，『一般理論』にはダイナミック論理体系がある(**図3参照**)。ケインズ理論をこのように解釈する経済学者たちは「新古典派ケインジアン」として主流をなした。しかし，これはIS-LM分析にケインズ体系を押し込めたり一般均衡論の特殊ケースとして扱う解釈になり，ケインズ理論の肝心な部分を捨象してしまうことになる。

均衡理論を母体に，マネタリズムを包括したとされるニュー・クラシカル学派＝主流派(**図2参照**)では，すべての経済主体は合理的な行動(効用の最大化と利潤の最大化)をとり，合理的期待を形成する。さらに，完全雇用均衡は価格と賃金の調整によって達成できるとしている。こうした観点に現実性がないことは明らかではないか。

戦後の現実ではケインズ経済学は福祉や環境への政府投資ではなく，巨大資本と政府の連携によって運用された。各国の政策当局は市場の調整能力が不十分であるからこそ，つねにその対応に追われており，各国民は雇用の不安・価格変動への不安・所得への不安に直面している。市場の感応度のみを不況の原因とみなすのは投資を中心とした，内省的な景気循環を無視することになっている。こうしたことになぜ目が向かわず，市場の完全性を当然のように主張し，そこで生きる人間を合理的経済人としか考えないのであろうか。

なお，実物経済から金融経済へと力点が移動しても，乱高下する投資変動を無視しては現実の説明はできない。そして，数学を使用するかどうかではなく内実が問われるべきであろう。

古典的な意味での今日のニュー・ケインジアンモデルは市場の不安定性が強

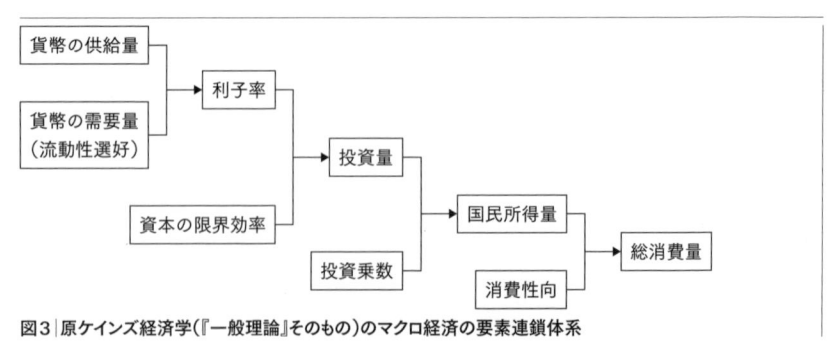

**図3│原ケインズ経済学(『一般理論』そのもの)のマクロ経済の要素連鎖体系**

まれば不況に進み，安定化が強ければワルラス均衡に近づくとして，ニュー・クラシカル学派に一歩接近していると認められる。

**4**｜「**均衡概念**」はマルクスの再生産表式におけるものを含めて（再生産表式の中に基本矛盾が含まれているという誤認もあった），経済学説の多くに認めることができる。ケインズ『一般理論』そのものにおける，貨幣市場から実物市場にいたる因果連鎖は（ヒックシアンによる，IS-LM体系にはない）魅力があった。

　均衡概念は以後のニュー・ケインジアンにおいても，ニュー・クラシカルにおいても用いられている。均衡概念を否定する極端な学説（資本制の自動崩壊論など）は過去にもあったが，資本制が持続してきたシステムだということは否定できない。しかし，均衡理論という場合には体系が矛盾なく，均衡と安定をもたらすという帰結が貫徹するニュー・クラシカルのものであり注意が必要となる。**ケインズの想念の根本には価格調整や数量調整によって，市場が調整機能を発揮できない（かつて，よく言われた「市場の失敗」，言い換えれば，市場の限界）の本質があるからこそ，理論を展開したのであり**，参照基準がいうような「市場メカニズムの有用性が世界全体の共通認識」になっているとは言えない。市場は存在し，規模を大きくし，その中で人間は生きているが，有用というにはあまりにも多くの問題を生じている。市場規模が大きくなるにつれて，「市場の失敗」は失業率や貧困層の増加，所得格差の増大，環境問題などの潜在的固定的増大は市場が調整機能を不完全にしか発揮できない現状を示している。市場の調整機能を傾向的に弱めてきたのは外部性の増大や独占・寡占企業のなせるところでもあった。しかし，公共財を内部化（市場経済化）する議論もあるが，公共財や公共サービスに市場的効率性を求めることも問題であろう。

　さらに，ケインズ学説に忠実な**ポスト・ケインジアン**と呼ばれる，M.カレツキやN.カルドアらの経済モデル，さらにはR. M.グッドウィンらのマクロ動学では利潤や賃金などの**所得分配問題が含まれる**特徴があった（マルクス学派のような搾取関係はない）。

　経済の金融化に伴う市場における投機性の増大は近年の金融恐慌を生じたが，この点でのH. P.ミンスキーらの研究も無視できるものではないのではないか。

　参照基準は「（所得分配や公平性などの規範的問題には）合意ができていない」

としているが，なぜ視野狭く捉えるのであろうか。

　無論，主流派の学説は資本制の枠内の分析であり，資本制が人類史の一定の歴史段階において成立するものとして相対化され，その枠組みを問題にするような発想は元から存在していないし，拒絶している（なお，市場経済は資本制経済を意味していると思われるが，それ以外に資本制以前の市場経済や中国のような社会主義市場経済もある）。

5｜経済学の分野には理論・歴史・政策・学説史・計量分析と多くの分野があるが，他の学問と同様に**やはり理論研究の先行的位置，実証や実験・臨床の結果からフィードバックして理論を再検討するという位置は揺るがせず，他の分野と並列される一つではない**。

6｜マルクス経済学では一時，イデオロギー性・実践性が強調され，特殊に見られる向きもあったが，いうまでもなく**啓蒙思想の流れの中にあり，方法論的論理展開**（図4参照）に特徴があり，その価値論から恐慌論，さらに帝国主義論，情報社会論にいたる論理的客観的研究が展開してきた特性がある。いうまでもなく，経済学説の根底的批判という特徴があり，20世紀を風靡した。この延長上に経済理論の最新形態の内在的な批判的検討と新たな創造的理論展開が期待される。ただ，相対的貧困化は認められるが，絶対的貧困化は資本制経済で認め

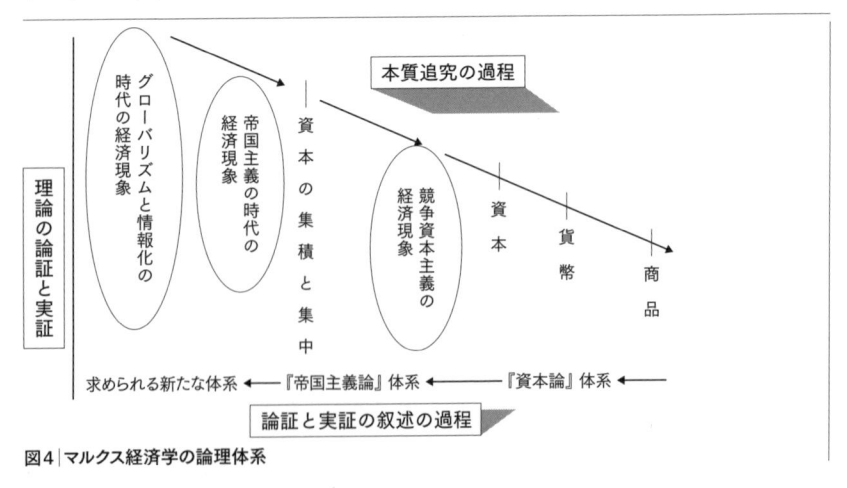

図4｜マルクス経済学の論理体系

られるかという論点もある。

**7**│サムエルソンが*Foundations of Economic Analysis*(1947)で自ら認めたように，**近代理論(均衡理論)の体系は物理法則の援用を基礎**にしており数理的体系化がなじむが，与件としてまた分析内容において無視軽視すべきではない経済の観点が多い。この点では**進化的経済学に代表される，生物学的研究とも関係の深い一般システム論の経済現象への応用や環境の経済学に意味**があるのも当然である。これらは人類史において現代人が考察しなければならない避けがたい問題ではなかろうか。

同時に，現実の経済と均衡理論の距離も大きく，1960年代以後に新自由主義が注目される中で，それに対して著名な経済学者たち(J. RobinsonやW. Leontief，H. Simonら)からさまざまな批判がなされてきた。経済社会が複雑化するにつれて，社会科学の柱である経済学が多様化するのは必然である。特に，均衡理論が与件とした資源や環境問題等の諸矛盾が噴出している現実の事態も大きい。筆者の実践では，ニュー・クラシカル学派の教育を受けた学生や大学院生たちほどその数理的展開の精緻さに魅力を感じ，諸矛盾への関心は低くなっている。

現代社会で求められる**経済的センス**は　①市場競争原理とは何なのか，②その中でどのような諸問題が発生しているのか，③これらを認識してどのように生きていくかという総合的なものであるべきではないのか。経済学の教育はさまざまな角度や視点から経済社会の現実を学べるものを提供すべきではないのか。

## III　経済認識と教育政策との関連

**1**│**人間の経済認識は誰であれ，まずは経済現象の事実に接し反応する。**人間が周りの環境を感じる原因は生きていくという生命維持的な本性からくる。経済現象には景気循環・恐慌・所得格差・失業・不公正な競争・環境資源等の問題があるが，これらは人間の生活に深く影響を及ぼしている。社会認識はその生活体験の広がりや変化によって発展していく。家族，仲間集団，学校，近隣，地域，報道などが児童や生徒・学生が社会認識を広げ深める環境である。これらの社会の状況を若い層は敏感にとらえ反応する。認識の形成はさまざまな学力を形

成する。**苦しみを含む人生の体験が人間を形成していく。**好奇心・想像力・思考力はその契機となっている。そして，この過程では，経済現象の実態に関心を広げる中で，主要な特徴や因果連鎖の説明が現実的であり，リアルな経済理論やモデル展開によって根拠づけられることこそ必要である。参照基準は「(ミクロ・マクロ経済学の)知識を持たず，正しい理解ができない場合には，就業して収入を獲得し，各種の財・サービスを購入し消費している人々が日常生活にあたってさまざまな**不利益を受ける危険がある**」としているが，このように一面的で楽観的な主張で不利益の危険を述べるのでは，肝心のリアルな現実感覚が欠けてしまっている。不利益の危険を述べるのであるならば，多くの社会的要因や政治学的要因があることの学習を中間項に入れなければ人間の発達に寄与することにはならない。なぜならば経済現象には増大し続ける矛盾を含むものがあり，**多元的な構造**を持っているからである。何故このような現象が生じてきたのかという原因の分析，その原理の考察を教育指導していくには，一元的規範的分析では，教育という多元的知識の獲得の作業においては無視するものが多すぎるのではないか。いろいろな事象や学説に関心を広げることは応用能力を養成することになる。研究の世界では一元的に掘り下げる作業は大切だが，そのまま教育に持ち込むことには無理があろう。また，安全・安定を求める日本社会ではアメリカ社会のようなデジタル的な意思決定にはなじまないことが多い。これらの点についてはどうなのか。

**2**｜元来，人間の教育活動が**大学や学校の設立を生み出したのは近代社会の発展（わけても工業化の進展）**の必要性が大きい。学校は社会の統合の維持の役割をもっており，カリキュラムを柱に時代とともに変化してきた。社会にとっての必要な知識の伝達や人の育成がその発展を然らしめたと言える。もちろん，学校教育の目的や人間像・学力観も時代の変化の中で価値観の対立を反映して議論されてきた。

　人間の発達は学校や家庭，地域社会の中で学ぶことによって，さまざまな能力を発展させる。**人間の発達は全く強制なしではありえない。**この中で，学生・生徒児童が主体的に学ぶことで発見や知的探求をしていくことが望ましい。そのことを支える教育(実践)活動は特別の価値を持つことになる。近代の教育思

想を切り開いた，J. A. コメニウスや J. J. ルソーはこの根本的なことを主張していた。プラグマチストの J. デューイは「単なる言葉の集積に過ぎない」ような知識の集積ではなく，現象のなかにある歴史性や法則性を探求する姿勢を教員に求めていた。**教育の世界ではこのような児童や生徒の認識を中心にした教育学説と J. A. コメニウス，J. F. ヘルバルト，P. ナトルプ以来の規範的・社会的必要からの教育学説の二つの思潮が対抗的に継続してきた。**

　しかし，社会科学全般にイデオロギーの対立が拡大し固定化している状況は，教育の世界全般でも，とりわけ経済教育の世界でも明らかである。イデオロギーの根本は経済的利害に発するとすれば，経済教育には非妥協的な性質があろう。競争化・情報化と金融化が社会を大きく変容させている今日，学校や大学といった教育機関には社会統合のために，時代にふさわしいとされる知識の整備が求められてきた。経済発展の中で，今日の「経済学の参照基準」の提議はその一環として捉えることができる。しかし，これ以外の科学的結論はありえないとする考え方は，体制側であれ反体制側であれ教育活動の原理的意味から認められるものではない。

### 3｜戦後日本の教育の変容と経済

　経済研究が出発すべきは経済現象そのものであるが，大学生や学校の児童・生徒がまず感じるのも経済社会の現象であり，その中での自分の位置である。この「参照基準」が作成される上でヒアリングをしてあるのかを問いたい。第一に挙げられているのは教員のメッセージを受け取る立場の「学生の意見を聞いているか」である。今日の日本の若者の意識がどのように形成されているかを見ていこう。

　戦後日本の経済はアメリカとの同盟の下で，低い軍事費と政府による積極的な産業保護政策に支えられて，右肩上がりの経済成長を支え，経済大国化してきた。この過程では矛盾を含みながらも，「一億総中流」の意識が生み出され，大学進学率を約50％，高校進学率を約90％に押し上げてきた。戦後民主主義の平等主義（教育の機会均等・全人的発達）の考えが徹底していく中では，「経済決定論」もまかり通る状況だった。戦後の日本社会は資本制経済でありながら，公平性の高い，**平等主義が底流**していたといえる。これは戦前の日本社会とも異

なり，オイルショック以後の状況とも異なっていた。

　**経済競争は能力（学力）の競争へと向かい**，さらには教師の教育力も問われ，学校教育は大学入試のためのものとなり，目に余る**受験戦争が**過熱していった。その大きな**きっかけとなったのは1963年の経済審議会人的能力部門の答申『経済発展における人的能力の課題と対策』**であった。結果は授業内容を理解しているのは小学校で7割，中学で5割，高校で3割という「7・5・3」の状態を生み出し，落ちこぼれや学級崩壊が問題となった。むろん，知識の詰め込みの風潮が原因であった。刈谷剛彦が言うように「低下が懸念されるのは学力水準だけでなく，学習意欲そのものでもある」。**大学入試突破の実力は家庭の所得（経済力），親の職業・社会的地位・学歴・家庭の人間関係の安定性など若者の成長期の状況を背景に，本人の特性や資質・努力といった複合的要因によって影響され決定されることになった。この根底には，中流意識の解体があった。**人間の行動の違いは学んだ内容の違いに影響されざるを得ないが，教育の状況は大学生をふくむ若者の生き方に深い影響を与えてきたことは確かである。教育と社会の状況の深刻さに対して，1985年に臨時教育審議会以後，学歴社会の是正・個性の重視の考え方が広がった。1991年には中央教育審議会学校制度小委員会が少数の中高一貫校がエリート大学の入学者のかなりを占めている状態に対して警鐘を鳴らした。

　GDPの成長率は鈍化し，1990年代以降は不況が慢性化すると，自信を失った若者とワーキングプアや非正規雇用の労働者が増え，国民にストレスが広がってきた。

　これに対して文部科学省は「ゆとりの教育」を提唱し実行が始まった。しかし，国際的な学力テスト成績の低下に受験学力の提唱の流れが力を得て，文部科学省は2002年4月から緊急アピール「学びのすすめ」を出して再び元の政策に回帰することになった。他の国と同様に，教育問題は経済の成長度やそれから派生する社会状況の影響を受けて拡大再生産され，それに対応した政策を随時打ち出さざるを得なかった。

　経済同友会は1994年4月に「技術創造立国への転換」を同年6月に「現代日本社会の病理と処方」を出した。前者は1995年の『科学技術白書』と同年11月の「科学技術基本法」に取り入れられ，国の方針として確定している。ここでは「次

の世代に引き継いでいける知的資産の整備」が述べられている。今日の『経済学の参照基準』策定に向かう，日本の動機になったと言ってよかろう。

　反転を繰り返す日本の文教政策は学力重視→ゆとり重視→学力重視と変化してきたが，これにともなって，1964年まで行われてきた全国一斉学力テストも2007年に復活したが，2009年に再び廃止，2010年以後は学校ごとに自主的参加となった(2012年の参加率は81.2％)。経済界の教育への要請は教育行政を通じて，教育現場へもたらされていった。その場合，**経済界が人づくりの点で，依拠するのは経済社会の安定的でない問題への関心を持つことよりも「合理的な」行動ができる人間を求めるニュー・クラシカル学派の経済学，および同じ合理性の観点に立った経営管理能力をもつ人間の育成に関わる経営学**である。しかし，2項でみたように，これらは過去に積み上げられてきた経済学分野の知的営みのかなりを無視することになっている。根本的な問題は経済界が求めるような実学的な観点からしても，ニュー・クラシカル学派が考究するような最適化行動を意識的にとっていないという決定的弱点がある。このことについてはどうか。

　情報化とグローバル化の中で，今日の若者を取り巻く環境は急速に変化している。若者が成長していく上で，**過去にはない多くの問題**が登場してきたのである。少子・高齢化と核家族化による家庭のまとまりの弱体化，子育ての困難の問題，スマートフォンやゲームへの熱中による勉強意欲の弱まり，学習軸への依存が当然のようになり，いじめによる身体と心の蝕まれ，教師の疲弊，などの問題が顕在化してきた。この中で，若者も大人も地道に努力することを避けるようになった。特に，就職難とリストラは努力が報われないと感じさせた。また，孤立化の中でコミュニケーション能力は著しく低下してきた。にもかかわらず，こうした事態の打開は『参照基準』のような市場原理を理解した合理的経済人の育成によって可能だと言えるだろうか。

　こうした教育状況の混迷の中で，「**ポストモダン**」**的な思想**が登場してきた。この学派は教育の脱管理化に向かって，自由・個性と主体性を重視してきた。また，科学そのものを権力とする向きもあるが，これらの超越的姿勢は時代の副産物ではあっても，教育と学問の展望を開くものではありえない。

日本の文教政策が参考とする**アメリカ**では，（学力の伸びと公平性の両立に悩みながらも）連邦政府の教育政策の主導性はあるが，カリキュラムの決定や教材の選定と教育方法は各州に任されている。また，政策的な全教育費8兆5000億ドルの約90％は州と地方と私学による資質になっている。2001年度の「新教育改革法」は超党派的に議決されたが，低学力対策の数値目標が網羅されている。この法律に示される教育基準の運用も州に任されている。また，戦後のアメリカではハイスクールは総合制（住んでいる地域によって行くハイスクールが決まる）にする一方で，能力別クラス編成を行っている。

　多民族社会で資本制を純粋培養したアメリカ社会には問題も多いが，日本の文教政策のような画一性や強制性とは異なった面もある。この違いはおそらく，日本では**日本社会の「上からの近代化」の影響**が日本の教育をふくむ制度にも国民性にも根強く効いていることにあるとみてよかろう。日本の今日の特徴はこうした「上から」の意識を保持し，**経済界が国民をモチベートしてきた「効率」と戦後民主主義のもたらした「公平」とを複合させた状況を国民が受け入れてきた**ことにある。

　なお，アメリカの教育学界では教育方法についての進歩主義と本質主義の流れがあるが，日本でそれに対応するのは，経験主義と系統主義である。

　最終案では「①経済学に固有な能力として（抽象的思考・演繹的思考・帰納的思考・数量的スキル・問題設定能力・全体を総合的に把握する能力）が，②ジェネリックスキルとして，論理的批判的思考能力・情報収集能力・数値データの理解活用能力・コミュニケーション能力・問題解決能力・グローバルな市民としての社会的責任」が挙げられている。概ね理解できるが，能力とスキルが混在しているのは残念である。

　参照基準が出てきた背景には，1998年の大学審議会答申以来の大学の種別化（大学院大学・最先端志向の大学・生涯学習提供大学・職業能力育成大学・教養教育の大学）の進行の中で，経済学教育の「ミニマムエッセンス」を考慮しようとしたものであろう。しかし，アメリカの事情と違って，日本の経済学会は多様性をもっている。

**4｜どの教育の現場でも「どのような教材を，どのように，どこまで教えるか」の点で教員の力量が問われる。**教員にとっては授業はカリキュラム実践の場であり，仕事の生きがいの多くを感じる場である。授業では物事のさまざまな理解や説明を通じて，認識を深めていく緊張関係が求められる。当然，教員のメッセージが理解されることが必要になる。

　とくに，日本の大学では教育への関心は低く，さらに教育とは教育方法のことと捉える傾向もあるが，どのような内容が求められるかの観点が見直されなければならないのではないか。この中では，**経済学派によって教育で求めている内容はなぜ，どのように異なるかの吟味**も欠かせない。学習意欲がどのように高まるかは近代理論の主流派の場合は数理的展開の精緻さに関心を持つ若者は魅了される。それ以外の経済学派の場合は経済現象の発生原因の追究やその理論化に感動することになる。また，ニュー・クラシカル学派の主張では，格差の拡大が社会を活気づけるという観点も根強い，その学校やゼミが経済学の研究者として成長していくことに自信を深めさせる状態か経済学を生かして仕事に就く学生が多いのかでも経済学教育の在り方は異なってくる。学校教育では経済分野を暗記科目としてしか扱わない状態（大学時代に経済学を学んだ学校教師が少ないことからくる）か経済現象を中心にした学びを進める状態かで異なる。経済学は社会認識の基礎であることに変わりはない。

　近代教育の歩みの特徴は経済社会が生み出す，**増大していく知識の伝達に力点が置かれ，リアルな現実を知ることや人間の交流，生き方にかかわる観点は次第に希薄になってきた。**Ⅱ節の7項でみた「経済的センス」は筆者の授業の実践では**生き方に関わる話**が関係することによって，学生の反応は深まった。

　新たなことを知った感動が広がる授業をどのように作っていくか。ここで，**経済教育学会が積み上げてきた年来の成果**をここでの議論に関係する限りで紹介し（順不同），参考に供したい。


### 1　制度化等
経済学の制度化のいきさつ
経済学の多様性と教育の見方の違い

## 2　教科書
学生・院生間での各種の経済学のテキストを読み比べた指導
近代経済学とマルクス経済学を融合した教育
経済教育の学習構造化
経済教育のカリキュラム開発
経済教育のミニマムエッセンシャルズの研究

## 3　大講義
数式シミュレーションを教えた経験
リレー講義(企業人と外国人による)
オムニバス講義(他分野の学内の教員による)
会計学から見た利潤
ビデオの制作と発表
大講義でのディベートの指導
学生の体験重視型学習の指導
KJ法を使った教育
株式ゲームをやってみて
ケースメソッドを使った経験
教員と学生の双方向授業の追求
ゲーム教材の活用
新聞を教材にした講義
学生とTPP問題を議論した経験
年金から始める授業

## 4　ゼミナール
学生のテーマ設定の指導
プログラミング教育を超えた情報教育
(日経NEEDS等の)大型データ処理の指導

## 5　環境
各経済学派と環境への対応の違い
食と農と経済教育環境勘定の算定

### 6　調査・地域
大学改革に対する教員の意識調査
金融教育と経済倫理観の関係調査
地域フィールドワークの実際
仮想企業プログラムの指導
地域商店街のホームページ作り
地域の起業家の経験談調査

### 7　統計
統計科目と情報科目の担当者の連携
回帰分析と様々なモデルの比較

### 8　キャリア
経済政策と進路指導
大学によって異なるキャリア教育のニーズ
労働の実態とキャリア教育
キャリア教育と経済学のリテラシー
グループ・ワークでの能力アップ

　以上の経済教育学会の研究や実践の中では，評価に関してのものが少ない点が課題としてある。

## 5

- **結局は**「経済学の参照基準」がどれだけ多様性を含むことになるかは日本の経済分野の担当教員の努力の反映になることになる。
- アメリカの教育政策の表面的機械的適用は好ましくはない。
- J. S. ブルーナーの『教育の過程』に始まる，科学の学習構造化は学習者が科学の各分野の基礎概念の理解を教員がどのように進めるかの過程を実際に示し論じたもので，教育の現場で参考になる。
- 課題の重要な一つは各々の経済理論の立場から，経済現象の主要な特徴や発生原因を説明できる理論の提議ではないか。ツールとして**数理的モデル形成的な展開か，叙述的な展開かは問題の中心ではない**。経済理論の世界

での勝負と決着が肝心である。
- **統計分析は**公表されている資料そのものを**解釈的に意味を考えることにとどまらず**，計量的方法による分析が有効である。
- 最後に，日本の大学の経済教育に関わる教員が入念な教材研究など教育の実践面でも成果を上げ蓄積されていくことが期待される。経済教育に関する研究や必要な教材は情報ネットワークも使って形成し発信していく必要があろう。

**参 考 文 献**

経済学分野：
日本学術会議 経済学委員会 経済学分野の参照基準検討分科会のホームページ(2013~2014)。
日本経済学会[2010]『日本経済学会75年史——回顧と展望』有斐閣。
ミンスキー, H. P.[1989]『金融不安定性の経済学——歴史・理論・政策』浅田統一郎ほか訳, 多賀出版。
マンキュー, N. G.[2005]『経済学 ミクロ編』,『経済学 マクロ編』東洋経済新報社。
吉川洋[2000]『現代マクロ経済学』創文社。
アンデルセン, E. S.[2003]『進化的経済学』シュプリンガー・フェアラーク東京。
岩田年浩[2009]『科学が明らかにした投資変動の予測力(第3版)』学文社。
教育学分野：
長田新[1955]『教育学(改訂版)』岩波書店。
竹中暉雄ほか[1977]『時代と向き合う教育学』ナカニシヤ出版。
堀尾輝久ほか[1985]『教育の原理(I)(II)』東京大学出版会。
ブルーナー, J. S.[1963]『教育の過程』岩波書店。
刈谷剛彦[1995]『大衆教育社会のゆくえ』中央公論新社。
岩田年浩[2007]『経済学教育論の研究』関西大学出版部。

第11章

# 大学教育の質的転換と主体的な経済の学び

## 橋本 勝
はしもと・まさる｜富山大学大学教育支援センター教授／所属学会：大学教育学会・経済教育学会

## I 大学教育の質的転換

　本章では他の章と全く別の角度からこの問題を考えてみたい。

　下に掲げるのは2012年8月28日に発表された中教審答申『新たな未来を築くための大学教育の質的転換に向けて〜生涯学び続け，主体的に考える力を育成する大学へ〜』の一節である。

---

**4. 求められる学士課程教育の質的転換**

　(中略)生涯にわたって学び続ける力，主体的に考える力を持った人材は，学生からみて受動的な教育の場では育成することができない。<u>従来のような知識の伝達・注入を中心とした授業から，</u>教員と学生が意思疎通を図りつつ，一緒になって切磋琢磨し，相互に刺激を与えながら知的に成長する場を創り，学生が主体的に問題を発見し解を見いだしていく能動的学修(アクティブ・ラーニング)<u>への転換が必要である。</u>すなわち，個々の学生の認知的，倫理的，社会的能力を引き出し，それを鍛えるディスカッションやディベートといった双方向の講義，演習，実験，実習や実技等を中心にした授業への転換によって，学生の主体的な学修を促す質の高い学士課程教育を進めることが求められる。学生は主体的な学修の体験を重ねてこそ，生涯学び続けることができるのである。

（答申 9p 下線は筆者）

---

　この答申は同年3月に前段階となる『中間まとめ』が発表され，その後，数回にわたる公開シンポジウムやパブリックコメント収集を経て，8月に成案が発表されたものであるが，3月の『中間まとめ』では，該当部分は下記のようになっていた。

## 4. 学士課程教育の質的転換と学修時間の現状

　(中略)予測困難な時代にあって生涯学び続け，主体的に考える力を持った人材は，受動的な学修経験では育成できない。求められる質の高い学士課程教育とは，教員と学生とが意思疎通を図りつつ，学生同士が切磋琢磨し，相互に刺激を与えながら知的に成長する問題解決型の能動的学修(アクティブ・ラーニング)によって，学生の思考力や表現力を引き出し，その知性を鍛える双方向の講義，演習，実験，実習や実技等を中心とした教育である。

(中央教育審議会大学分科会 審議まとめ『予測困難な時代において，生涯学び続け，主体的に考える力を育成する大学へ』平成24年3月26日 4p)

　一見，両者は似ているが，下線部に注目するとその本質的な違いに気づく。すなわち，『中間まとめ』では，質の高い学士課程教育の実現を目指すためには能動的学修を中心とした形にすべきだと提言する内容であったのに対し，最終答申では一歩進んで，従来型の知識注入型講義形式からの全面転換を求める内容に発展しているのである。答申のタイトルが変更され，今日ではこの答申を『質的転換答申』と略して呼ぶことが一般的であることも考え合わせると，この変更は軽視できないと思われる。

　さて，『参照基準』策定にあたって，このことがどれだけ考慮されただろうか。分科会としての第2次提案が提案された後の3月の慶應大学でのシンポジウムで，私はパネリストの一人として特にその点を指摘し，その直後に求めに応じて委員会宛に学習方法の「講義」部分に関する修正私案を提出した。下記は，提出した訂正箇所の全文である。少し長いが，第2次提案ではいかにこの観点が弱かったかということと，私の主張内容を端的に表しているため，敢えてこの機会に提示したい。(下線部分が私が加筆した部分で，参考のため，第2次原案を見え消しとして残してある。)

## 5. 学習方法及び学習成果の評価方法に関する基本的な考え方

(1)学習方法

　　　(中略)

　したがって，学習者に対して経済学を学ぶための多様な方法を提供し，こ

れらの様々な方法を組み合わせて多様な学習を経験できるようにすることが有益である。経済学の場合，講義と演習，卒業論文や卒業研究を組み合わせる教育方法が一般的であると考えられるが，講義ではこれまで大人数講義が多くを占めてきた経緯があり，また，それを一挙に変更することも困難な大学も少なくない。大学教育がユニバーサル段階を迎えた今日，特にそのありようが問われている分野であることを意識する必要がある。~~形態別に学習方法を考えると，次のようにまとめることができるだろう。~~

・講義　　基本的な知識から最先端の動向まで，学問の展開を学ぶためには，講義形式の学習は教育方法課程のなかで中心的な役割を果たすが，「何を教えるか」から「どんな能力を身に付けるか」に大学教育の力点がシフトしていることを考慮し，講義内容以上に講義形式に配慮する必要性が高まっている。十分な教育効果をあげるように，大人数と少人数の講義を適切に配置するなどの観点も重要であるが，大人数講義そのものを質的に転換する視点も大切である。~~受講者の規模には注意を払う必要がある。学生の態度が受動的になったり，教員の目が行き届かないといった弊害が出るような大人数講義は避けるべきであり，下記のように，弊害を避ける工夫をするか，教室の規模を見直すべきである。~~すなわち，多様な学生が数多く集まっていることを活用すれば，日本人の弱点と指摘されやすい大人数の中での発言力を高めるトレーニングの場にすることもできるし，多様な意見による相互刺激も人数が多い分だけ得やすい。この点で，講義に際しては，学生の積極的な参加を促し，学生が疑問や意見を表明しやすい工夫をすべきである。そうした講義形式への転換がすぐには困難な場合は，例えば，立場や考え方が異なる複数教員による「シンポジウム型授業」や外部ゲスト講師も活用した知的刺激の向上，あるいはグループ討議の組み入れ，リアクションペーパーの活用などの工夫だけでも一定の効果が期待できる。また，~~講義に加えて，宿題などの形で，具体的な問題を解かせ，小論文を書かせるなどの授業時間以外での学習者の学習意欲を高めることが有効である。~~単位の実質化の観点から授業外学習の促進も求められるが，いたずらに宿題を課すのではなく，学習者の主体的・積極的な学習を促すような授業構成を考えることが重要となる。

　~~特に~~経済学は基礎から応用へと体系化されている内容も多く，応用科目を

学ぶ前提条件として基礎科目を学ぶことが必須であることも珍しくない。~~り、~~さらにはこれらの基礎科目修習得のためにはグラフの理解などを含めた数学・統計学の知識が予備知識として必要となることもある。このためには，順序性を具現化した科目のナンバリング（科目番号システム）なども有効であるが，より重要なのは教員間の意識統一ないし協調であり，協力してカリキュラムマップを作成するなど実質的な連携が求められる。~~数学・統計学は他学部や教養科目で利用できる場合もあるが，そうでない場合には経済学部内において習得の機会を与える必要がある。~~これらの基礎的な科目の修習得が不十分な~~出来ない~~学生はその後の学習に重大な支障が生じかねな~~る~~ため，~~基礎的科目では特に少人数で，~~学習の程度のチェックのための練習問題を解かせる小テストの実施，ティーチング・アシスタント：TAを活用したチームティーチングや~~（または~~上級学年の学生によるピアサポート~~の成績優秀者学部生による~~スチューデント・アシスタント~~：SA）による~~学生の学習の補助などを行うことが望ましい。大人数授業を機械的に分割することで大人数授業の弊害を減らそうとするのではなく，むしろ，例えば，~~の学生が同一の講義をとる場合には，講義を複数の並行講義を行うことで少数の~~クラスに分けて行い，また，TA~~（またはSA）~~などを使った演習クラスを~~問題の解説を行うクラスを~~同時期の別の時間帯で並行して付加する~~的に行う~~などのカリキュラム上の工夫が有効である。

応用科目についても，基本的には基礎的科目と同様の教育的配慮が必要であるが，~~教育方法に従うが，~~一定の基礎知識を身に付けた受講生が講義者と積極的に議論したり，受講生同士が意見を交わしたりするような~~を前提とするため，~~学生の積極的な参加を促す工夫が一層重要となる。~~せるよう，講義者と受講者の対話を重視した双方向的な学習が重視されることがある。~~また，講義に加えて，小論文・レポートを書かせたり，それらを基に全体で発表・共有したりすることも~~などの副次的作業を付加すること~~が有効である。

~~特に経済学はカリキュラム体系が段階的であるため，体系的な学習の流れの整合性が取れるように，経済学で必要とする数学や統計などの諸科目，経済学の基礎科目，応用科目の間で教えるべき内容の難易度について~~

~~の十分な調整が行われるべきである。履修前提科目の設定や科目番号システムの導入も有効な手段として考えられる。~~

　8月29日に公表された確定版『参照基準』では，私の修正提案はかなり盛り込まれており，私としてもある程度満足している。真摯に修正提案を受け止めてくれたことに感謝している。表現も含めて，こんなに取り入れてくれるなら「講義」の部分以外の修正案も提出すればよかった，と思っているくらいである。但し，一つ気になるのは，特に経済学分野における多人数講義の多さを前提にした経済学教育の本格的な質的転換の意識が必ずしも明瞭ではないことである。講義形式がもつ弱点を「演習」「卒論」などで補完するような感じでまとめられており，『質的転換答申』というより，せいぜい『中間まとめ』を意識した内容にとどまっているような印象を受ける。あるいは，旧来の経済学教育の本筋は変えなくて良い，というスタンスも感じ取れる。はたしてそれでよいのであろうか。

## II　大学の変質と大学教育

　M.トロウの言うユニバーサル段階を迎えた大学が専門家の育成ではなく，21世紀を支える市民の育成に重心を移さざるを得なくなったことは今更，強調するまでもない。このことは『参照基準』作成に批判的な人が多いと予想される本書の読者もしっかり心してほしい。大学はとっくに一方的に何かを「教える場」「教わる場」ではなくなっているのである。

　但し，エリート育成段階，マス段階においても，大学は，本来，学生が自発的，自主的，主体的に学ぶ場であったことにも留意する必要がある。大学教員に特に教員資格が要らず，一定の研究業績があれば，教育能力の高低に関係なく大学教員になれたのは，学ぶ側の学生に勉学意欲があれば，教員の「教える」能力の低さを十分補えると考えられていたからに他ならない。また，大学での学びが卒業後の実社会での活動に直結していなくても，それを補う企業内教育も充実していることが多かった。さらに，青春を謳歌し，これからの人生を熟考する時期を保証することこそ大学の存在意義だと考えるような雰囲気と社会的余裕もあった。一方で，特に国公立大学の学費は低廉に抑えられ，大学生の

ありようとしてもあまり金をかけずに大学生活を送ることが一般的であったことも重要である。

しかし，今や大学はその姿を一変させている。社会は大学に即戦力となる人材育成を期待し，電化製品の揃ったワンルームマンションで暮らす学生たちはアルバイト収入と引き換えに勉学へのエネルギーを低減させ，ともすれば，就活での成功を大学での第一目標に本気で据える者も少なくない。誤解を恐れずに言えば，学生の多くは大学の授業にあまり専門的内容を期待していない代わりに，社会人基礎力に代表されるいわゆるジェネリックスキルの育成につながる指導をある程度期待しているし，大学としても，高い学費を取る代わりの社会的説明責任が大きくなり，そうした面に力を入れざるを得なくなってきたわけである。そんな中で専門教育の方法が昔のままであり続けることは不自然かつ困難であることは自明である。

FD (Faculty Development) によって，「講義」を改善する工夫が求められているだけではなく，学生の主体的な学びを促進するような授業群を中心にするようなカリキュラムの大転換が必要なのである。無論，非常に上手い話術の持ち主は受講する学生たちが思わず身を乗り出して「アクティブに聴く」ような一方的授業を展開することも出来ようが，残念ながら現在の日本の大学教員でそれができる人は極めて少ない。とすれば，一方的に何かを教える形の授業に，可能な限り双方向的・自発的学習要素を加えることを考えるしかない。「学生の積極的な授業参加や授業外学習も視野に入れて学習者の主体的・積極的な学習を促すような授業構成を考えることが望ましい」のではなく，どの授業もそうしなければならないのである。但し，その要素の加え方は多種多様である点に注意しなければならない。どの授業も同じ形になれば大学教育の面白味は半減してしまうからである。実は，FDはその多様性の探求にこそ意味がある。例えば，クリッカー等の機器を有効に使う方法もあれば，頻繁に学生に話し合わせる形もある。いわゆる「反転授業」一つとっても様々なものが考えられる。

この意味で，「講義」「演習」「卒論」の適切な組み合わせを説き，「フィールドワーク」「インターンシップ」「導入教育」などの有効性を一般的に説明するだけにとどまっている確定版『参照基準』にはやや物足りなさを感じる。

理想的には，『参照基準』は，何をどう教えるかということより，どうすれば，

学生がより主体的な学び，大学での学びの充実を図れるかということに力点を置き，『参照基準』の構成自体を，授業方法にもっと重点を置くものとして構築すべきではなかったかという思いがあるが，学術会議全体として，作成方針が，全ての学界を通して教育内容を主とし教育方法・評価方法を付論的に扱う形で統一されているので，これは少し無理な要求かもしれない。とはいえ，本書の各論者が主張する通り，経済学ほど多様な内容を持つ学問はないのだから，せめて経済学分野の参照基準だけでも例外的にその形を希求するのも一つの見識ではなかったのではないだろうか。

# III　学生は大学教育の変容を歓迎していない？

次に掲げる**表1**は，ベネッセコーポレーションが全国の国公私立大学生約1万人を対象に調査した大学生が能動的授業を必ずしも好んでいないというデータである。

この結果をどう見るかは論者によりさまざまであるが，素直に考えれば，「黙って話を聞いていれば（あるいは，聞いたふりをしていれば）単位を取れる科目を歓迎する傾向が強いことを示す」と受け取るのが自然であろう。ここ数年，増えつつある能動的授業の負担の重さを意識している結果ともいえる。私が開発・実践し，どれだけかの同調者を生んでいる「橋本メソッド」のようなできるだけ軽い負担の「楽ティブラーニング」は稀な存在であり，多くのアクティブラーニングは，高い達成感や知的成長が見込まれる代わりに時間・労力が他の科目と比べ格段に大きく，学習意欲の低い学生は敬遠しがちとなる。その際，旧来の座学スタイルの一方通行的授業が存在していれば，彼らの多くはそちらに流れやすいのは自然の理であろう。

もし，ベネッセの調査が二択ではなく，例えば，「学生同士が気軽に話し合い自然に主体的に取り組む授業が多い方がよい」を第三の選択肢として用意していたら，調査結果は

表1｜ベネッセコーポレーション
『第2回大学生の学習・生活実態調査』2012

|  | 2008年 | 2012年 |
|---|---|---|
| 教員が知識・技術を教える講義形式の授業が多い方がよい | 82.0% | 83.3% |
| 学生が自分で調べて発表する演習形式授業が多い方がよい | 18.0% | 16.7% |

どうなったであろうか。学生たちが旧来型の授業方法に満足しているのでなければ、結果は語るまでもなかろう。

　私が、岡山大学を起点に10年ほど展開し、現在は富山大学に第2の拠点として展開している学生参画型FDは、今や全国の数十の大学に広がっているが、そうした活動に関わっている全国の大学生たちと大学の授業について本音で語り合うと、学習意欲の高・低に関係なく、共通して、一方的な授業に閉口していることがよくわかる。彼らは、もしあまり大きな負担を伴わないのであれば、できれば主体的に学びたいと思っているようである。

　かつてであれば、学生たちは授業に満足しなければ授業に出なくてもよかった。真面目な学生は図書館で自学自習し、不真面目な学生は社会勉強に精を出せばよかったのである。現代では、前者のタイプの学生は、世界に向けて発信している他大学等の授業を自宅の情報端末で学ぶこともできるし、後者のタイプの学生はボランティアやアルバイトといった活動こそ自分の能力開発に有効と自主的な行動判断をすることもできる。しかし、厄介なことに、今日では欠席回数の多さは単位取得への大きな障害となる。無理してでも出なければならない授業が苦痛をともなったり、高負担になったりすれば、全体としての学生の学習意欲は高まるはずがない。

　『参照基準』は教育の質保証を目指したものであるが、教員の発想で「教育しようとすること」の質をいくら高めようとしても、肝心の学ぶ側がそれに呼応する学習姿勢を見せなければ意味がない。「何を教えるか」ではなく「どう学ぶか」こそが、今、問われている。

## IV　5年後に国立大学に経済学部は存続しているのか？

　2014年の8月4日に開催された第48回国立大学法人評価委員会総会で、第3期の中期計画策定を念頭に、今後の国立大学のあり方が議論されたが、いわゆる「ミッションの再定義」を踏まえての組織の見直しの視点で第一に掲げられたのは、「教員養成系、人文社会科学系は、組織の廃止や社会的要請の高い分野への転換」を図ることであった。つまり、中長期的には経済学部が存続しているかどうかが極めて怪しい状況になっているわけである。

そんな馬鹿な，と一笑に付す人は少なからずいるであろうが，私は，これは決して杞憂ではないと考えている。よく知られていることであるが，日本の大学では海外に比べ極端に経済学部・経済学科が多い。その一方で，時代と社会の変化の中で，私立大学を中心に学部・学科の再編や新しい学部・学科の誕生が相次いでいる。今も国公立大学や有名私立大学の多くに存在する経済学部・経済学科(あるいは経済学類や経済学専修課程等)が本当に必要とされているのか，将来も必要とされ続けるのか，という意識をもって，今回の『参照基準』づくりはなされたであろうか，はなはだ疑問である。

　「何を教えるか」という観点を重視するのであれば，系統的学修の積み上げも重要なことであろう。また，幅広く様々な理論に触れることで多様な分析やより深い思考ができるようになることが経済学を学ぶ意義だとすれば，できるだけ多くの分野の陣容を揃えた総合学部としての経済学部の存在意義もあろう。しかし，teachingからlearningへのシフトが進む中で「何を教えるか」という点は今後，ますます大きく後退していくし，総合学部的発想は何も広義の経済学に限定すべき必要性はなく，より広範な学問分野を包摂する可能性の方が現実味がある。例えば，「グローバル学部」「近未来学部」といった新学部での経済学教育のありようという視点で考えることが『参照基準』策定に求められていたのではないか，という気がしてならない。

## V　むすびに代えて

　私の造語の一つに「学びの主権者」がある。言うまでもなく学生のことを指している。初等・中等教育でも主体的な学びが声高に叫ばれ続け，教師は学習支援を中心に教育を組み立てることが社会的に要請されているが，そこにはもう一つの圧力として，学習指導要領や上級学校の受験という要素が深く入り込んでくる。また，児童・生徒の側も発達段階から自身を主権者と意識することはやや困難である。せいぜい高校段階でのSGH (Super Global High school)やSSH (Super Science High school)実践で，その意識が萌芽的にみられるが，彼らは元々学習意欲の高い限られた生徒たちである。

　やる気のある学生たちを伸ばすことは比較的たやすい。問題は学習意欲の低

い学生たちをどうやって主体的学びに誘い込むかである。ユニバーサル段階の大学生の多くに「学びの主権者」意識を芽生えさせることは決して容易ではない。だからこそ、『参照基準』のようなものが必要とされたのではないか、私にはそう思えてならない。

　多様な内容を含む経済学分野では、限られた分量で「教える」内容を整理しようとすればどうしても一部の学派の考え方に偏るか、網羅的にするなら表層的な内容にとどまりやすいことは自明である。初等・中等教育の学習指導要領でさえ、社会科学・人文科学の諸分野については「歴史的な見方・考え方」「地理的な見方・考え方」「経済的な見方・考え方」等に力点が置かれて久しい。つまり、内容よりもどういう能力を身につけるかが問われているのである。

　1節に掲げた修正私案は、あくまで決められた制限枠内の中で「講義」に絞って必要最低限のことを盛り込んだに過ぎない。少なくとも経済学分野の『参照基準』だけは、教育内容と教育方法の分量比率を逆転させてでも、今後、あるべき教育方法をしっかり示す必要があったと言えるが、「経済学者」にそれを求めるのは酷なのかもしれない。

# 第12章 働くために必要な経済知識と労働知識

森岡孝二
もりおか・こうじ／関西大学名誉教授／所属学会：経済理論学会・経済教育学会

## I はじめに

　2010年7月，日本学術会議は，文部科学省からの依頼に応えて，「大学教育の分野別質保証の在り方について」と題する「回答」を取りまとめた。この「回答」は，大学教育の各分野の特性と学生の職業的進路を踏まえ，学生が獲得すべき知識・理解・能力に関して「教育課程編成上の参照基準の策定」が，なぜいま必要になっているかを示すことを課題にしていた。

　これを受けて，その後，同会議の「経済学委員会・経済学分野の参照基準検討分科会」で議論が重ねられ，2014年8月，日本学術会議から「大学教育の分野別質保証のための教育課程編成上の参照基準　経済学分野」というタイトルの「報告」(以下「経済学分野の参照基準」あるいは単に「参照基準」と言う)が公表された。

　時間的順序をもう少し辿ると，上記の参照基準検討分科会は，2013年11月，今回公表された「参照基準」のいわゆるたたき台にあたる「経済学分野の参照基準(原案)」(以下「原案」という)を発表している。その後，各方面の意見を聴取して最終的にまとめられた「参照基準」は，「原案」にくらべると，一定の改善とみなすことができる修正が行われている(詳細な経緯については本書の序章，八木紀一郎「経済学の『参照基準』はなぜ争点になったか」を参照)。

　たとえば，「原案」では，市場経済システムを競争と価格の役割を中心に説明する「ミクロ経済学」と，それを前提に家計・企業・政府の3部門からなる1国経済全体の動きを取り扱う「マクロ経済学」を，もっぱら経済学の「標準的アプローチ」(あるいは「標準的なアプローチ」)と位置づけていた。しかし，「参照基準」では，内容が大きく変わったというのではないが，表現上は「標準的アプローチ」という字句はなくなり，歴史的アプローチや制度的アプローチの有用性，あるいは経済学の思想や学説や分析手法の多様性への配慮が「原案」より幾

分強まっている。「原案」で触れられていなかった性別経済格差の問題を例に取ると，成文化された「参照基準」には，ジェンダー間の「格差の原因を明らかにするためには社会制度やその歴史を理解する必要がある」という指摘が付け加えられた。

にもかかわらず，「参照基準」には，経済学の定義に関しても，資本主義的経済システムとしての市場経済システムの本質的特徴の把握に関しても，見過ごせない欠落がある。

以下では，第II節で「参照基準」における経済学の定義と資本主義の理解を問題にし，第III節で経済学部卒業者の産業別就職先を概観する。そして，第IV節で大学生のアルバイトと雇用状況に触れて，第V節と「おわりに」でキャリア教育と労働知識について整理しておこう。

# II 経済学の定義と資本主義経済の理解

「参照基準」の本論はつぎのような「経済学の定義」で始まっている。

> 経済学は，社会における経済活動の在り方を研究する学問であり，人々の幸福の達成に必要な物資（モノ）や労働（サービス）の利用及びその権利の配分における個人や社会の活動を分析するとともに，幸福の意味やそれを実現するための制度的仕組みを検討し，望ましい政策的対応の在り方を考える学問領域である。（「参照基準」2ページ，日本学術会議HP上の該当PDFファイルのページ数を示す）

よく知られているように，長らく近代経済学の基本的教科書とされてきたポール・A・サムエルソンの『経済学』（都留重人訳，岩波書店）に例を見るように，経済学とは，人びとないし社会が，希少な資源を用いて種々の財を生産し分配するに際して，どのような選択的行動をするかについての学問と定義されてきた。

「希少性」と「選択」を本質的要素とする主流派経済学の定義と，先に引用した「参照基準」の定義は一見異なるようにみえる。しかし，「参照基準」の「原案」を見ると，必ずしもそうでないことがわかる。「原案」は，先の引用と同じ定義を示したあと，以下のように言う。

> 　経済学では，人間を豊かにしてくれる手段は多様であるが有限・希少であり，その選択が重要であると考える。そう考える場合，経済学は選択（意思決定）の科学である。経済問題とは手段（経済問題では「資源」と呼ぶ方が具体性を増すかもしれない）には限りがあることから発生する。つまり，希少性の問題がなくなれば経済学は必要ない。
> 　　　　　　　　　　　　　　　　　　　　（「原案」3ページ，括弧内は原文）

　ここにははっきりと経済学は選択の科学であり，希少性がなければ経済学はないと書かれている。「原案」の検討を経て最後にまとまった「参照基準」からは，先に引用した希少性と選択を重視した説明は落ちている。その理由は定かではないが，2つのタームが消えても，内容が大きく変わったわけではない。その証拠に「参照基準」は先の定義を与えたあと，経済学においては有限・希少な資源の選択的利用の問題が重要であると述べたうえで，「大学で何を学び，その後にどのような職業に就くのかは人生の大きな選択であるが，精神的・物質的豊かさを実現するために人生の限られた時間をどのように利用していくのかも経済的な選択にあたる。人間は市民生活の中で数多くの経済的な選択を行っている」（「参照基準」2ページ）と言う。

　たしかに，市場経済には，自由で分権的な市場における競争という横の関係でとらえれば，希少性と選択の要素から説明できる現象や領域がある。しかし，資本主義経済は，希少性と選択の要素にこだわっているだけでは説明できない。市場経済の基礎上で企業が労働者を雇用し，利潤追求を目的に商品を生産し販売する資本主義経済は，雇用や階級や会社組織や課税や法的規制といった縦の関係を抜きにはとらえられないからである。

　「参照基準」が拠って立つ主流派経済学では，天然資源や原材料資源という場合の「資源」にかぎらず，人間が経済生活で利用するすべての手段が「資源」と考えられている。そればかりか，労働手段を用いて労働対象に働きかける人間そのものも「資源」のうちに含まれている。そうなると労働も生活時間の配分と同じように人間の選択的行為の一つにすぎない。

　しかし，労働は資源でも資源の利用をめぐる選択的行為でもなく，人間の根源的な生命活動である。人間の経済活動は，根源的には人間が労働をつうじて自然に働きかけると同時に，人間相互に働きかけて，人間の種々の欲求を満た

すために必要な財を生産し，分配し，消費することによって成り立っている。これを踏まえていえば，経済学は，人間生活の社会的再生産過程を支配する諸法則を，人間が労働を通じて種々の欲求の充足手段を獲得し享受するに際しての，人間と自然との相互関係および人間と人間との相互関係にそくして研究する学問と定義できる。

地球環境問題が深刻化した今日では，経済学を人間と自然との関係を踏まえて教える必要がかつてなく高まっている。人間の経済活動は，資源の開発・利用であれ，生産の排出物や個人的消費の廃棄物であれ，規模がある限度を超えれば，エコロジーに破壊的・攪乱的作用を及ぼさずにはおかない。環境破壊は，今日では，地球温暖化，オゾン層破壊，酸性雨，熱帯林の減少と砂漠化，公害の輸出，生物種の減少などに見られるように，全地球的規模に広がっている。

主流派経済学は，資本主義システムにおける経済発展が富の源泉である自然（人間をとりまく自然環境）と人間（人間という活動的自然存在）にどのような破壊的反作用を及ぼすかに十分な注意を払ってこなかった。長時間労働がある限度を超えると，人間を疲弊させ，人間の生命と健康を危うくすることがあるというのはよく知られた事実でありながら，主流派経済学では労働時間はそうした問題としてはほとんど考察されてこなかった。

先の引用にあったように，「参照基準」は，「人生の限られた時間をどのように利用していくのかも経済的な選択にあたる」と言う。「人生」を「生活」と解すれば，これは労働時間もまた経済的な選択の問題であると述べているに等しい。

実際，今日の主流派経済学の通説では，労働者は，賃金率が低い間は所得を増やすために労働時間を増やすだろうが，賃金率が高くなれば，労働時間を減らしてより多くの余暇を楽しむだろうと考えられている。この仮定にしたがえば，労働者は賃金の限界効用と労働の限界不効用を比較計量して，両者が等しくなるところで労働時間を決めるものと説明される。これは，労働需要側の要因を与えられたものとすれば，労働時間が長いか短いかは，労働者の自由な個人的選択で決まるという説である。しかし，時給の低いパートの労働時間が短く，時給の高い正社員の労働時間が長いという事実は，この説では説明できない。

現代日本の労働時間は，フルタイム労働者の国際比較でみると，米英より年間500時間以上，独仏より600時間以上長い。日本企業では，労働組合の労働時

間に対する規制力が著しく弱く,法的規制もザル法状態なので,労働者は正社員として採用されたら,どんなに長時間でも会社の要請に従わざるをえない。それが不本意であっても,日本の労働者は,パートと正社員の間の相互移行が認められておらず,しかも著しい時給差があるために,2つの雇用形態を自由に選択できるわけではない。あれやこれやで現実には労働時間の長さを労働者が選択できる余地はきわめて小さい。他方,労働時間の決定には,法定労働時間,残業規制の有無,時間外労働(残業)の割増率,休暇制度,労働組合の組織率と交渉力などが大きく関与している。したがって,経済学で労働時間の長さを教えるに際しては,1日,あるいは1週間の労働時間は,労働基準法のような法的枠組みのもとで,1国の経営者(総資本)と労働者(総労働)の綱引きによって集団的,制度的に決まることに留意する必要がある。

　しかし,このことを労働時間も労働組合も出てこない「参照基準」に求めるのは無い物ねだりかもしれない。

　今日では経済学部の学生を含む大学生のほとんどは,卒業後,労働者として民間企業や公共機関などに雇用されて働く。その意味で大学生は明日の労働者である。しかし,不思議なことに「参照基準」には「労働者」という用語はどこにも見当たらない。これは,職業人,社会人,生活者,消費者,生産者,経営者,需要者,供給者などのアクターを表す用語がいくつも出てくることに比べると,奇異な感じさえする。

　「参照基準」に出てこないのは「労働者」だけではない。雇用契約を説明するうえで欠かせない「労働市場」も「労働時間」も「賃金」も出てこない。「雇用」でさえ,「完全雇用」と「雇用状況」というタームのなかにそれぞれ1回出てはくるが,労働契約にもとづく労働者の採用と使用という意味ではどこにも触れられていない。

　「参照基準」は,市場経済の仕組みに拘泥している反面で,学生の卒業後に入る「労働の世界」や「職業生活」や「雇用関係」や「働き方」にはまるで無頓着である。そのことは,「参照基準」が「すべての学生が獲得すべき基本的な知識」ないし「概念」として示している10の経済用語――「市場経済システム」「需要と供給」「市場の均衡と不均衡」「国民経済計算体系」「経済成長と景気循環」「機会費用」「『限界』概念」「インセンティブ」「戦略的行動」「不確実性と期待」――を見て

も明らかである(「参照基準」7～9ページ)。

「参照基準」は「市場経済システム」を定義的に解説して,「現代我々が住んでいる経済社会における主たる経済システムであり,経済学が主として前提とする経済システムのことである。私的所有権制度を前提とし,土地や労働力などを含めてモノやサービスが金銭で売買されていることに特徴がある。とくに封建制社会の経済システムと対比して,資本主義的経済システムという場合がある」(「参照基準」7ページ)と書いている。

ここに示されているように,「参照基準」が対象とする「市場経済システム」は,とりもなおさず「資本主義経済システム」である。にもかかわらず,ここにも労働や雇用は出てこない。それどころか「貨幣」も「資本」も「利潤」も出てこない。「参照基準」が労働力の売買に触れているのはここだけであるが,上記の引用文でも労働市場という用語の使用は回避され,労働市場から一歩立ち入って,労働者が使用者に雇用されて労働し,使用者が労働者に対して賃金を支払う労働契約＝雇用契約については,表現上も内容上もまったく不問にされている。言われるべくして言われていない点では,雇用システムや雇用形態についても同様である。

この点は,「参照基準」の検討作業の出発点となった,前出の「大学教育の分野別質保証の在り方について」(「回答」)の視点とは対照的である。この「回答」は「大学と職業との接続の在り方」に関連して,「若者が直面する就職問題」を取り上げて次のように言う。

> バブル経済の崩壊以降,卒業時に安定した正規雇用での就職先を得ることができず,結果として不安定な非正規雇用の形で就労することを余儀なくされる大学卒業者が顕著に増加している。非正規雇用での就労や無業の時期を経験した者は,その後に正規雇用の職を得ることが困難になるという日本の労働市場特有の構造は,若者の就職問題を一層苛酷なものとしている。／こうした中,「学生の就職・採用活動は,早期化と長期化の傾向を一層強めつつ……あり,多くの学生を疲弊させるとともに,企業にも徒労感をもたらしていると言われる。 (「回答」42ページ)

「回答」のこのような状況認識は，本章が取り上げている経済学分野の「参照基準」にはまったく見出せない。その理由は，視点の違いにある。「回答」は，「大学教育の職業的意義の向上」について述べるなかで，学術会議が分野別の教育課程編成上の参照基準を策定するに際して中心に置くべき視点について，「学生（労働者）の視点を中心に置く」（括弧内は原文）必要があることを強調し，各学問分野に固有の特性を踏まえて「学生が身につけるべき基本的な素養」について次のように言う。

> 「基本的な素養」も，それを各大学で参照して具体的に定める学習目標も，その内容を検討するに当たっては，学生（将来の労働者・市民）の視点を中心に据えることを意識すべきである。……大学教育の職業的意義を考える場合に，学生の視点を中心に据えるということは，「学生が望む働き方」を重視した能力形成を行うということを意味している。（「回答」47ページ）

　こうした指摘は，大半が卒業後，企業に雇用されて働く経済学部の学生によりよく当てはまる。そうでありながら，「回答」を踏まえて策定されたはずの経済学分野の「参照基準」においては，学生が将来の労働者であることを踏まえた，「働き方」から見た身につけるべき基本的な知識と理解については，なぜか考慮されていない。この点でも「参照基準」には深刻な欠落があると言えよう。
　ちなみに「参照基準」は，学生の視点からというよりは，教員の視点から，「学生の多様なニーズを考慮し，きめの細かい教育を行うことで効果的な教育成果をあげるためには，教員の側の講義に対する用意周到な準備と授業時間以外のハードな作業が求められる。そのため，教員に割り当てる授業時間数はこうした点を十分考慮して過度にならないようにする必要がある」（前掲，15ページ）と言う。
　教員の過重な授業負担を考えると，これはもっともな留意点である。しかし，これをいうなら，経済学部卒業者の「働き方」に関しても一言あってしかるべきであろう。

# Ⅲ 経済学部卒業者の産業別就職先

　経済学部にはどれくらいの人数の学生が学んでいるのだろうか。経済学を教育課程の基幹的科目に位置づけている学部は経済学部だけではない。名称だけを挙げるなら，政治経済学部，経済情報学部，経営経済学部，経済科学部，商経学部，法経学部とは経済系学部と見なすことができる。隣接学部を含めると，商学部や，経営学部，さらにそれらの関連学部も，言葉の広い意味で経済系学部と呼ばれることがある。しかし，ここでは古い呼称の経済学部に限定して，その入学者数を見てみよう。

　「学校基本調査」によると，2014年4月の経済学部の入学者は5万0491人で，60万8232人を数える大学入学者全体の8.3％を占めている。法学・政治学関係，商学・経済学関係，社会学関係（社会事業関係を含む），その他，政経・法経・国際関係・政策，地域・情報などを合わせた「社会科学」系学部の入学者数，19万7511人を分母にとれば，4人に1人（25.6％）は経済学部入学者である。参考までに，人文・社会科学系の主だった学部を挙げるなら，文学部は4万1080人（6.8％），法学部は3万6027人（5.9％），経営学部は2万6461人（4.4％），商学部は1万6151人（2.7％），外国語学部は1万2284人（2.0％），社会学部は7887人（1.3％）である（括弧内は全入学者に占める割合）。単一学部としては総数が5万人を超え，全体の8％強を占める経済学部の入学者が最も多い。設置者別には，経済学部入学者は，私立大学が4万1071人（81.3％）で圧倒的に多く，国立は6319人，公立は3101人で，国公を合わせても9420人（18.7％）にすぎない。

　すでに述べた「経済学分野の参照基準」にも示されていたように，経済学部の教育課程は，カリキュラムのコア科目で学ぶテクニカルタームから見ると，社会科学系の他学部に比較して，日常用語と乖離した専門的学術用語が多く，数学利用の比重の高さとあいまって，学問的専門性が高いといえる。しかし，昔から「潰しが効く」「間口が広い」と言われてきたように，経済学部の卒業者の多くは——総合職の男性はとくに——，特定の職業に従事するというよりは，民間企業に就職して，曖昧で幅広い職務区分のなかで，「何でも屋」の「会社員」として，多様な業務を経験しながらキャリアを積むという点で，職業的専門性は希薄である。この点は，現状を肯定するにせよ否定するにせよ，経済学教育のあ

り方や，経済学で身につけるべき知識や理解を考えるうえで，考慮されなければならない。しかし，前節に見た「参照基準」にはそうした視点はほとんどない。

　では経済学部卒業者の産業別就職状況はどうなっているのだろうか。文部科学省の「学校基本調査」には，大学生の卒業後の進路について，「産業別就職者数」と「職業別就職者数」が示されている。しかし，経済学部などの社会科学系学部の卒業者数は「社会科学」として一括された数字しか見ることができず，学部ごとの卒業者数はインターネットに開示された情報では不明である。

　そこでまず「社会科学」系学部卒業者の産業別就職者数を見ると，就職者の割合の比較的高い産業は，「卸・小売業」21.3％，「金融・保険業」14.4％，「製造業」10.7％，「公務」7.6％，「情報・通信業」7.4％，「医療・福祉」6.8％，「サービス業（他に分類されないもの）」4.4％，「不動産業・物品賃貸業」4.3％である。前出の「サービス業（他に分類されないもの）」4.4％に，「学術研究，専門・技術サービス業」3.1％，「宿泊業，飲食サービス業」2.5％，「生活関連サービス業，娯楽業」3.4％，「複合サービス事業」1.7％を加えると，サービス関連産業の就職者の割

表1 | 卒業者の産業別就職者数

|  | 学校基本調査 社会科学 | 中央大学 経済学部 | 法政大学 経済学部 |
|---|---|---|---|
| 金融・保険業 | 14.4 | 24.4 | 23.1 |
| 卸・小売業 | 21.3 | 13.9 | 14.7 |
| 製造業 | 10.7 | 13.1 | 14.9 |
| 公務 | 7.6 | 9.1 | 6.5 |
| 情報通信業 | 7.4 | 8.8 | 9.0 |
| サービス業 | 15.1 | 8.3 | 12.3 |
| 建設業 | 3.9 | 2.3 | 3.4 |
| 運輸・郵便業 | 3.6 | 3.1 | 3.4 |
| 不動産・物品賃貸業 | 4.3 | 3.0 | 5.0 |
| 教育・学習支援業 | 2.4 | 2.9 | 1.8 |
| 医療・福祉 | 6.8 | 1.0 | 1.4 |

出所：「学校基本調査」，中央大学経済学部受験生ナビ 就職データ，法政大学キャリアセンターホームページ。
注1：各データはいずれも2014年3月卒業者。
注2：「学校基本調査」のサービス業は，サービス関連産業の合計。

合は15.1%になる。

　経済学部卒業者の産業別就職者数の割合については，全国的な集計データが見当たらないので，特定大学の経済学部の数字を参考にするほかはない。**表1**に，「学校基本調査」の「社会科学」学部の産業別就職割合と並べて，中央大学経済学部と法政大学経済学部の対応する数字を示した。いずれも2014年3月卒業者のデータである。これをみると，両学部は，金融・保険業，卸・小売業，製造業，サービス業，公務，情報通信業などの就職者の割合が比較的高い点で似通っている。両学部に経済学部を代表させて，「学校基本調査」の「社会科学」系の数字と比べると，経済学部のほうが社会科学系学部の平均より相対的に金融・保険業の割合が高く，卸・小売業の割合が低い。

　中央でも法政でも経済学部卒業者の1割以上が製造業に就職している。参考までに東洋大学経済学部のホームページに出ている「卒業生の主な就職先」で見ると，製造業では電気機器や自動車などのメーカーのほかに，食品，製菓，アパレル，製薬，印刷，化粧品，住宅設備，スポーツ用品などを製造販売する企業が例示されている。今日では自動車産業のような典型的製造業でも，ブルーカラー（生産工程従事者）よりホワイトカラー（営業・販売・事務従事者）のほうが多い。それを押し広げて言えば，就職先が製造業に分類される企業であっても，従事する業務は，卸・小売業と大差はなく，営業・販売・事務を中心とする業務が多いのではなかろうか。

　大学進学率が5割を超えるまでの高等教育の大衆化は，従来の大学卒業者の就職先であったホワイトカラー職を超えて，ブルーカラー職とされる職業領域への大学卒業者の進出をもたらした。その一例は，近年急速に膨張してきた外食産業を中心とする飲食物調理従事者である。

　近年では，1日十数時間働かせても，まともに残業代を払わない，あるいは大量に採用して乱暴に辞めさせる会社が増えてきた。学生たちは，そういう会社を「できることなら入りたくない会社」「悪質な働かせ方をしている疑いがある会社」という意味を込めて，「ブラック企業」と呼んでいる。正社員の採用抑制と就職難が続くなかで，労働時間が異常に長いことで知られる外食産業の飲食物調理の仕事に就く大学卒業者もいる。先頃発表された牛丼チェーン「すき家」の過重労働問題に関する第三者委員会の調査報告書によれば，従業員の平均残

業時間は月100時間を超え,24時間連続勤務を経験した者も少なからずいた。「恒常的に月500時間以上勤務」「2週間家に帰れない」「体重が20キロ減った」という例さえ挙がっている。こうした働き方をさせられている若者のなかには経済学部の卒業者もいる。新卒入社ほどない若者の過労死・過労自殺のケースも報じられているが,経済学部卒業者も例外ではない。

## Ⅳ 大学生のアルバイトと若者の雇用状況

　大学生の労働体験は卒業して就職する時点からはじまるのではない。近年では学生が在学中に企業などで就業体験を行うインターンシップが半ば制度化されている。「2014年卒マイナビ企業内定状況調査」(2013年9月26日発表)によると,2015年卒学生を対象とした企業のインターンシップ実施割合は37.8%,学生の参加率は32.7%である。実施企業は増えているが,参加学生は横這いという。参加期間(複数回答)は,1日が33.8%,2日以上1週間未満が40.3%,1週間以上〜2週間未満25.6%,2週間以上〜3週間未満7.2%,3週間以上〜4週間未満2.3%,4週間以上4.9%であった。1日と2日以上1週間未満を合わせると7割を超える。

　わずか1日か数日のインターンシップがどれほどの就業体験になるかについては疑問がある。それに比べ,学生にとってもっと長期間で広範囲の就業体験の機会はアルバイトである。もともとドイツ語由来のアルバイトは学生が学業の傍らに行う仕事を意味したが,非正規雇用が増えた今日では,学生に限らず,年齢や性別を超えて,パートタイムとならぶ,短時間・低時給・有期雇用の求人の呼称となっている。

　拙著の『就職とは何か──〈まともな働き方〉の条件』(岩波新書,2011年)にも書いたことだが,関西大学の2009年度「学生生活実態調査」によれば,学生全体の66.9%は継続的にアルバイトをしている。「臨時的にしている」の12.7%と「夏休みのみしている」の3.8%を加えると,学生のアルバイト従事比率は83.4％に達する。

　私の指導したゼミナールの学生たちが関西大学経済学部で行ったアルバイトの実態調査(2008年11月)によれば,回答者431名中の338名,約8割(78.4%)がアルバイトに従事していた。学年別には1年生73.6%,2年生84.5%,3年生

77.2%, 4年生85.0%であった。2～4年のあいだで3年生の従事率が低いのは, 就職活動の影響によるものと思われる。アルバイト従事者の勤務状況を1人当たりの1ヵ月の平均で見ると, 月13日出勤し, 約70時間働いている。1日に換算すれば約5.4時間勤務していることになる。収入は1ヵ月あたり約6万3000円稼ぎ, 時給は約970円, 研修期間はそれより100円程度低くなっている。

　この調査では,「アルバイトと自己成長」についても尋ねたところ, 87%の学生がアルバイトをすることで自己成長ができると回答した。「礼儀・マナー・言葉遣いが身についた」235人(69.5%)と「責任感が強くなった」148人(43.8%)に比べて,「職業選択の参考になった」は82人(24.3%)で少なかった。

　アルバイト経験に関する関西大学経済学部の学生の状況は, 他大学の経済学部でも, さらには他の社会科学系学部でも大きくは異ならないと考えられる。経済学部などの社会科学系学部で, 働き方との関連で学生が身につけるべき知識を教育課程に取り込むとすれば, 学生のアルバイト経験や, 非正規労働者としての学生の労働実態が考慮されてしかるべきだろう。

　学生のアルバイト従事率の高さは, 若者のあいだの非正規労働者の増加と無関係ではない。2008年秋のリーマンショックとそれを契機とする日本の製造業大不況のなかで, 大学生の就職難が一段と深刻化し, 2011年3月の卒業者の内定率(就職希望者に占める内定者の割合)は過去最悪を記録した。その後, 数字のうえでは多少上向いてきたが, 労働条件の劣悪さや雇用の不安定性の面では好転したとはいえない。

　近年の大学生の就職をとりまく状況の悪化は, 短期の不況のせいだけではない。長期的に見ると, 就職難の深刻化や労働環境の悪化の最大の背景をなしているのは, 1980年代半ば以降の「雇用形態の多様化」の名の下の「雇用の非正規化」である。この間, 企業は正社員の削減や新卒採用抑制を続け, 正規雇用をパート, アルバイト, 派遣, 契約社員, 期間工などの非正規雇用に置き換える雇用戦略を一貫して採用してきた。また, それを後押するように, 政府は雇用と労働の規制緩和を進めてきた。

　**表2**は, 総務省「労働力調査」の長期時系列データから, 1980年代半ばからの30年間の非正規労働者の人数と比率の変化について見るために, 1984年2月の数字と2014年1～3月の数字を比較したものである。

アバウトに言うと，この間に役員を除く雇用者は3900万人から5200万人に，1300万人増加している。そのうち正規労働者は3300万人から3200万人に100万人減少しているが，非正規労働者は600万人から2000万人に1400万人増加している。この表には，示さなかったが，正規労働者は1984年から1997年までは約500万人増加し，その後反転して，2014年まで600万人減少した。しかし，非正規労働者は景気状況による多少の振幅はあるものの，ほぼ一貫して増加しつづけてきた。この変化は実際には複雑な出入りを伴っているが，単純に数字だけを見ると，増加した役員を除く雇用者1300万人と，減少した正規労働者100万人のすべてが非正規労働者になったかのようである。こういう変化の結果，非正規労働者数はこの間に3.3倍に増え，非正規率は15.3％（男性7.7％，女性29.0％）から37.9％（男性22.0％，女性57.7％）になっている。

　15歳から24歳までの若年者については様相が異なる。表3は，利用可能なデータの関係で1988年と2014年の間の変化を示している。これによれば，1988年時点の非正規率は17.2％であった。今日では若年者の非正規率は他の年齢層より際だって高い。人びとの意識のうえでもそう考えることが常識なっている。しかし，1980年後半から1990年代前半までは，若年層と全年齢層の非正規率はそれほど違わなかった。若年層と全雇用者の非正規率の差が大きく（10ポイント以上）開くのは1990年代末以降である。

　表3で留意すべきは，少子化の影響を受けて，若年層では労働者総数が大き

表2｜雇用形態別労働者数と非正規率の推移（単位：万人，％）

| 調査年月 | 労働者総数 | 正規労働者 | 非正規労働者 | 非正規比率 |
|---|---|---|---|---|
| 1984年2月 | 3936 | 3333 | 604 | 15.3 |
| 2014年1～3月 | 5193 | 3223 | 1970 | 37.9 |
| 増減 | ＋1257 | －110 | ＋1366 | ＋22.6 |

出所：総務省「労働力調査」時系列データ。2001年までは「労働力調査特別調査」，2002年からは「労働力調査詳細集計」。
注：全労働者は「役員を除く雇用者」。各欄の労働者数には「在学中の者」を含む。

表3｜若年層の雇用形態別労働者数と非正規率の推移（単位：万人，％）

| 調査年月 | 労働者総数 | 正規労働者 | 非正規労働者 | 非正規比率 |
|---|---|---|---|---|
| ①1988年2月 | 617 | 512 | 106 | 17.2 |
| ②2014年1～3月 | 453 | 220 | 233 | 51.4 |
| ③2014年1～3月（在学中を除く） | 328 | 218 | 111 | 33.7 |
| 増減（②－①） | －164 | －292 | ＋127 | ＋34.2 |

出所：表1に同じ。
注1：①②は15歳から24歳までの在学中を含む労働者。
注2：③は在学中を除いた数字。

く減少するなかで、それ以上に正規労働者が減少し、非正規労働者は逆に大幅に増加していることである。その結果、若年層の非正規率は17.2%から51.4%へ、ほぼ3倍になっている。「労働力調査詳細集計」の1～3月平均データで見ると、24歳未満の若年層の非正規率が45%を超えたのは2003年、50%を超えたのは2013年である。

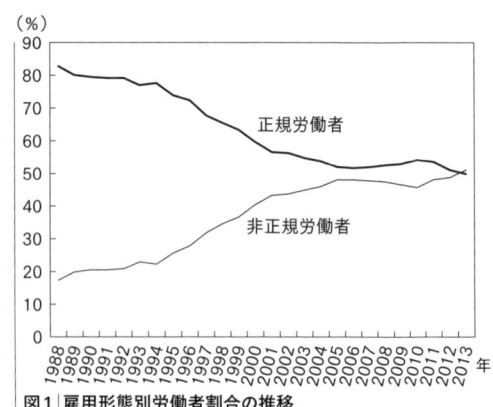

**図1│雇用形態別労働者割合の推移**
出所：表2に同じ。

　いまひとつ留意すべきことに、**表3**に示した非正規労働者はアルバイト従事学生などの在学中の就業者を含んでいる。2014年1～3月平均で見ると、在学中を除いた若年層の非正規率は33.7%である。これは在学中を含む若年層の非正規率より17.7ポイント低く、また全年齢層の非正規率より4.2ポイント低い。表3から、2014年1～3月平均の若年層の労働者総数453万人のうち125万人が在学中の非正規労働者であることがわかる。そのうち120万人は、職場の呼称でいう「パート・アルバイト」で、1万人は「パート」で、119万人は「アルバイト」で働いている。この数字には高校生も含まれているが、大半は大学生であると推定される。この背景には、学生の側の経済的必要や消費動向によってアルバイト志向が強まってきたという事情だけでなく、コンビニや外食に例をみるように、労働力を主に学生アルバイトに依存する産業が増えてきたという事情がある。いずれにせよ、学生が在学中に、パート、アルバイトで働くようになればなるほど、卒業後につく正社員の仕事口が減っていく。これもまた大学生の就職環境を厳しくしている一因をなしていると言えよう。

## Ⅴ　キャリア教育と労働知識

　第Ⅱ節で見たように、「経済学分野の参照基準」における学生の卒業後の職業生活に関する記述には、賃金も労働時間も労働組合も出てこない。就職という

タームさえない。「参照基準」には，「学生が(経済学を学ぶことによって)大学を卒業して企業などで働く場合，企業活動の意味やそれを支える人々の行動，さらには企業活動に強く影響を与える国内外の市場の動向などについて理解することができる」(「参照基準」2ページ，括弧内は引用者の補足)という表現がある。しかし，そうした箇所でも，採用，就職，雇用といった用語は出てこない。この点は「参照基準」の前提となった「大学教育の分野別質保証の在り方について」という学術会議の文書が，若者を取り巻く困難や大学と職業との接続に関連して，就職問題を重視しているのとは対照的である。

　事柄はキャリア教育に深く関わっている。だが，ここでは経済学部のキャリア教育に何が求められているかを問うまえに，そもそもキャリア教育はいつごろどのように言われるようになったかを見ておく必要がある。それについては，2011年5月に文科省の編集で教育出版から発行された『小学校キャリア教育の手引き』と『中学校キャリア教育の手引き』が参考になる(2010年版はどちらも文科省のホームページで読むことができる)。2つの『手引き』は，いずれも，同じ内容の第1章「キャリア教育とは何か」で，キャリア教育が提唱されるにいたった経緯について次のように述べている。

> 　我が国において「キャリア教育」という文言が公的に登場し，その必要性が提唱されたのは，平成11年〔1999年〕12月，中央教育審議会答申「初等中等教育と高等教育との接続の改善について」においてであった。同審議会は「キャリア教育を小学校段階から発達段階に応じて実施する必要がある」とし，さらに「キャリア教育の実施に当たっては家庭・地域と連携し，体験的な学習を重視するとともに，各学校ごとに目的を設定し，教育課程に位置付けて計画的に行う必要がある」と提言している。
>
> (『小学校キャリア教育の手引き(改訂版)』3ページ，『中学校キャリア教育の手引き』11ページ)

　中央教育審議会(中教審)は文科省に置かれた国の教育やスポーツに関する審議会である。先の引用にある中教審答申では，キャリア教育は，「望ましい職業観・勤労観及び職業に関する知識や技能を身に付けさせるとともに，自己の個性を理解し，主体的に進路を選択する能力・態度を育てる教育」と定義されてい

る。この定義を受けて，翌2000年11月に出た大学審議会(2001年1月以降は中教審の大学分科会に編入された)の「グローバル化時代に求められる高等教育の在り方について」と題された答申は，キャリア教育を「大学の教育課程全体の中に位置づけて実施していく必要がある」と提言していた。さらに10年余り経って，2011年1月に発表された新しい中教審答申「今後の学校におけるキャリア教育・職業教育の在り方について」は，キャリア教育を，「一人一人の社会的・職業的自立に向け，必要な基盤となる能力や態度を育てることを通してキャリア発達を促す教育」と再定義している。

1990年代末から2000年代にかけて文科省と中教審が小学校から大学にいたるすべての教育課程におけるキャリア教育の必要性を言うようになったのはなぜであろうか。いまから振り返れば90年代の後半は，バブルの崩壊から不況に突入した90年代の初め以上に大きな日本経済の転換点であった。この時期には，労働分野の規制緩和が進み，民間企業では正社員が大きく減らされ非正社員が急激に増えていった。また，この時期には，1997年の消費税率の3%から5%への引き上げと軌を一にして，バブル後遺症による不良債権問題を背景に金融危機が深刻化した結果，失業率が急速に高まり，いまでいう「就職氷河期」が到来した。それゆえに，99年の中教審答申は次のように言う。

> 新規学卒者のフリーター志向が広がり，高等学校卒業者では，進学も就職もしていないことが明らかな者の占める割合が約9%に達し，また，新規学卒者の就職後3年以内の離職も，労働省の調査によれば，新規高卒者で約47%，新規大卒者で約32%に達している。こうした現象は，経済的な状況や労働市場の変化なども深く関係するため，どう評価するかは難しい問題であるが，学校教育と職業生活との接続に課題があることも確かである。
>
> (中教審答申「初等中等教育と高等教育との接続の改善について」第6章冒頭部分)

今日では，大学の「就職部」は「キャリアセンター」に改称され，学生の就職支援において「キャリアデザイン」という言葉が多用されるようになった。しかし，そのわりには，キャリア教育を学部・学科の看板に掲げたところを除けば，教養教育や専門教育の職業的意義を重視して，キャリア教育を教育課程の柱の

一つに組み入れている例はほとんど聞かない。その意味で,大学におけるキャリア教育は,その重要性が説かれながらも,従来の就職支援の延長にとどまっている感がある。

　私自身は大学におけるキャリア教育を,学部・学科の特性に応じた職業的専門知識や職業倫理に関する教育と,学部・学科の特性を超えた,労働者の有する権利や享受すべき社会的保護を含む〈まともな働き方〉に関する労働知識に関する教育の総合としてとらえている。これは医学部や教育学部のように専門性が明白な学部にも,経済学部や商学部・経営学部のように専門性が希薄な学部にもあてはまる。

　ここで再び例の「参照基準」に戻れば,それが「経済学を学ぶすべての学生が身に付けることを目指すべき基本的な素養」を概説しているのは第4節である。そのなかでは「経済学の学びを通じて獲得すべき基本的な知識と理解」が,①「社会人の常識としての経済学の基本的知識と理解」,②「一般職業人としての経済学の基本的な知識と理解」,③「専門職・研究者を目指す者にとっての経済学の基本的な知識と理解」という3つのレベルに分けて述べられている。たとえば,①では次のように言う。

> 　ほとんどすべての社会人は日常生活において経済活動を行っており,その活動は一定の社会的・経済的ルールに従うことを前提としている。したがって,経済学を専門として学ばない者であっても,経済活動の仕組みや市場の役割について基本的な知識を持ち,それを理解しておくことは,状況に応じて主体的に経済的な問題を判断し,能動的に問題を解決する力を持つなど,社会人として生活していくために必要である。
> 　　　　　　　　　　　　　　　　　　　　　　　　（「参照基準」6ページ）

　ここで社会人が経済活動を営むうえで求められる経済学の常識として「具体的」に例示されているのは,以下のような知識や理解である。

- 市場で様々な商品や権利を売買取引するときの自己責任原則。
- 自由で分権的な市場を通じた競争の役割とそこで形成される価格の果たす役割。

- 社会における様々な経済活動・制度の仕組みとその歴史的背景や問題点の理解。
- 経済政策や経済制度の当否を判断し，投票を通じて自分の意見を政治的に発信できる知識
- 所得格差や貧困などの問題を考え，望ましい制度や政策について適切な判断ができる知識。
- 経済学の思想・学説・分析手法などの歴史的な形成と特徴についての理解。

　これらについて一定の知識や理解をもつことは，なるほど社会人に求められる常識の一部ではある。しかし，たとえば所得格差や貧困について，雇用や賃金に触れずにどうやって考えるというのだろうか。経済政策や経済制度の当否を判断するといっても，社会政策や社会保障に触れずに政治的発信をすることは可能だろうか。あえてこうした疑問を提起するのは，「参照基準」が示している「すべての学生が獲得すべき基本的な知識」(概念や用語)には，市場経済システム，需要と供給，市場の均衡と不均衡などはあっても，すでに述べた雇用・賃金・労働時間・労働組合も，社会政策・国家財政・社会保障もないからである。ちなみに「参照基準」には入っているが，「原案」には「不況」というタームすらなかった。

　経済学教育をめぐる困難の一つは，大学の出口であり職業生活の入り口である就職において，学生が持つ能力と企業が求める能力との間にある大きなギャップである。就職面接に臨む学生は，専門知識，英語力，情報処理能力などの「ハードのスキル」を企業に売り込もうとするだろう。しかし，企業の側はそういったハードのスキルよりも，自分の考えをはっきりと言える，相手の立場を理解する，同僚とうまく付き合える，といったソフトのスキルを学生がどの程度身につけているかを重視している。

　日本企業がソフトのスキルを重視していることは，ハードのスキルを軽視していることの裏返しである。それを確かめるために，就職情報サイトの「マイコミ採用サポネット」に出ている調査結果を，表4によって見てみよう。選択肢として挙げられている，①適正検査の結果，②能力検査の結果，③自己分析・自己PRの内容，④コミュニケーション能力，⑤大学・学部・学科等の条件，⑥入社意

欲(熱意)の高さ，⑦アルバイトやサークル・クラブ活動，⑧性格・人柄，⑨大学時代の成績，⑩語学やパソコン等の具体的スキル」という10項目中，ハードのスキルに関連する項目は，⑤，⑨，⑩である。これらを「非常に重視する」比率は，1％台から5％台にとどまる(⑤5.2％，⑨1.9％，⑩1.5％)。これらのハードのスキルに関連する項目の重視度は，「非常に重視する」と「比較的重視する」を合わせても，3割前後である。これは，「性格・人柄」と「コミュニケーション能力」という2つのソフトのスキルを重視する比率が，「非常に」と「比較的」を合わせると100％近くを占めていることと著しい対照をなしている。

　この問題の背景には定期採用(新卒一括採用)という日本独特の制度がある。ある規模以上の企業であれば，不況や経営危機などによる事業の著しい不振の時期を別にすれば，年々定期的に，高校や大学の新卒者を一定数採用する。定期採用では，卒業よりかなり前に採用内定が行われるため，4年生の成績は問いようがない。企業の採用活動が異常に早期化すると，3年生の成績の良し悪しも就職には関係なくなる。定期採用では，学生の専攻の違いは，理工系の専門・技術職の場合はある程度考慮されても，文系の営業・販売・事務職の場合は，入学試験の難易度や大学の知名度による「学校歴」はエントリー後の説明会や面接の参加機会に影響するとしても，学んだ学部・学科の違いはほとんど無視される。

　ここには大学と職業との接続の在り方を考えるうえで深刻な問題が横たわっ

表4│企業が内定を出す際に重視する項目

| | 非常に重視する | 比較的重視する | あまり重視しない | まったく重視しない |
|---|---|---|---|---|
| ①適性検査の結果 | 11.2％ | 51.3％ | 28.4％ | 9.0％ |
| ②能力検査の結果 | 7.6％ | 49.1％ | 34.1％ | 9.2％ |
| ③自己分析・自己PRの内容 | 22.8％ | 59.3％ | 17.1％ | 0.8％ |
| ④コミュニケーション能力 | 72.1％ | 26.8％ | 1.1％ | 0.0％ |
| ⑤大学・学部・学科等の条件 | 5.2％ | 21.0％ | 44.4％ | 29.3％ |
| ⑥入社意欲(熱意)の高さ | 66.0％ | 30.8％ | 3.2％ | 0.0％ |
| ⑦アルバイトやサークル・クラブ活動 | 9.8％ | 54.4％ | 32.9％ | 2.9％ |
| ⑧性格・人柄 | 72.9％ | 26.4％ | 0.5％ | 0.2％ |
| ⑨大学時代の成績 | 1.9％ | 27.3％ | 55.4％ | 15.3％ |
| ⑩語学やパソコン等の具体的スキル | 1.5％ | 25.1％ | 56.4％ | 16.9％ |

出所：マイコミ採用サポネット「2010年卒 内定状況及び採用活動に関するアンケート」。

ている。ことは日本企業の雇用システムに根ざしており，雇用システムをそのままにして，教育だけを改革しても，就職(募集・採用)だけを改革しても，根本的解決にはつながらない。とはいえ，本章の冒頭に触れた日本学術会議の文部科学省の諮問に対する回答「大学教育の分野別質保証の在り方について」にもいうように，大学教育の職業的意義を向上させる努力なしには何事も始まらないだろう。

## VI おわりに

筆者は拙著『就職とは何か』において，「働くために求められるスキルの輪」を示した。それを一部修正したのが**図2**である。元の図は大学教育一般を広く念頭においたものであったが，ここでは経済学教育に求められる知識の輪(束)を，4つの次元にわけて示した。4つのすべてについて触れる紙幅はないので，最後に労働知識についてだけ簡単に述べておこう。

労働知識は学部・学科の特性を超えて明日の労働者であるすべての学生に求められるが，経済学は，労働時間や賃金や雇用・失業問題などについても，税制や社会保障についても，他の学問以上に労働知識との内容的な関わりが深い。最近では，学生の就職問題と若者の雇用・失業問題が深刻化したこともあって，政府や都道府県の労働関係部局も，学生や若者向けの「働くときに必要な基礎知識」に関する情報を提供するようになってきた。

一例を挙げれば，愛媛県経済労働部の「働く若者のための基礎知識」はビジュアルでわかりやすい。所得税については，源泉徴収や年末調整に関する図入りの解説もある。この「基礎知識」では，労働契約，雇用形態，賃金，労働時間，休憩時間・休日・年次有給休暇，社会保険制度，納税，退職・解雇，産休・育休，男女の雇

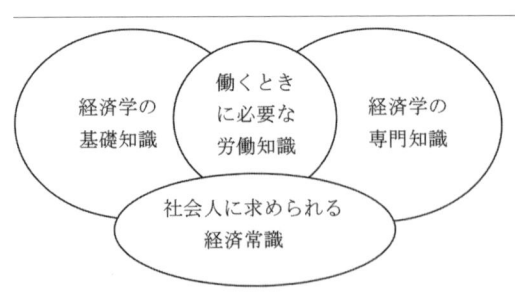

**図2│経済学教育に求められる知識の輪**
出所：森岡孝二『就職とは何か──〈まともな働き方〉の条件』
　　　(岩波新書，2011年)．

用機会均等，職場におけるセクハラ，労働組合の12の柱について，それぞれポイントを，わかりやすく説明している。

　これをもっと詳しく述べているのが厚労省のホームページ冊子「知って役立つ労働法——働くときに必要な基礎知識」(2014年4月改訂版)である。これは，これまで労働分野の規制緩和を進め，労働法における集団としての労働者の保護をないがしろにしてきた厚労省の編集にしては，働く若者が知って役立つ内容になっている。文章も役所の発行物にしては堅苦しくない。

　働くときに必要な基礎知識を学ぶには，労働法についてもある程度の理解が求められるが，それは経済学にとっても無縁ではない。労基法に触れずに賃金や労働時間について学ぶことは難しい。そう考えると，労働知識を身につけることは，キャリア教育の課題であると同時に，経済学教育の一部でもあると言いうる。

　2014年6月20日，3議院本会議において全会一致で「過労死等防止対策推進法」(略称「過労死防止法」)が可決・成立した。その結果，14年11月1日から施行され，同年11月が最初の過労死等防止啓発月間として取り組まれることになった。同法は過労死の防止を国および自治体の責務として宣明し，過労死の防止のために，調査研究，啓発，相談体制の整備，民間団体へ支援などの対策を実施することを謳っている。また，その一環として，「国及び地方公共団体は，教育活動，広報活動等を通じて，過労死等を防止することの重要性について国民の自覚を促し，これに対する国民の関心と理解を深めるよう必要な施策を講ずるものとする」と定めている。この法律によって求められる過労死防止のための啓発は，直接にはキャリア教育の課題であるが，明日の労働者である学生を対象とする経済学教育にとってもまったく無関係ではない。

## 参考文献

愛媛県経済労働部「働く若者のための基礎知識」, http://www.pref.ehime.jp/h30500/hatarakuwakamono/index.html

厚生労働省「知って役立つ労働法──働くときに必要な基礎知識」(2014年4月改訂版), http://www.mhlw.go.jp/file/06-Seisakujouhou-12600000-Seisakutoukatsukan/0000044295.pdf

中央大学経済学部 受験生ナビ 就職データ, https://www2.chuo-u.ac.jp/econ/guide/message/message.html

東洋大学HP「経済学部の卒業後の進路」, http://www.toyo.ac.jp/site/eco/future.html

日本学術会議「大学教育の分野別質保証の在り方について」2010年7月, http://www.scj.go.jp/ja/info/kohyo/pdf/kohyo-21-k100-1.pdf

日本学術会議「大学教育の分野別質保証のための教育課程編成上の参照基準 経済学分野」(2014年8月), http://www.scj.go.jp/ja/info/kohyo/pdf/kohyo-22-h140829.pdf

日本学術会議・経済学委員会経済学分野参照基準検討分科会「経済学分野の参照基準(原案)」, http://www.scj.go.jp/ja/member/iinkai/bunya/keizai/pdf/teian_sanshoukijun_220701.pdf

文部科学省『平成25年度学校基本調査』, http://www.e-stat.go.jp/SG1/estat/List.do?bid=000001054431&cycode=0

文部科学省『小学校キャリア教育の手引き(改訂版)』教育出版, 2011年。

─────『中学校キャリア教育の手引き』教育出版, 2011年。

法政大学キャリアセンターHP「学部別就職先」, http://www.hosei.ac.jp/careercenter/riyo/syushokujhokyo/keizai.html

本田由紀『教育の社会的意義──若者, 学校, 社会をつなぐ』ちくま新書, 2009年。

ポール・A・サムエルソンの『経済学〔原書11版〕』都留重人訳, 岩波書店, 1981年。

森岡孝二「経済学の基礎概念」, 基礎経済科学研究所編『人間発達の経済学』青木書店, 1982年, 第2章所収。

─────『就職とは何か──〈まともな働き方〉の条件』岩波新書, 2011年。

資料 I

報告
# 大学教育の分野別質保証のための教育課程編成上の参照基準 経済学分野

平成26年(2014年)8月29日
日本学術会議
経済学委員会
経済学分野の参照基準検討分科会

　この報告は，日本学術会議経済学委員会経済学分野の参照基準検討分科会の審議結果を取りまとめ公表するものである。

日本学術会議経済学委員会
経済学分野の参照基準検討分科会

| | | |
|---|---|---|
| 委員長 | 岩本康志(第一部会員) | 東京大学大学院経済学研究科教授 |
| 副委員長 | 奥野正寛(特任連携会員) | 武蔵野大学経済学部教授 |
| 幹事 | 多和田眞(連携会員) | 愛知学院大学経済学部教授 |
| | 池尾和人(連携会員) | 慶應義塾大学経済学部教授 |
| | 岡崎哲二(連携会員) | 東京大学大学院経済学研究科教授 |
| | 小西秀樹(連携会員) | 早稲田大学政治経済学術院教授 |
| | 筒井義郎(連携会員) | 甲南大学経済学部特任教授 |
| | 久本憲夫(連携会員) | 京都大学大学院経済学研究科教授 |
| | 広田照幸(連携会員) | 日本大学文理学部教授 |
| | 宮川　努(特任連携会員) | 学習院大学経済学部教授 |

　この報告書の作成にあたり，公開シンポジウムにおいて以下の方々にご協力を頂きました。

| | | |
|---|---|---|
| | 本多佑三(連携会員) | 関西大学総合情報学部教授 |
| | 八木紀一郎(連携会員) | 摂南大学経済学部教授 |
| | 前原金一 | 公益社団法人経済同友会副代表幹事・専務理事 |

この報告書の作成にあたり、以下の方々にご協力を頂きました。

  樋口美雄(第一部会員)  慶應義塾大学商学部教授
  北原和夫(特任連携会員) 東京理科大学大学院科学教育研究科教授
  山岡道男      早稲田大学大学院アジア太平洋研究科教授

本件の作成にあたっては、以下の職員が事務を担当した。

 事務局 中澤貴生 参事官(審議第一担当)
     渡邉浩充 参事官(審議第一担当) 付参事官補佐
     原田栄理奈 参事官(審議第一担当) 付審議専門職付

# 要旨

## 1　作成の背景

2008年(平成20年)5月、日本学術会議は、文部科学省高等教育局長から学術会議会長宛に「大学教育の分野別質保証の在り方に関する審議について」と題する依頼を受けた。このため日本学術会議は、同年6月に課題別委員会「大学教育の分野別質保証の在り方検討委員会」を設置して審議を重ね、2010年(平成22年)7月に回答「大学教育の分野別質保証の在り方について」を取りまとめ、同年8月に文部科学省に手交した。

同回答においては、分野別質保証のための方法として、分野別の教育課程編成上の参照基準を策定することを提案している。日本学術会議では、回答の手交後、引き続きいくつかの分野に関して参照基準の策定を進めてきたが、今般、経済学分野の参照基準が取りまとめられたことから、同分野に関連する教育課程を開設している大学をはじめとして各方面で利用していただけるよう、ここに公表するものである。

## 2　報告の概要

### (1) 経済学の定義

経済学は、社会における経済活動の在り方を研究する学問であり、人々の幸福の達成に必要な物資(モノ)や労働(サービス)の利用及びその権利の配分における個人や社会の活動を分析するとともに、幸福の意味やそれを実現するための制度的仕組みを検討し、望ましい政策的対応の在り方を考える学問領域である。

### (2) 経済学に固有の特性

経済学のアプローチは多様であるが、多くの場合、経済問題の本質的な要素を抽出し、操作可能なモデルを構築し、それを分析することで問題解決の手掛かりとする。

多くの経済変数が数値データとして表されることから，論理的・数学的に仮説を立ててそれを検証するという手法がとられることが多い。経済学では研究の対象自体は変化し続けている。そのため，対象となる問題の背景にある歴史や社会制度を理解するために，制度的・歴史的アプローチを活用することも有用である。

### (3) 経済学を学ぶすべての学生が身に付けることを目指すべき基本的な素養

#### ① 経済学の学びを通じて獲得すべき基本的な知識と理解

ほとんどすべての社会人は日常生活において経済活動を行っており，経済活動の仕組みや市場の役割を理解し，経済政策や制度の当否を判断できるようになることが必要である。また職業人として社会で活躍することが期待されることから，自らの業務との関連で経済社会の仕組みや経済制度・経済政策の意義をその歴史的背景を含めて理解していることで，業務上の的確な判断ができるようになることが望ましい。

経済学の基本的な概念には，経済を対象にするだけではなく，日常生活の意思決定や職業人としての活動に役立たせることができるようなより一般性を持つものがある。

#### ② 経済学の学びを通じて獲得すべき基本的な能力

経済学を学ぶことを通じて，抽象的思考，演繹・帰納的思考，数量的スキルなどの経済学に固有な能力や，論理的・批判的思考能力，情報収集能力，数値データの理解・活用，コミュニケーション能力などのより一般的な能力が培われる。

### (4) 学修方法及び学修成果の評価方法に関する基本的な考え方

経済学を学ぶ学生の学力水準や目指す進路は多様である。すべての学生が最低限必要とする知識の習得のための基本的な教育に加えて，学生の能力に合わせた教育や目的意識に沿った教育を提供していく必要がある。講義と演習，卒業論文や卒業研究を組み合わせる教育方法が一般的であると考えられるが，学修者に対して多様な学びと評価の方法を提供し，それらを組み合わせることが有益である。

### (5) 市民性の涵養をめぐる専門教育と教養教育の関わり

グローバル化や情報化をはじめ，現代社会には多様で膨大な社会問題が存在する。これらの全体像を知りそれに対処するためには，文系・理系を含めた様々な専門分野を学んだ人々の協働が必要不可欠である。そのためには，経済学を学んだ者には，その素養を持たない者に対して適切な知識や理解を説明できる能力とコミュニケーション能力が求められる。他方，他分野の学生が教養教育として学ぶ際には，市民性の涵養のため市場メカニズムの意義と限界，経済政策の役割と限界を理解させることも重要である。

### (6) 経済学分野の学士課程と数学・統計学

経済学では数学と統計学を多用する。しかし経済学は文系科目とされているため入試科目から数学を外す大学も多く，高校時代に数学を勉強してこなかった学生も多くみられるなど，数学・統計学の取り扱いは大きな課題である。経済学で数学を多用す

るのは，複雑な問題を抽象化して一定の法則を見出すために，数学を使うことが有用だからである。しかし，経済学教育において数学や統計学の比重を無用に高めることは，かえって経済学に関心を持ったはずの学生を失うことにつながりかねない。用いられる数学・統計学の水準は，学生の能力や興味の度合い，科目の性質などに依存して判断されるべきである。

# 1 はじめに

中央教育審議会の答申「学士課程教育の構築に向けて（答申）」(平成20年12月24日)は，学士課程教育の構築が我が国の将来にとって喫緊の課題であるという認識を示した。我が国の学士課程教育は，「高等教育のグローバル化が進む中，学修成果を重視する国際的な流れを踏まえつつ，我が国の学士の水準の維持・向上のため，教育の中身の充実を図っていく必要がある」。また「少子化，人口減少の趨勢の中，学士課程の入口では，いわゆる大学全入時代を迎え，教育の質を保証するシステムの再構築が迫られる一方，出口では，経済社会から，職業人としての基礎能力の育成，さらには創造的な人材の育成が強く要請されている」[1]。

2008年(平成20年)5月，日本学術会議は，文部科学省高等教育局長から審議依頼「大学教育の分野別質保証の在り方に関する審議について」と題する依頼を受けたことから，同年6月に課題別委員会「大学教育の分野別質保証の在り方検討委員会」を設置して審議を重ね，2010年(平成22年)7月に回答「大学教育の分野別質保証の在り方について」を取りまとめ，同年8月に文部科学省に手交した。同回答においては，分野別質保証のための方法として，分野別の教育課程編成上の参照基準を策定することを提案している。

この参照基準は，各大学が，各分野の教育課程(学部・学科など)の具体的な学修目標を同定する際に，参考として供するものである。参照基準は，学力に関する最低水準や平均水準を設定するものでもなく，また，カリキュラムの外形的な標準化を求めるコアカリキュラムでもない。参照基準が企図する分野別の質保証は，学ぶことを通じて，学生が意義あることを身に付けられるよう，各分野の教育の改善に努めるべきであるという，最も一般的な問題意識に立脚し，そのことを各大学に促すものである[2, 16頁]。

経済学分野での学修成果に着目した質保証は国際的な枠組みで進展している。経済協力開発機構(OECD)は，「高等教育における学習成果の評価(AHELO: Assessment of Higher Education Learning Outcomes)のフィージビリティ・スタディを実施し，工学と並び経済学が分野別技能の対象に選定されている[3]。その評価の概念枠組みは，日本学術会議の回答が参考とした英国の分野別参照基準(Subject Benchmark Statement)での経済学分野の参照基準[4]などを参照しながら，欧州の大学の質保証プロジェクトであるTuningと共同で作成された[5]。

我が国においては，21世紀の社会の発展に寄与する教養を備えた人材が育成されることが求められている。そのためには学士課程において国際通用性を持つ質の高い教育が行われる必要がある。本報告は，各大学における経済学分野の学士課程の質保証の取り組みの一助となることを期待して，作成されたものである。とはいえ，我が国での経済学教育はその体系の基本から大学間で異なるほど多様である。そのため，学生が身に付けるべき基本的な知識と理解については，ごく限定的な記述に留めている。各大学がさらに項目を充実して，学生が身に付けるべき基本的素養を主体的に設定することを期待したい。

## 2　経済学の定義

　経済学は，社会における経済活動の在り方を研究する学問であり，人々の幸福の達成に必要な物資(モノ)や労働(サービス)の利用及びその権利の配分における個人や社会の活動を分析するとともに，幸福の意味やそれを実現するための制度的仕組みを検討し，望ましい政策的対応の在り方を考える学問領域である。

　経済学は我々の身近なところにある。様々な職業に携わる職業人はもちろんのこと，主婦(主夫)や学生，退職者，市民生活を営むすべての人が，他人との関係を持ちながら日々の生活を営む以上，経済的な問題に直面せざるを得ない。

　利用できる資源が有限である世界において，人間が様々な財を消費して生活を営もうとするとき，人々により豊かな生活を実現させるためには有限な資源をどのように利用していくのか，そのような利用を可能にするためにはどのような方策が必要かを考えなければならない。そうした問題を考えることも，経済学の重要な領域である。大学で何を学び，その後にどのような職業に就くのかは人生の大きな選択であるが，精神的・物質的な豊かさを実現するために人生の限られた時間をどのように利用していくのかも経済的な選択にあたる。人間は市民生活の中で数多くの経済的な選択を行っている。

　また，経済学は経済取引を行う主体(消費者，生産者あるいは政府)の行動，その相互作用がもたらす帰結，国民経済及び世界経済の動向を分析するとともに，望ましい経済社会を実現するための方策について研究する。近代社会における急速な経済発展によって我々の生活水準は飛躍的に高まったが，その一方で不況，失業，貧困のような形で，経済的な逆境の中で生活が脅かされる人々の存在が，社会の大きな問題となっている。経済学の歴史の中で先達の用いたアプローチは様々であり，提示される解決策は必ずしも同じではないが，経済学者たちはこうした経済問題の解決に精力的に取り組んでいる。各種の経済政策に関する研究はそうした重要な営みである。

　経済学は学問としてこのような使命を有しているが，一人ひとりの市民にとっても，経済学を学ぶことで，経済の動きをよりよく理解し，またそのことが生活者・職業人として経済活動に参加するための助けとなる。例えば，学生が大学を卒業して企業などで働く場合，企業活動の意味やそれを支える人々の行動，さらには企業活動に強く影響を与える国内外の市場の動向など

について理解することができる。また，現代経済では市場だけでなく政府による経済政策の果たす役割が大きいが，経済政策の実施は専門職に委ねられるにしても，一般市民としても各種の政策の効果と限界を理解して，政治に対して意思を表明することが求められる。

# 3　経済学に固有の特性

## (1) 経済学の方法

現実の経済問題は様々な経済組織や個々の経済主体の複雑な関係の中で生じてくる。したがって，こうした問題を解明するためには，その問題の本質的な要素を抽出し，操作可能なモデルを構築し，そのモデルを分析することで，経済現象の本質を理解し，問題解明の手掛かりとする(経済学におけるモデルとは，いわば地図のようなものである。地図には，現実の地名や施設がすべて列挙されているわけではなく，人々の用途に応じて，主要な地名や施設が取捨選択されて載せられている。経済学のモデルも関心のある経済問題を理解し，解決するという目的に応じて構築されている)。したがってモデルをいかに操作しやすいものにするかについての考慮が，モデルの構築にあたって重要な意味を持つ。

構築されたモデルは，その分析から導かれる結果と現実の経済現象とを対照してその整合性がチェックされる。社会で行われる経済活動には，生産量，価格，所得額，利子率など，様々な数値データによって，適切な形で把握・記述できるものが多い。その場合には，社会全体，あるいは個々の経済主体の経済活動を数量的・統計的に分析することが可能である。このため，経済の仕組みや政策効果について，仮説を立て，その含意をモデルに基づいて論理的・数学的に導出し，現実のデータと対照させることを通じて当初の仮説の適否を論理的・統計的に検証するという手法が用いられることが多い。

これに対して，数値データだけでは問題を的確に把握できない場合も多い。この場合，制度的あるいは歴史的背景から問題点を明らかにしようとする手法も使われる。例えば，ジェンダー経済格差問題を扱う場合，ジェンダー間の経済格差は社会的な活動への参加率や賃金格差といった数値で把握されるが，格差の原因を明らかにするためには社会制度やその歴史を理解する必要がある。そのために，あらたな統計調査や研究者自身によるデータの構築が必要とされる場合もある。

経済の仕組みや政策効果について仮説を立て，それを論理的・統計的に検証するというアプローチでは，ミクロ的手法とマクロ的手法が，あるときには補完的に，あるときには代替的に使われる。ミクロ的手法とは，個々の経済主体の行動の分析を基盤にして，社会全体の経済活動を分析しようという要素還元主義的な考え方であり，マクロ的手法とは，社会全体の経済活動を総体として考えようというものである。

ミクロ的手法においては，経済学は意思を持つ人間が構成する社会を分析対象とすることから，人間の経済的な選択を予測することが必要になる。その際，伝統的な経済学では，人間は自らの利害だけを考慮して経済的なインセンティブに反応することを前提としてきた。このような作業仮

説は，考えられ得る行動を絞ることができる面では有用である。しかし，ときとして経済主体は自らの利害だけではなく，羨望や恥辱などの主観的心理や分配の公平，自己以外の者への共感や配慮などの利他的な要因をも考慮した行動を取る。さらには，個々の状況を越えて，常に型にはまった行動（ルーティン）を取ったり，思いつきや感情に影響された行動を取ることもある。このため最近では，心理学を基礎とした行動科学的な考え方や人間の合理性には一定の限界があるという考え方に基づいて，人間の行動を考察することも行われている。

マクロ的手法においては，家計や企業の経済活動を集計量として扱い，その集計量間の関係を分析することによって，国際経済や国民経済の姿を捉えるとともに，より望ましい経済システムや適切な経済政策の在り方を考える。また，経済活動や政策効果の分析には，経済制度や法制度，社会の慣習や歴史，政治と経済の関係などについての理解も求められる。

さらに，最近では主体間の戦略的な駆け引きを分析する手法としてのゲーム理論に基づくアプローチが大きく発展し，ミクロ的手法とマクロ的手法の欠陥を補い，さらには企業の戦略的行動を内包したモデルの構築や政府と国民の駆け引きの分析などを通じて，両者を総合する可能性も生まれている。

また，経済学は社会科学の中では，学問用語の定義と意味及び論理の国際間の共通性が大きく，経済学を修得した者の間での国際的なコミュニケーションの障壁は低い。経済のグローバル化が進んでいる現代において，経済学のこの特性は有益である。

### (2) 経済学の現状と発展の可能性

経済学は多くの経済法則を見出してきたが，同時にまだ解明されていないこともたくさん存在する。市場メカニズムに基づく現代の経済システムは人類の長い歴史から見ればごく最近に現れたものでしかない。しかもその現象に潜む法則でさえまだ十分に解明されていないという意味で，経済学は発展途上の学問である。つまり，経済学においては，研究の対象自体が変容し進化し続けている。したがって，学士課程で修得すべき基本的な知識について，経済学者間で必ずしも見解が一致していない面もある。とはいえ経済学者間の視座の相違は，むしろ学生が抱く問題意識に多様性を与えるとともに，相互理解と相互批判を通じて経済学研究自体の進展に寄与するものでもある。以下では，現在の経済システムの理解にとって重要と思われることを，学士課程における学びの基本との関連で説明する。

第一に，現代の経済理論の多くは，市場経済に基づいた先進国経済を前提としており，対象とする経済や現象によっては，その歴史的段階や背景となる社会制度を十分に考慮して適用する必要がある。またそれだけでなく，市場経済を中心とする現代の経済制度自体，その長所と欠陥を本質的かつ歴史的に理解するためには，歴史的アプローチや制度的アプローチを活用することが有用である。

第二に，経済学が主として前提とする市場経済システムは，現在までに人類が経験してきた経済システムの中で少なくとも相対的には優れた面が多く，世界経済全体を覆いつつあるが，経済格差・貧困・失業などの問題を引き起こす不完全なシステムでも

ある。また、政府が政策的対応を行いさえすれば問題を的確に解決できるとは限らないし、むしろ悪化させてしまう可能性もある。そのため、市場経済をいかに改善し、貧困や過度の経済格差などを是正していくかという問題は、経済学に課せられた重要なテーマであり続けている。

第三に、経済学が対象とする経済社会システムは、膨大な数の人間行動の相互依存関係が構成する複雑な仕組みである。しかも、自然科学が対象とする物質や生物から成るシステムと違って、経済システムの基礎的な単位である人間は、自らの意思を持って行動し、外生変数や制度・政策の変化に対して能動的に対応するため、経済システムの分析には固有の難しさがある。経済学は、経済システムの現状に問題があるときに、制度や政策を使ってその解決策を考える有用な道具であり、制度や政策の変更に対する人々の行動変化を明示的に考慮に入れ、環境変化に対する人々の行動変化までを見通して解決策を考えようとする。しかし現実社会では、制度や政策の変更に対して人々の行動が変わることを、多くの人は完全には先読みできないから、経済学の政策提言が常に適切なアドバイスを与えるとは言い切れない。それでも、期待が合理的に形成された場合の経済の経路と、そうでない場合の経済の姿とのギャップを理解しておくことは重要である。

さらに、人間は先読みをして行動するから、人々の行動を学問的に解明しそれを定式化すれば、結果として、学問の対象とする人間たちがその定式化を理解しその裏をかこうと、自らの行動を変更するという逆説的な性質を持っている。したがって経済学では、対象が自らの意思を持たない自然科学と異なり、経済現象の内容や性質を解明すればするほど、対象とする経済現象自体が変化する可能性がある。

第四に、現実の経済現象に対して異なる（場合によっては全く相反する）多くの理論的説明が併存することが多い。そのためしばしば、お互いに矛盾する政策が経済学の専門家から提言される。その主要な原因の一つは、理論の妥当性を検証する実証分析の検定力が弱いことにある。自然科学では、実験を通じて多数のデータを収集し、それを分析することで理論の妥当性を検証することが可能であるのに対して、経済学はその対象が社会現象であるため、現実の社会における実験は著しく困難である。もっとも、近年では仮想的な状況を設定し、いろいろな条件をコントロールして人々の行動を調べる経済実験が盛んになった。また、外生的な制度変更により人々の行動がどのように変わったかを調べる自然実験の方法も考案されており、理論に対する検定力も次第に強化されつつある。

## 4 経済学を学ぶすべての学生が身に付けることを目指すべき基本的な素養

### (1) 経済学の学びを通じて獲得すべき基本的な知識と理解

経済学に特有な知識と理解は三つのレベルに分けることができる。

・**社会人の常識としての経済学の基本的知識と理解**

ほとんどすべての社会人は日常生活において経済活動を行っており、その活動は一

定の社会的・経済的ルールに従うことを前提としている。したがって，経済学を専門として学ばない者であっても，経済活動の仕組みや市場の役割について基本的な知識を持ち，それを理解しておくことは，状況に応じて主体的に経済的な問題を判断し，能動的に問題を解決する力を持つなど，社会人として生活していくために必要である。

具体的には，例えば，

・市場で様々な商品や権利を売買取引することの意味を，所有権などの法体系と，それに違反したときに蒙ることになる社会的損失の可能性，結果として求められる自己責任原則の意義などを背景に，理解できるようになること。

・自由で分権的な市場を通じた競争の役割とそこで形成される価格の果たす役割を，それがもたらす機能を含めて，理解し説明できるようになること。

・社会における様々な経済活動・制度的仕組みの内容，意味，歴史的背景や問題点を理解すること。

市場メカニズムには，先進国相互間でもそれを支える制度・組織に多様性がある。その意味を理解するためには，システムがどのように生まれてきたかという経路依存性とその背後にある歴史の理解が必要とされる。それによって，異なる経済政策や経済制度の当否や長所・短所を，置かれた事情に即して理解し説明できるようになること。

・民主主義国家における国民及び地域社会の住民として，異なる経済政策や経済制度の当否を判断し，投票行動を通じて，自分の意見を政治的に発信できるようになること。

・所得格差や貧困の問題，途上国の経済発展の問題などを考えることによって，市民生活上も，自らの利害を超えて，国家や社会の利害のためにどのような経済制度と経済政策が望ましいのかについて，適切な判断が行なえるようになること。

・経済学のアプローチ（思想や学説，分析手法）にどのようなものがあるかを知り，それらが，経済学の生誕以来の歴史の中でどのように形成され，どのような特徴を持つかを理解すること。

などがあげられる。

こうした知識と理解を持って就業して収入を得，各種の財・サービスを購入して消費するとすれば，人々はより充実した日常生活・社会生活を送ることができる。

### ・一般職業人としての経済学の基本的な知識と理解

経済学を学ぶ学生の多くは，大学を卒業後，企業において職業人として活躍することが期待され，経営・財務・企画・営業などが典型的な業務として考えられる。社会人としての経済学の基本的知識と理解に加えて，これらの業務に関係する経済社会の仕組みや異なる経済制度や経済政策の意義を，その歴史的背景を含めて理解していることで，業務上の的確な判断が出来るようになる。

また，一部の卒業者は，政府や関連機関において政策担当者になる。この場合，自らが立案する政策の経済効果（経済主体間や組織間の相互作用も含めて）について，一般的な社会人が有する以上の知識（基礎理論と応用）を有し，かつそれをわかりやすく一般に説明できるだけの理解が必要となる。

・専門職・研究者を目指す者にとっての経済学の基本的な知識と理解

学士課程を修了後，高度専門職あるいは研究者を目指す者にとって，学士課程における経済学の知識やその正確な理解は，より専門的な自らの研究のために基礎として必須である。経済学の専門家への候補者として学修を進める上で，基本となる素養や知識には一般職業人になる者以上に，より厳密で深い理解が求められる。特に，上級の教育機関では高度で精緻なモデル分析や実証分析を学ぶことになるため，それに備えて，数理解析や情報処理に基礎を置いた理論的分析力や数理統計に基礎を置いた統計的分析力が必要となる。

経済学を学ぶことを通じて，学生は経済の動きについての理解を深めることができる。例えば，価格はどのように決まるのか，貧富の差はなぜ生じるのか，エネルギー価格が上がると消費者の生活はどのような影響を受けるのか，などについて経済学的に考えることができる。すべての学生が獲得すべき基本的な知識としては，例えば，具体的に以下のような諸概念がある。

・市場経済システム

現代我々が住んでいる経済社会における主たる経済システムであり，経済学が主として前提とする経済システムのことである。私的所有権制度を前提とし，土地や労働力などを含めてモノやサービスが金銭で売買されていることに特徴がある。とくに封建制社会の経済システムと対比して，資本主義的経済システムという場合がある。

・需要と供給

市場で行われる売買には財・サービスの需要者と供給者の存在が必要であり，需要者が求める需要量や供給者の提供する供給量の大きさは，主として市場価格に反応して決められる。したがって市場における価格の役割が重要である。

・市場の均衡と不均衡

市場の均衡とは，一定の価格や生産量が持続する状態を表している。均衡状態では，必ずしも完全雇用や資源の最適配分が実現するわけではない。不均衡では，一部の経済主体が行動を変更しようとするため，この状態が持続せず，通常は均衡状態に向かう。したがって経済分析では流動的な不均衡の状態よりも安定的な均衡状態に焦点が当てられることが多い。

・国民経済計算体系

一国内における集計的な財貨の流れを把握することで国民経済全体の構造を理解する方法である。経済のグローバル化によって対外的な経済取引のウェートが大きくなっているため，国内外の財貨の流れも含めて国民経済構造を理解する必要がある。

・経済成長と景気循環

多くの国では経済的繁栄のための主要な経済的目標として，国民の総所得の拡大という意味での経済成長を掲げている。また市場経済において絶えず直面する大きな課題は景気の変動である。景気変動を穏やかにして持続的な成長を達成することが一国の重要な経済課題である。

また，経済学の基本的な概念には経済を対象にするだけではなく，日常生活や

意思決定や職業人としての活動に役立たせることができるようなより一般性を持つものもある。例えば、以下がその例である。

- 機会費用

希少な資源を利用して経済活動を行う場合，ある行動を選択すると，別の選択を放棄せざるを得ない。選択した行動によって得られるものとそれゆえ放棄せざるを得なかった行動から失われるものを比較検討することによって，効率的な選択やあるべき制度の設計について考えることが出来る。明示的に金銭的に必要な費用でないものも，人々の行動を決定付ける要素になりうるため，それらを含めて機会費用と呼ぶ。様々な経済問題を考える上で，基本的な概念である。

- 「限界」概念

生産や消費の僅かな量の変化に対して，費用や生産性，個人的満足などがどう変化するかを表す概念が，「限界」という概念である。例えば，限界費用とは，生産のわずかの量を追加するために，どれだけの費用増が生まれるかを表しており，生産計画を分析する場合に重要となる概念である。一般的に，ある行動が生み出す追加的利益が追加的費用を上回るとき，その行動は実行されるべきと考えるのが合理的である。経済学の理論分析の多くは，「限界」概念に依存している。

- インセンティブ

人々はしばしば，報酬，名誉，人気などの金銭的及び非金銭的なインセンティブに基づいて行動する。したがってこの行動原理を理解することによって，人々の行動がもたらす結果がインセンティブによってどう変わるかを予測したり，誤ったインセンティブを与える制度の欠陥を認識することができる。

- 戦略的行動

経済的な取引の相手がお互いに特定化されると，戦略的駆け引きの余地が生まれる。当事者間での紛争や交渉，あるいは時間を通した意思決定などを含む行動の分析において，機会，結果，情報，動機などの果たす役割が重要である。ゲーム理論は，これらの行動をモデル化するのに有効である。

- 不確実性と期待

現実の経済社会は，常に何らかの不確実性に直面している。こうした不確実性の一部は，計測可能なリスクという形で表現できる。経済学では，統計学の成果を利用することにより，このリスクとそれが社会と経済にもたらす影響を定量的に評価し，このリスクに適切に対処するためにどのような行動が適当で，どのような制度の構築が可能かを説明している。

また，将来の事象について，人々が予想(期待)を抱き，それに基づいて行動を決めていることも重要である。このことは，予想に働きかけることによって，人々の行動を変えられる可能性があることを意味している。

(2) 経済学の学びを通じて獲得すべき基本的な能力

① 経済学に固有な能力

学生は経済学の学びを通じて，例えば，つぎのような経済学に固有の特性に関係する能力を高めることができる。

- **抽象的思考**

　経済学では現実の複雑な経済社会を分析の対象とするため，分析目的にとって重要でない要素は捨象して本質的な要素のみを選択し，操作可能なモデルを構築する。そしてそのモデルに基づいて，経済主体の様々な行動がもたらす効果を評価しようとする。このような分析方法を学ぶことで，対象となる問題には本質的でない要素を捨象し，本質的な要素の間の因果関係を明確にすることを通じて問題の本質を把握する能力を身に付けることができる。

　加えて，複雑な経済社会における特定の問題を扱う場合，どのような要素を与件とするのか，どのような仮定をおいているのか，モデルの中で決定される要素は何かといったことを考える必要があるが，こうした訓練を積むことによって，問題解決のための接近方法に関する構想力をより広い社会的文脈の中で養うことができる。

- **演繹的思考**

　経済学では現実の経済現象の解明の接近方法として一定の仮定に基づいた理論モデルを構築して，論理的に特定の法則を導出するという，演繹的な接近方法を使う。このような特徴を持った経済学を学ぶことで，より基礎的な前提から個別・具体的な状態を演繹して理解する能力が培われる。

- **帰納的思考**

　一方で，個別の経済の事象やデータの集まりから一般的な法則を導き出す作業も行われる。経済学を学ぶことによって，このような帰納的思考能力を培うこともできる。演繹・帰納という二つの対極的な分析方法をバランスよく学ぶことにより，問題解決や意思決定の能力を高められる。

- **数量的スキル**

　学生は，経済学を学ぶ場合，産業・商業・社会・政府に関する主要な経済的情報や数値データを扱い，それらの数学的・統計的処理を行うことが多いため，数値データを用いて経済現象を分析する能力や，数値データの本質を見抜く洞察力を獲得することができる。経済学の学位取得者に関しては，経営者に対して様々な情報を何らかの数量化された表やグラフで表し，統計的な分析を行い，説明する作業が，しばしば企業で求められる。現象を数量的に把握することで対象をより客観的に把握でき，また分析力を広げることができる。

　このような能力の養成はデータ化されていない情報の数量化や，情報を数量的な形で収集する場合にも役立つ。またシンクタンクや官庁で経済の専門職に身を置く場合，自分の主張とデータとの整合性や，用いているデータの信頼性などの問題をきちんと認識した議論を展開することが求められる。経済学を学ぶことでこうした能力を養うことができる。

- **問題設定能力**

　経済学においては，現象に対する理論的説明が求められるため，たとえ関心がもたれる現象があったとしても，それを説明可能にする理論的道具がなければ，経済問題のより適切な解決はできない。逆に切れ味のよい分析道具があったとしても対象とする経済問題を正しく認識・

把握できなければ，その問題のより適切な解決が困難となる。経済学において意味のある問題設定をするには，目的と分析道具の相互の兼ね合いが重要である。演習などで，学生に自ら問題を設定させ分析させる作業を通じて，このような問題設定能力を養うことができる。

・**全体を総合的に把握する能力**

社会経済という複雑なシステムを対象とする学問の学修を通じて，社会全体や経済全体の仕組みを理解するためには，部分・部分に関わる様々な情報をどう整理し活用してゆくかを学修するだけでなく，それらを全体として総合することが必要になる。

経済学の学修を通じて，部分から全体を構築するとともに，単なる部分の統合だけでは全体を十分には把握できないという事実（いわゆる「合成の誤謬」）などを理解できるようになる。逆に，全体を理解するためには，その一部だけを取り出して解明しようとすることで，自分にも理解しやすく，他者にも説明しやすくなることが修得できるようになる。

また，経済問題が正義や公平の議論と深く関わっている場合には，効率性を基準とした結論がそのままでは受けいれられない場合も多い。そのような問題を解決するために必要な，民主的なプロセスや価値観に関わる要素を考慮した総合的な視点が培われる。

② **ジェネリックスキル**

学生は経済学の学びを通じて，例えば，つぎのような一般的・汎用的な能力を高めることができる。

・**論理的・批判的思考能力**

経済学では演繹的思考方法が用いられるため，人々に自分の意見が一定の論理的根拠を持っていることを納得させるために必要な，批判的・論理的思考能力を身に付ける事ができる。

また，現象の背後にある本質を見極めようとする思考力や感情に流されない理路整然とした論理展開力も身に付けることができる。

・**情報収集能力**

現代社会では，きわめて多種多様な情報や多量のデータが利用できる。そして多くの事柄では数値データや実態調査から得られた情報が根拠とされることが多い。経済学を学修することを通じて，集められた情報の中から統計的なパターンや一定の法則を発見し，その因果関係について考察する能力を獲得できる。

・**数値データの理解・活用能力**

社会科学において経済学は特に数値データや統計分析を多く活用する。こうした数値データなどを正しく読み解く能力は人々が現代社会において必要とする基礎的なスキルであるといってよい。

ただ，数値データは加工の仕方によって意味が変わる可能性があり，完全に中立的ではない。数値データや統計分析を鵜呑みにしない能力や，正しいデータの読み取り能力が育成される。

・**コミュニケーション能力**

経済学は歴史学，政治学，社会学，心理学，経営学，環境学など多くの他分野と密接な関係を有しているため，状況に応じてこれらの分野の知識の習得が必要になる。その場合，価値観や判断基準の異な

る考えを理解するための柔軟な姿勢が求められ,そのような能力は様々な考え方の人たちとのコミュニケーションを取る上で有用となる。

また,経済現象の捉え方はそれを見る角度によって多様であり,それが論争や議論を呼び起こすことになる。

・問題解決能力

人は,人生においていろいろな分かれ道で選択に迫られる。その時,自分がこうしたいという感情も重要であるが,したいことが必ずできるわけではない。また,自分の感情や考え方をコントロールできたらと思うことも多いが,無理やり自制しようとしても成功はおぼつかない。効果的なのは,自分を第三者的立場から眺め,自分の環境をコントロールすることによって,結果として自分を望ましい方向に変えることである。

単に自分の希望の実現を精神論で目指すのではなく,希望を目標に設定し,自分の性格なども外生的な環境の一部に設定して,目標を実現するにはどうしたらよいかという問題を定式化すると,これは,経済学の多くが解いている制約条件付き最適化問題に他ならない。したがって,経済学を学ぶことによって,人生における問題解決能力を高めることができる。

・グローバルな市民としての社会的責任

経済・社会のグローバル化により,経済学で扱う問題もグローバル化している。様々な国の経済事情,文化,社会などを背景とした経済学の学修のウェイトが大きくなってきている。そして様々な経済活動はグローバルな社会構造の中で一定のルールのもとでの競争と協調によって展開されている。

このようなことを学修することで,様々な経済事情や異文化を理解し,異なる価値観を受け入れ,世界全体の発展のために市民として果たす役割を自覚するようになる。

## 5 学修方法及び学修成果の評価方法に関する基本的な考え方

### (1) 学修方法

日本には現在,多くの大学に経済学を専門として学ぶための学部(主として経済学部)が存在しており,学生の学力水準も様々である。またそこで学ぶ学生たちが目指している将来の進路も多様である。経済学を学ぶすべての学生が最低限必要とする知識の習得のための基本的な教育に加えて,学生の能力に合わせた教育や目的意識に沿った教育を提供していく必要がある。

したがって,学修者に対して経済学を学ぶための多様な方法を提供し,これらの様々な方法を組み合わせて多様な学修を経験できるようにすることが有益である。経済学の場合,講義と演習,卒業論文や卒業研究を組み合わせる教育方法が一般的であると考えられる。講義ではこれまで大人数講義が多くを占めてきた経緯があり,また,それを一挙に変更することが困難な大学も少なくない。とはいえ,大学教育がユニバーサル段階を迎えた今日,特にそのありようが問われている分野であることを意識する必要がある。

① 講義

基本的な知識から最先端の動向まで,学

問の展開を学ぶためには，講義形式の学修は教育方法の中で中心的な役割を果たすが，「何を教えるか」から「どんな能力を身に付けるか」に大学教育の力点がシフトしていることを考慮し，講義内容とともに講義形式に配慮する必要性が高まっている。十分な教育効果をあげるように，大人数と少人数の講義を適切に配置するとともに，講義に際しては，学生の積極的な参加を促し，学生が疑問や意見を表明しやすい工夫をすべきである。多様な学生が数多く集まる大人数講義でこのような工夫が成功すれば，多様な意見による相互刺激も得やすくなるだろう。

また，単位の実質化の観点から授業外学修の促進も求められるが，いたずらに宿題を課すのではなく，学修者の主体的・積極的な学修を促すような授業構成を考えることが望ましい。

経済学は基礎から応用へと体系化されている内容も多く，応用科目を学ぶ前提条件として基礎科目を学ぶことが必須であることも珍しくない。さらにはこれらの基礎科目修得のためにはグラフの理解などを含めた数学・統計学の知識が予備知識として必要となることもある。このためには，科目間での内容の難易度の調整や，順序性を具現化した科目のナンバリング（科目番号システム）なども有効である。

これらの基礎的な科目の修得が不十分な学生は，その後の学修に重大な支障が生じかねないため，学修の程度のチェックのための練習問題を解かせる小テストの実施，ティーチング・アシスタント（TA）を活用したチームティーチングや上級学年の成績優秀学部生によるスチューデント・アシスタント（SA）による学生の学修の補助などを行うことが望ましい。大人数授業ではTA（またはSA）などを使った演習クラスを同時期の別の時間帯で並行して付加するなどのカリキュラム上の工夫が有効である。

応用科目についても，基本的には基礎科目と同様の教育的配慮が必要であるが，一定の基礎知識を身に付けた受講生が講義者と積極的に議論したり，受講生同士が意見を交わしたりするような，学生の積極的な参加を促す工夫がとられることが望ましい。また，講義に加えて，小論文・レポートを書かせたり，それらを基に全体で発表・共有したりすることも有効である。

② 演習

現実の経済問題については，複数の見方が存在することが多い。こうした経済問題については，情緒的な議論に流されず，講義で学んだ経済学の基本を適切に応用できる能力を養う必要がある。こうした能力の育成にあたっては，少人数教育の利点を生かしてコミュニケーション・スキルを培えるよう，双方向の対話が中心となるような教育手法が必要不可欠である。

演習をはじめとする少人数教育では，相手の意見を冷静に聞きながら持論の展開をする訓練を積むことによって，論争や議論がお互いの向上に結びつくような建設的なコミュニケーションの能力の養成が期待できる。

この場合，単なる書物の輪読にとどまらず，何らかの課題に沿って学生が自ら調べ，参加者同士で議論（ディスカッション）し合い，そこから有益な情報を引き出し，豊かな経験を作り出すような仕組みを作る

ことが有用である。

③ 卒業論文・卒業研究

論理的な思考能力，参考にすべき適切な資料の検索能力，課題発見と適切な政策提案を可能とする調査能力，自分の考えをまとめプレゼンテーションする能力，さらに文章の作成能力を養成するために，卒業論文や卒業研究は有用である。学生が，習得した経済学の知識を用いて，自ら設定した特定の課題について自律的な論理構成に取り組むことは，学士課程の集大成として重要な意味を持っている。教員は演習などを通じて，その作成・結果のプレゼンテーションのために積極的な指導を行うことが望ましい。

④ その他

・外部講師による講義，フィールドワーク，インターンシップ

経済学は，演繹された理論体系を教え，その当否を統計データで検証するという方法を取ることが多いが，経済学の教育において，直接，現実の経済から経済活動の実態を学ぶことも不可欠である。現実の経済では，新企業や新製品，新ビジネスの出現，産業の浮き沈み，雇用状況，外国との貿易，物価の変動などが日々起こり，変化している。こうした最新の経済状況を学ぶことは経済学への理解を深めるのみならず，学生の将来設計にも役立つ。

しかし常勤の大学の教員のみでこれらの現実の最新の経済状況についての教育を行うことには限界がある。企業や官庁でビジネスや政策立案などに携わっている人を非常勤講師として招聘し，このような観点からの講義を取り入れることが学生の経済学への理解と将来設計に有益である。また，学生が経済の現場を訪れて，経済活動や地域社会の姿を調査するフィールドワークも有益な方法となる。

もう一つの方法が，インターンシップである。現実の企業や官庁の政策担当部局，流通市場などの現場の仕事の実体験や，さらには諸外国の経済活動状況を視察することも有効である。

・導入教育

大学入試の多様化により，大学に入学してくる学生間の学力の背景や学力水準の乖離が大きくなっている。大学の初年度から効率的な教育を実施するためには，大学で学ぶための準備段階として，本来高等学校で身に付けているべき知識が不十分な学生に対して導入教育を行うことが望ましい。

特に経済学は文系の分野に位置付けられているため，数学の学力が不足している学生あるいは数学的な思考になれていない学生の入学が多くなる傾向がある。したがって導入教育の科目としては特に数学が重要である。学生は，原因となる変数と結果となる変数の関係を理解するために，関数の概念を使えるようになることと，関数をグラフで表すことができるようになることが望ましい。

もう少し高い能力を持つ学生には，微分や連立(一次)方程式を理解し，使えるようにさせることが望ましい。数学以外にも情報処理や統計処理，語学などの能力の向上のための教育も効果的と考えられる。

以上のように学生の多様なニーズを考慮し，きめの細かい教育を行うことで効果的な教育成果をあげるためには，教員の側の講義に対する用意周到な準備と授業時間以外のハードな作業が求められる。そのため，教員に割り当てる授業時間数はこうした点を十分考慮して過度にならないようにする必要がある。

　大学設置基準による学生当たり教員数の最低基準は，経済学系の学部において最も低くなっている。かならずしも巨額の研究経費が要求される分野でもないことから，経済学系の学部は大学の中でも最も「運営費用が低く利益率の高い」学部である。しかし，利益重視で教育を行うことは望ましくなく，多くの学生を担当することで教員の教育負担が過重なものとならないように配慮すべきである。

　経済学は成立が新しく若い学問であり，学士課程で教育される内容にも学界の先端の研究動向が反映されなければ効果的な教育にならないばかりか，不正確な教育にもなりかねない。教員の研究活動は学士課程教育の質の向上にも重要な役割を果たすものであり，教員の研究活動に関して適切な体制がとられることが望ましい。

(2) **学修成果の評価方法**

　学生側の講義内容の理解度を高めるために，過度に難易度が高かったり，逆に低すぎたりしないよう，講義内容の見直しを適時行うこと，また，そのための確認テストを行うことが望ましい。学修成果の評価は，講義中の小テストや中間・最終テスト，さらには授業参加への積極性なども評価して行うことが望ましい。特に少人数の授業については，ディスカッションやプレゼンテーションを通した授業への積極的参加を重視した評価も取り入れるべきである。また基礎科目については，これらの科目がその後の応用科目の学修の基礎となるため，基本的な知識とその理論的応用力が身についているかどうかを確認できるような評価を行うことが望ましい。応用科目についても知識の習得に加えて，例えば経済現象についての因果関係の論理的説明を問うことによって，学生の論理的思考能力を高めるような評価を用いることが望ましい。

　逆に，学修者による授業や教員の評価（授業評価アンケート）を行い，組織内部で共有し評価し合うことで，切磋琢磨が生まれる。

　また，作成された卒業研究や卒業論文の評価も必要であるが，作成プロセスと結果のプレゼンテーションが大事であり，口頭試問などを通じて，指導教員はその作成プロセスとプレゼンテーションも評価の要素の一つに入れることが，教育の観点から必要である。

　学生の成績評価では，学生に適切な受講態度を喚起するために，学生に事前に評価の細かい基準を提示することが必要である。また評価の科目間での公平性を出来る限り保つように，評価基準の科目間での整合性を取るようにする（例えば特定の科目がとくに「優」が多い，あるいは「不可」となる受講生が多いなど，科目間の成績の偏りが生じないようにする）ために工夫をすることが望ましい。

# 6　市民性の涵養をめぐる専門教育と教養教育の関わり

## (1) 経済学を学ぶ学生の教養教育

現代では，世界のほとんどの国が経済的には資本主義（市場メカニズム）を基礎とするようになった。他方，グローバル化に伴い，ヒト・モノ・カネの流動化が進み，情報化や新興国の台頭に伴って，産業構造や技術が激変し，階層間・地域間の格差が世界的にも日本国内でも拡大している。グローバル化，情報化，格差，地球環境問題，少子高齢化と途上国における人口爆発，科学技術の急速な発展など，現代社会には多様で膨大な数の社会問題が存在する。市場経済との関連で，これらの問題の全体像を解明し，それへの対処の方法を考えていくことは，これからの社会の在り方を広い視野で検討していく学問的素養の基礎になる。民主主義的な討議と決定，倫理的な考慮との関連で経済問題を捉える姿勢は現代の教養教育にとって大切であろう。さらに理系を含めた他の専門分野を学んだ人々との協働を通じて，対処の仕方を学び，作り上げてゆくことが必要である。経済学を専門とする学生が教養教育として他分野の初歩や基礎を学ぶこと，あるいは他分野の知識を活用した現代社会の考察に触れることは，自らが幅広く思考するための基盤となるとともに，他の専門分野を学んだ人と意見を交わし，協働するための基盤となる。なお，数学・統計学の素養については，大学入試を通して中等教育と関連しているので，節をあらためてこの問題をとりあげることにする。

このように実社会においては，職業人として生きていくためにも，生活者として生きてゆくためにも，経済学を専攻したものと他分野を専攻したものが，ともに協働して課題を発見しそれらを解決していかなければならない。そのためには，経済学を専門として学んだ者は，一方では，経済学に基本的素養を持たない人に対して経済学の基本的な知識と理解を説明できる能力，さらには経済学の社会的意義とその限界についての認識を持つことが求められる。また他方では，高いコミュニケーション能力や日本語及び外国語能力を持ち，他者の意見や知識を聴く能力と，自分の考えを相手に伝えるプレゼンテーション能力を高めることを通じて，異なる分野・背景に立つ人々と横断的に対話し，彼らとの協働や連帯をより有効なものにすることが必要である。

なお，経済学においても専門化の流れは強いが，同時に他の学問分野との境界領域にある経済学の研究も発展してきている。これは多くの学問分野の研究対象が経済活動と関わりを持っているからである。経済現象と密接な関わりを持つ法や政治を経済と総合的に分析しようとする研究分野をはじめ，こうした研究分野の存在は，専門教育と教養教育の接点を生み出すものとして期待される。それらは，経済学を専門とする学生に幅広い視野を提供するとともに，他分野の学生に経済学的な発想や視点を提供することになるからである。

## (2) 他分野を学ぶ学生の教養教育としての経済学

また，上述したような大きな社会変動が経済の領域の変化を中心にして生じてきていることを考えると，教養教育として他分野の学生が学ぶ教養教育において，市民性の涵養の観点からみて，市場メカニズムの

意義と限界，経済政策の役割と限界，社会制度や歴史的に形成された多様な社会集団の経済行為などを理解させることは重要である。

学士課程で経済学を学ぶ学生にまず基本的な知識を教える科目(「入門科目」)は，その後に経済学の中の様々な課題を学ぶための基礎を提供するとともに，他分野を学ぶ学生が教養として経済学の基本的な知識を獲得するための機能を果たすこともできる。経済学の専門教育で経済学を学んだ経済学部生と教養教育で経済学を学んだ他学部生に共通の知識と理解が成立するようになれば，両者がやがて社会の様々な場面で協働する機会が訪れた場合に有益なものとなると期待される。

## 7　経済学分野の学士課程と数学・統計学

経済学は社会科学の中でも，モデルを用いた分析を他の分野以上に発展させているが，モデル分析では数学的方法がきわめて有用であることから，経済学では数学が多く用いられる。学部段階で使う数学・統計学の多くは，(連立)一次方程式やグラフを使った数学的分析，極限や微分の概念，無限級数，基本統計量，統計的仮説検定など，それほど高度なものではないが，数学を苦手とする学生には恐怖心を与えかねない。

さらに，経済学の専門的な研究は社会科学の中では高度に数学化されている。しかも，経済学は文系科目と分類されていることから，数学が苦手で文系を選択して，経済学部(その他の経済学分野の学士課程も含む)に進学する学生も多い。

さらに，入試科目から数学を外す経済学部が増えてきている。高校生が入試科目に出ない科目の学修を等閑視するという受験行動を取る傾向も強まっており，高校時代に数学・統計学を真面目に勉強していない学生が多数であるという経済学部も存在する。このため，数学・統計学の取り扱いは経済学部にとって大きな問題になっている。

経済にはお金の計算がつきものであるため，かつて「読み書きそろばん」と言われた「そろばん」程度の数量的な処理能力が必要であることは理解されやすいであろうが，なぜそれ以上の数学的能力が専門的なレベルで要求されるのかは，経済学部の学生でも疑問に思うことがあるだろう。

経済学で数学を利用する一つの理由は，思考の時間を節約することにある。確かに，非常に複雑な経済現象から一定の法則を見出し，我々の生活水準の改善に役立てるためには，抽象的な思考能力と何重もの論理的な思考過程が必要とされる。労をいとわなければ，言葉やグラフを適切に使うことで，数学を使わないでも同じことができるが，数学を使えば，それらを精密にかつ効率的に行うことが可能になる。

要は，学士課程において必要とされる数学・統計学の水準は，学生の能力や興味の度合いによって判断されるべきである。例えば，経済学の基本的知識を前提とした科目で，履修者から研究者や経済の専門職に就くものを多く輩出できる可能性がある場合には，多変数の微積分や常微分方程式などを積極的に活用した教育を行ってもよいだろう。

これに対して，基本的な知識自体を教える科目や，高等学校での数学的素養が不十

分で，卒業後は一般的な職業人として活躍する履修者が多い場合は，グラフや連立一次方程式を使う程度の説明にとどめ，数学をできるだけ使わない教育を行うなど，大学や科目の実情に応じた教育を行うことが効果的である。

学士課程の教育で経済学を学生に理解させるためには，数学を使うか，グラフを多用するか，言葉で説明するか，という三つの選択肢がある。

その中で，数学をどれだけ使うかは，学士課程の経済学教育の特色であると同時に悩みでもある。例えば物理学では，基本法則が数学を用いて表現されることにより，厳密な解析が可能となる。したがって，学士課程でも（さらには高校でも）数学は重要であるが，数学による抽象化（モデル化）の妥当性については，その都度，実験や観察によって検証されるのである。経済学においても，数学によって概念の理解や精密な解析が可能となるが，数学で表されたことと概念との対応を理解するためには，一定程度以上の数学の素養を必要とする。

他方では，大学で経済学を学びたいという学生に門戸を広げるためにも，学士課程で数学・統計学の比重を高めたり，入試に数学を課すことが無限定に望ましいわけではない。そうすることで，大学で経済学を学ぶための間口を狭め，経済学に興味があり，実際に経済学を学ぶことで多くを得ることのできたはずの学生を失うことになるかもしれないからである。

いずれにしても，わが国の高校での文系・理系の区分けを考えれば，その中で形成されている高校生の数学的素養を与件として，教育課程を考えていかざるを得ないだろう。しかし1節に述べたような，経済学の修得に関する国際的な理解を踏まえると，現状の高校までの文系・理系という区分が，経済学を学ぶことによって有為な人材を社会に送り出すという要請を必ずしも満たしているわけではない，という認識も必要である。

以上は一般的な考え方であり，大学の機能と特色に応じて，数学・統計学の実際の取り扱いは当然に違ってくるものである。このように学士課程の経済学教育では各大学の置かれた状況に応じてバランスが求められる。いずれにしても経済学教育の質の向上につながる数学・統計学の取り扱いについて十分な検討がなされることが望ましい。

## 参 考 文 献

[1] 中央教育審議会「学士課程教育の構築に向けて（答申）」（平成20年12月24日）

[2] 日本学術会議「（回答）大学教育の分野別質保証の在り方について」（平成22年7月22日）

[3] Group of National Experts on the AHELO Feasibility Study (2012), "Economics Assessment Framework: AHELO Feasibility Study," OECD.

[4] Quality Assessment Agency for Higher Education (2007), *Subject Benchmark Statement: Economics 2007*.

[5] OECD (2011), "Tuning-AHELO Conceptual Framework of Expected and Desired Learning Outcomes in Economics," OECD Education Working Papers, No. 59, OECD Publishing.

〈参考資料1〉経済学分野の参照基準検討分科会審議経過

平成24年(2012年)
12月21日　日本学術会議幹事会(第167回)
経済学委員会経済学分野の参照基準検討分科会設置，委員の決定

平成25年(2013年)
2月4日　　経済学委員会経済学分野の参照基準検討分科会(第1回)
　　　　　役員の選出，経済学教育の現状について
4月16日　　分科会(第2回)
　　　　　委員の報告
5月7日　　分科会(第3回)
　　　　　委員の報告
6月24日　　分科会(第4回)
　　　　　「参照基準(第一次素案)」の検討
7月23日　　分科会(第5回)
　　　　　「参照基準(第二次素案)」の検討
10月11日　分科会(第6回)
　　　　　「参照基準(第三次素案)」の検討
　　　　　公開シンポジウム(案)の決定
11月12日　分科会(第7回)
　　　　　「参照基準(原案)」の決定
12月4日　　分科会(第8回)
　　　　　「参照基準(原案)」の検討
12月4日　　公開シンポジウム「大学で学ぶ経済学とは～学士課程教育における
　　　　　参照基準を考える～」

平成26年(2014年)
2月12日　　分科会(第9回)
　　　　　「参照基準(原案・第一次修正)」の検討
2月25日　　分科会(第10回)
　　　　　「参照基準(原案・第二次修正)」の検討
4月24日　　分科会(第11回)
　　　　　「参照基準(案)」の決定
8月8日　　日本学術会議大学教育の分野別質保証委員会(第9回)
　　　　　経済学委員会経済学分野の参照基準検討分科会

報告「大学教育の分野別質保証のための教育課程編成上の参照基準 経済学分野」について承認

〈参考資料2〉公開シンポジウム
「大学で学ぶ経済学とは～学士課程教育における参照基準を考える～」

主催：日本学術会議経済学委員会経済学分野の参照基準検討分科会
日時：平成25年12月4日(水) 14時～17時
場所：日本学術会議講堂

開催趣旨：
　日本学術会議は，文部科学省高等教育局長からの審議依頼に応えて2010年に取りまとめた回答「大学教育の分野別質保証の在り方について」に基づき，自ら教育課程編成上の参照基準を策定する作業を関連する分野別委員会において行っている。経済学委員会は「経済学分野の参照基準検討分科会」において審議を行い，このたび「大学教育の分野別質保証のための教育課程編成上の参照基準　経済学分野」の原案がまとめられた。
　参照基準は，経済学の教育課程を設置する大学及び経済学教育に関心のある方々に広く利用していただくことが期待されている。このシンポジウムは，日本学術会議内外から広く意見をいただき，それを最終案に反映させるために開催するものである。

次第：
司会　久本憲夫（日本学術会議連携会員，経済学分野の参照基準検討分科会委員，京都大学公共政策大学院教授）
14:00～14:10 開会の挨拶
　　　岩本康志（日本学術会議第一部会員，経済学分野の参照基準検討分科会委員長，東京大学大学院経済学研究科教授）
14:10～14:35 基調報告「大学教育の分野別質保証と参照基準」
　　　北原和夫（日本学術会議特任連携会員，大学教育の分野別質保証委員会企画連絡分科会委員長，東京理科大学大学院科学教育研究科教授）
14:35～15:00 分科会報告「経済学分野の参照基準案について」
　　　岩本康志
(15:00～15:10　　　　　　　　休憩)

15：10～16：50パネルディスカッション
モデレーター
　　　奥野正寛（日本学術会議特任連携会員，経済学分野の参照基準検討分科会副委員長，武蔵野大学政治経済学部教授）
パネリスト
　　　池尾和人（日本学術会議連携会員，経済学分野の参照基準検討分科会委員，慶應義塾大学経済学部教授）
　　　多和田眞（日本学術会議連携会員，経済学分野の参照基準検討分科会幹事，愛知学院大学経済学部教授）
　　　本多佑三（日本学術会議連携会員，関西大学総合情報学部教授）
　　　八木紀一郎（日本学術会議連携会員，摂南大学経済学部教授）
　　　前原金一（公益社団法人経済同友会副代表幹事・専務理事）
16：50～17：00閉会の挨拶
　　　樋口美雄（日本学術会議第一部会員，経済学委員会委員長，慶應義塾大学商学部教授）

資料II

2014年8月29日
「経済学分野の教育課程編成上の参照基準」の審議について

# 岩本康志[*] 東京大学教授

　本稿は，日本学術会議の「大学教育の分野別質保証のための教育課程編成上の参照基準経済学分野」がとりまとめられた際に，経済学分野の参照基準検討分科会の審議の動向を個人の責任で解説するための文書であり，参照基準がどのような性格のものであるかを伝えることを目的としている。

## 1　はじめに

　2008年(平成20年)5月，日本学術会議は，文部科学省高等教育局長から「大学教育の分野別質保証の在り方に関する審議について」の審議依頼を受けたことから，同年6月に課題別委員会「大学教育の分野別質保証の在り方検討委員会」を設置して審議を重ね，2010年(平成22年)7月に回答「大学教育の分野別質保証の在り方について」[1]を取りまとめ，同年8月に文部科学省に手交した。同回答においては，分野別質保証のための方法として，分野別の教育課程編成上の参照基準を策定することを提案している。この参照基準は，各大学が，各分野の教育課程(学部・学科等)の具体的な学習目標を同定する際に，参考として供するものとされている。

　日本学術会議経済学委員会は2012年12月に，「経済学分野の参照基準検討分科会」(以下，「分科会」)を設置し，経済学分野の参照基準策定のための審議をしてきたが，8月29日に報告「大学教育の分野別質保証のための教育課程編成上の参照基準　経済学分野」がまとめられ，発表された。審議の過程では，分科会による原案に対しての学術会議内外の意見を聞くために，公開シンポジウム「大学で学ぶ経済学とは何か―経済学分野の参照基準を考える―」を2013年12月に開催したが，学界からは賛否両面から，大きな反響があった。学界の強い関心を受けて，分科会では原案を大幅に修正し，再度学会からの意見を聞く過程を設けた。諸学会からの意見の趣旨をできるだけ参照基準に反映するように

---

[*] ……東京大学大学院経済学研究科教授。日本学術会議会員，経済学委員会経済学分野の参照基準検討分科会委員長。

したが，ひとつの文書としての整合性をとるためや，相対立する意見があったりして，最終的には参照基準には反映されなかったものがある。

筆者は分科会委員長として参照基準の策定に関わったが，本稿は，分科会の審議の経緯を個人の責任で解説し，参照基準がどのような性格の文書となっているのかを伝えることを目的としている。

## 2　参照基準とは何か

参照基準が対象とするのは，経済学の学士教育課程である。ただし経済学は，経済学部だが，参照基準が想定する典型としては，多くの大学で見られる経済学科のなかで体系的に教育されている経済学を念頭に置いた。

参照基準はまず経済学部の課程を編成する学部長ないし教務委員長等に読まれることを想定している。しかし，学術会議が，学問の定義と固有の特性を書くことを求められていることから，読者の対象は経済学委員会関係者の同業者のみに限られない。他分野の学術会議会員・連携会員に経済学とは何かを説明する機会ともとらえられる。進路を検討する高校生も読者となるかもしれない。そのため，専門用語はできるだけ排し，経済学の専門知識を必要としない書き方をすることとした。

日本学術会議で策定されている参照基準とはどういうものであるのか，を位置づけるために，逆に「参照基準は何でないのか」を考えてみよう。第1に，それは「何を教えるのか」というものではない。教員は教える内容に意識が向きがちである。しかし，高等教育の質保証の近年の潮流は，学生が何を身に付けているのかという「学習成果」に着目しており，学生が主役の課程編成方針でなければいけない。

第2に，それは「大学院進学のための準備教育」ではない。学部での教育が教員の都合のみで決められれば，経済学の専門的な研究の前にどのような内容を学ばなければいけないのか，を追求しそうである。しかし，経済学を学んだ学生の大多数は卒業後，研究者の道を選択せずに就職する。典型的な職種として念頭におかれるのは，営業職であろう。大学以外の場での経済学の専門知識を生かした職種としてはエコノミスト，ストラテジスト，アナリスト等があるが，そのような職種につく者は少数である。

以上のことから，学生からの「経済学を学んで何の役に立つのか」と問いかけに対して，「大学院入試の成績が良くなる」という答えではだめだ，ということが言える。代わりに，教育課程編成において，学生がどのような教養を身に付

けるべきか,が問われるべきである。

「何の役に立つのか」については,どこで役に立つのかを考えておかなければいけない。学術会議では参照基準に含まれる項目のひとつに「市民性の涵養をめぐる教養教育と専門教育の関わり」をあげている。つまり,専門職・研究者として専門知識を活用するだけでなく,市民としての役割の場で何の役に立つのか,が問われている。社会科学に共通することであるが,経済は市民生活に密接に関わっている。したがって,経済の動きを説明する,市民としての経済活動をより良く営む,選挙において経済政策の是非について判断すること等,経済学の基本的な知識と理解が市民生活に生かされる機会は数多くある。

また,職業人として活躍する場でも,経済学の素養を役立てることができる。経済学を活かした専門職につかなくても,営利企業であれ非営利団体であれ,経済との関わりなしで働くわけにはいかない。経済学を学んでいなかった同僚に比べて,経済学を学ぶことによって何が違っているのか。教育課程の編成において,このような問いかけから出発することが有益であると考えられ,参照基準でもこのような問いに対する,ひとつの(唯一のではないが)答えを出すことを目指している。

これらのことは,学術会議の提言「21世紀の教養と教養教育」[2]に含まれる,以下のような提言と合致していると考えられる。

> 学士課程における専門教育は,その教育目標として,次の三つの要件を備えていることが重要である。①自分が学習している専門分野の内容を専門外の人にも分かるように説明できること,②その専門分野の社会的意義について考え理解すること,③その専門分野を相対化することができること(当該専門分野の限界について理解すること),の三つである。

## 3　参照基準に何を書くか

参照基準は学士課程の経済学教育を標準化・画一化を図るものではない。分科会原案への意見のなかで,参照基準が大学にひとつの基準を強制しようとするものではないかという懸念が多かったが,これはもとより学術会議の策定する参照基準の意図するものではない。参照基準についての「趣旨の解説と作成

---

❖1……日本の展望委員会知の創造分科会が 2010 年 4 月に公表したものであるが,委員は大学教員の分野別質保証の在り方検討委員会教養教育・共通教育検討分科会と兼任して両分科会が一体となって審議をおこなっているため,参照基準の策定に密接に関係している。

表1｜国内大学の経済学の学士課程における基礎科目の位置づけ

| ミクロ経済学<br>マクロ経済学 | 政治経済学 | 経済史 | 比率 |
|---|---|---|---|
| ○ |  |  | 40%程度 |
| ○ |  | ○ | 20〜25%程度 |
| ○ | ○ | ○ | 15〜20%程度 |
| ○ | ○ |  | 10%程度 |
|  |  |  | 5〜10%程度 |
|  | ○または | ○ | 1〜5%程度 |

の手引き」([1]の第一部付録に収録)は以下のように述べている。

> 各大学の教育の自主性・自律性を尊重し，あり得べきカリキュラムの多様性を損なわないこと。このため，同定された「基本的な知識と理解」が意味することになる，各分野での学びの内容・領域は，当該分野を構成する基本的な柱となるものに限定するとともに，事実上特定の授業科目の開設を必須のものとしないよう，一定の抽象性を持たせた記述とする。

それぞれの学科は自らの使命と固有の目的に準じて，特色のある教育課程を編成することになるが，ここで作成される参照基準がその際に一定の影響力をもつことは否めない。多様なカリキュラムが編成されているという現実を踏まえて，参照基準に経済学の固有の特色や学生が身に付ける基本的素養に何を書き込むのかは，非常に難しい問題であった。多様性を重視した記述をすればまとまりが失われ，他分野の専門家やこれから経済学を学ぼうとする学生が見ると，経済学は混沌とした学問のように見えてしまうだろう。一方で，体系性と一貫性を重視した記述をすれば，わが国のカリキュラムの現状から乖離してしまうだろう。

分科会では，大学のカリキュラムのなかですべての学生が身に付ける基本的素養がどのように位置づけられるかを見るために，どのように必修科目あるいはそれに準じて重要な科目(以下，「基礎科目」と呼ぶ)を設定しているのかを，大学によるWebでの公開情報をもとに調査した(調査の手順は付録を参照)。163大学(国公立大学54，私立大学109)のうち，Webで不明の31大学を除く132大学について，3種類の科目群「ミクロ経済学・マクロ経済学[*2]」，「政治経済学」，「経済史」が基礎科目とされているかどうかを調査した。そのパターンを分類すると，**表1**のようになる。

「ミクロ経済学」，「マクロ経済学」を基礎科目としている大学は全体の9割程度である。残り1割程度の，基礎科目としていない大学の多くは，科目選択の自

由度が高く，ここで定義された基礎科目をもたない。これら科目の内容は，以下でのべる国際的な取組みにも含まれているものでもある。国内のカリキュラムの状況から見て，参照基準においてすべての学生が身に付ける基本的素養に含めるのは適当であろう。

「政治経済学」，「経済史」については，基礎科目と位置づける大学も多いが，位置づけていない大学も多い。選択必修科目や選択科目に位置づけている大学では，これらの科目を履修せずに卒業することも可能である。したがって，参照基準がこれら科目の内容をすべての学生が身に付ける基本的素養と位置づけると，それに合致した大学と合致しない大学ができ，後者の比重が無視できる規模ではない。このように大学間で違いがある部分については，参照基準ではむしろ書きこまない方針とした。これは，参照基準に書き込まれた内容を各大学に強制しているような捉え方をされて生じる弊害を避けるためである。同時にこれら科目の内容を参照基準から完全に消し去ることは適当ではないので，経済学の定義と固有の特性を記述する節で経済学の広がりを示す際に，これら科目でとられているアプローチに触れることとした。

「財政学」，「金融論」のように経済学部であれば普通は開講されているであろうと想定される科目も，選択必修科目や選択科目に位置づけられていれば，それを履修しないで卒業する学生がいることから，すべての学生が身に付ける基本的素養とするのはそぐわない。また，かりに参照基準に含めようとしても，どこまでの科目を含むのかの線引きは非常に難しい。分科会原案ではこうした定番科目の代表例を列挙していたが，案の定，漏れた科目の掲載要望がいくつか，関係する学会から寄せられた。最終的には，おそらくすべての学会が納得する線引きは難しいこと，科目名の具体的記述がカリキュラムへの介入と受け取られることを避けること，の2つの理由から，具体的な科目名は一切，現れないようにした。そのため，そういう科目で教えられる内容についての記述も現れにくくなっている。

以上のことから，参照基準に書かれた内容はかなり限定されたものになっている。したがって，参照基準の内容は学生が学士課程で身に付ける基本的素養の一部にすぎず，参照基準に書いていないことを教えてはいけないということではない。そのような誤解を招かないように，参照基準の冒頭の節では，「各大学がさらに項目を充実して，学生が身に付けるべき基本的素養を主体的に設定

---

❖2……「ミクロ経済学」，「マクロ経済学」の2科目で提供されることが基本的であるが，ここではまとめて表記する。

する」ことを強調している。

また，参照基準に書かれた個別の項目は必須であることを意味するのではなく，個別項目が実際のカリキュラムに盛り込まれなくても，優れたカリキュラムは存在し得る。ただし，優れたカリキュラムを編成しようとするときに，参照基準の多くの項目は盛り込まれることになるだろう。

# 4 基本的な素養

参照基準では，当該学問分野を学ぶすべての学生が身に付けることを目指すべき基本的な素養を，「基本的な知識と理解」，「分野に固有の能力」，「ジェネリックスキル」の項目によって同定する。

学術会議による策定作業が英国の高等教育質保証機関(QAA)の参照基準策定作業を参考にしており，われわれもQAAによる経済学分野の参照基準(2007年に第2版[3]が発表されている)を参考とした。それに加えて，現在，経済協力開発機構(OECD)では高等教育を学生の学習成果の観点から評価する「高等教育の学習成果の評価」(AHELO)のフィージビリティ・スタディがおこなわれて，経済学[4]，工学の2分野がその対象に選ばれた。その際にAHELOでは，欧州での学習成果に基づく高等教育プログラムであるTuningプロジェクトと共同で，「Conceptual Framework of Expected and Desired Learning Outcomes in Economics」[5]を作成し，評価テストで問われる学習成果の項目を同定している。教育課程の編成と評価テストは別物ではあるが，どちらも学習成果に着目しているという点で，AHELOの動向にも配慮が必要であると思われる。

AHELOは，QAAで同定された基本的な知識と理解と分野に固有の能力の項目を踏襲している。われわれがこれらの項目を同定するに際して，車輪を再発明することが良いとは思えない。また，教育課程の編成担当者は，参照基準のみならずAHELOやQAAの文書を参照するだろう。そのため，分科会では，AHELOとQAAで同定された項目を出発点として検討をおこなった。そのため，多くの項目はAHELOとQAAのそれと共通のものとなっている。このような事情から，学術会議での他分野の参照基準よりも項目が具体的になっている。

基本的な知識と理解の説明の中核は経済学の基本的な概念の列挙になるが，いきなり列挙から始めては読み物としては体裁が悪い。そこで，まず「どのような場面で基本的な知識と理解が必要されるか」を示すことで，役に立つ知識の性格をおおまかに示した上で，それに関連する概念を列挙する体裁とした。経済の動きを理解する，よい経済行動をとる，経済政策を評価する，という生活

者として経済学の知識を活かす場面が想定されている。

　基本的な知識と理解としては，経済に直接関係する概念として「市場経済システム」，「需要と供給」，「市場の均衡と不均衡」，「部分均衡分析と一般均衡分析」，「国民経済計算体系」，「経済成長と景気循環」を最初に取り上げ，つぎに経済を対象にするだけではなく，日常生活や意思決定や職業人としての活動に役立たせることができるようなより一般性をもつ概念として「機会費用」，「限界概念」，「インセンティブ」，「戦略的行動」，「不確実性と期待」が取り上げられている。AHELO，QAAそして米国の初等中等教育での経済教育の自主基準である「Voluntary National Content Standards in Economics」[6]は抽象的な概念から出発して，「機会費用」が最初に取り上げられている。抽象的で一般的な概念から出発するのは経済学での抽象的思考が行き着いた先であると言えようが，初学者にはとっつきにくい面もある。分科会の初期の案では先行する基準と同様の配列をとっていたが，反応が芳しくなかったことから，具体的なものから抽象的なものへという配列に変更した。この点は，この参照基準の特徴と言えるだろう。

　参照基準の「趣旨の解説と作成の手引き」では，分野に固有の能力は「専門的な知識や理解を活用して，何かを行うことができる能力」，ジェネリックスキルは「分野に固有の知的訓練を通じて獲得することが可能であるが，分野に固有の知識や理解に依存せず，一般的・汎用的な有用性を持つ何かを行うことができる能力」と規定されている。また，これらは，「何かを行うことができる」という形で記述することとされている。

　分野に固有の能力とジェネリックスキルをどのように区別すればよいのかも悩ましい問題であった。例えば，分野に固有の知識や理解の活用能力が，そのまま特定の職業にとっての専門能力となる場合には分野の固有の能力とされるが，学部レベルの経済学の知識を使って専門職として活躍する場面は想定しにくい。誰であれ毎日，経済活動をおこなっており，経済学の基本的な知識と理解を説明する能力や，直接にそれを使用することは身近で自然に生じていることなので，あえて基本的素養として記述することは避けた。それら以外に経済学の学びを通じて培われる能力をまず列挙して，経済学に固有の特性に関係した能力を分野に固有の能力，他分野でも見られる能力をジェネリックスキルと整理することにした。

　AHELO，QAAでは，経済学に固有の能力として「抽象化(Abstraction)」，「分析, 演繹, 帰納(Analysis, deduction and induction)」，「数量化, 設計(Quantification and design)」，「問題設定(Framing)」の4項目が取り上げられている。個人的な感

想であるが，分科会での審議に先立ちAHELOとQAAを調べていたときには，なぜこれらが経済学に固有の特性に関係した能力として同定されるのかが不思議であった。しかし，分科会での審議のなかで，これらが経済学を特徴づけるのにふさわしいものであることを認識させられるようになった。学生は多くの場面で経済学でなされる抽象化の試みに触れるであろうし，そのような作業をすることも求められることは，教育課程で教えられる内容を具体的に特定しなくても言えるだろう。他分野の研究者が経済学を見ると，経済学で演繹的思考が重要な地位を占めていると感じることが多い（経済学の枠内に閉じこもっていると，このことがよく見えない）。数量データを扱うことも，他の人文・社会科学の学問分野と比較したときの特徴である。教育課程における問題設定の重要さは，経済学におけるモデル分析の重視と呼応するものであろう。このように考えると，AHELOとQAAの同定はじつによくできているのである。結局，分科会で経済学に固有の能力を同定する作業をするなかで，これらと同じ程度の一般性をもった項目を見出すことは困難であった。

　分科会での審議の結果，参照基準での経済学に固有の能力は，AHELO, QAAのそれに若干の説明上の変更を加え，「抽象的思考」，「演繹的思考」，「帰納的思考」，「数量的スキル」，「問題設定能力」，「全体を総合的に把握する能力」をあげている。

　ジェネリックスキルについては，AHELO, QAAに該当する項目はない。参照基準の審議のそもそもの出発点である中央教育審議会答申「学士課程教育の構築に向けて」[7]で同定された項目のなかで，経済学の教育課程で培われるという説明が自然にできる，「論理的思考能力」，「情報収集能力」，「コミュニケーション能力」，「問題解決能力」，「グローバルな市民としての社会的責任」を取り上げている。

## 5　経済学の定義，経済学に固有の特性

　参照基準は経済学の定義についての記述からはじまるが，ここは経済学の研究者に向けたものではない。まず念頭に置いたのは，これから大学に進学する高校生が経済学を学ぶことによって何が得られるのかを知るために参考となる情報である。このため，高校生にも読みやすいように平易な記述とし，経済学の関心が日常生活とどのように関連づけられるかを中心に説明しようとしている。また，学術会議で各分野の参照基準が作成されることから，他分野の研究者が経済学とはどのような学問であるかを知るために有益な情報とすること

も，もうひとつのねらいである。

　経済学の研究者はこの箇所に最先端の研究動向までもカバーした内容を望むと思われるので，参照基準の記述には物足りなさを覚えるかもしれないが，あえて世俗的で初歩的な方向に向かっているのは，こうした目的をもつからである。参照基準が学士課程で身に付けるべきことに焦点を当てているため，大学院で学ぶような研究動向が対象外となることも，色々な場面で経済学者がしている経済学の説明とは違っている。

　そして経済学に固有の特性に関する記述も，経済学の研究動向を具体的に紹介するものではなく，すべての学生が身に付けるべき基本的素養の内容を背景にしていることに特徴がある。経済学ではモデルを用いた抽象的思考と演繹思考が多用され，社会現象を数量的に把握しようとすること等が記述されているが，こうした固有の特性をもった経済学を学ぶことにより，基本的な素養に記述された経済学に固有の能力を身に付けることができる，という構成がとられている。

　経済学の定義については，学士課程で教えられる内容を具体的に拘束しないようにしないように，多様な考え方を許容できるような幅広さをもった，マーシャルによる定義を下敷きとした表現が選ばれている。経済学が経済に関する学問であり，それが日常生活に密接に関わっていることは，一般の人が容易に想像できるところなので，より具体的な経済学の内容についても触れることにした。

　また，経済学の固有の特性では，他に，用語の厳密な定義を通して研究者間の国際的コミュニケーションがされていることをのべている。また，歴史や制度へのアプローチ，多数の人間の行動の相互作用へのアプローチについて紹介するとともに，人間の行動を扱うことの難しさ（と面白さ）にも触れた。

　ただし，経済学の性格づけについては研究者でも多様な意見があることから，具体的かつ詳細な記述をしていくと，その賛否が分かれる事態も招きかねない。その点に配慮して，記述は抽象的で簡潔なものとなっている。

# 6　教養教育としての経済学

　参照基準の6節は，教養教育としての経済学の学士課程を論じている。大綱化以前の学士課程は前期2年の一般教育と後期2年の専門教育に分割されていて，現在でもこのような区分は残存している。学術会議提言「21世紀の教養と教養教育」は学士課程を教養教育ととらえており，教養教育は一般教育に限定

されるものではなく，専門教育も含むものであるとされている。[※3] また，一般教育と専門教育は重なりをもつものとされている。このことから，一般教育が「共通基礎教養」，一般教育と専門教育の重なりが「専門基礎教養」，専門教育が「専門教養教育」と呼ばれ，後者の2つが以下のように記述されている。

> 専門教育は，専門的な素養・能力の形成を系統的に行うものであるが，同時に，特に学士課程においては，教養教育の一翼を担う「専門教養教育」として行われることが重要である。

> 一般教育と専門教育が重なり合うところで行われる「専門基礎教養」の教育は，当該専門分野の基礎的素養のない学生でも積極的に取り組むことのできる内容構成と方法により行われることが重要である。この専門基礎教養の教育は，人文社会系の学生にとって意義のある科学的リテラシーを育むもの，人文系・理系の学生にとって意義のある社会科学的リテラシーを育むもの，理系・社会科学系の学生にとって意義のある人文的素養を培うものとして，充実を図ることが重要である。

この提言の趣旨に則り，参照基準の範囲を専門教養教育とする。そして専門基礎教養は，多くの大学の教育課程で導入されている，一般教育科目としての経済学の入門レベルの授業科目を念頭に置いている。この科目は，経済学を専攻しない学生に対してはこの科目だけで経済学の基本的な知識と理解を与えるものであり，同時に経済学を専攻する学生に対してはその後の専門教育科目で繰り返し使われる知識が集約されたものとなる。

参照基準では，経済学を専門とする学生が教養教育として他分野を学ぶことや他分野の知識を活用した現代社会の考察に触れることを勧めている。これらは，自らが幅広く思考するための基盤となると同時に，他の専門分野を学んだ人と協働するための基盤であると位置づけられている。また，逆の立場から，他分野を学ぶ学生が教養教育として学ぶ経済学についても触れた。これは経済学の学士課程の参照基準で言及する必要はないものなのだが，誰でも生活者や職業人として経済とは関わりをもたなくてはいけない事実を経済学分野の特性と考えて，あえてこの項目を加えた。

学生が数学・統計学の素養をどれだけもっているかは，学士課程の教育で重要な課題であり，大学入試を通して中等教育とも関係するので，とくに1節を設けてこの問題をとりあげている。[※4] 経済学は数量データを扱うだけでなく，基

礎となる理論も数学化が進んでいるため，教育の現場で数学・統計学を用いるニーズがある。一方で，大学入試に数学を課す学科は減少しており，受験技術が高度化することで入試科目にない数学を高校の学習で「捨てる」学生が多くなり，教育の現場が大きな問題を抱えている。参照基準はこの問題に対する解決策を持ち合わせているわけではないが，問題を提起する意味をこめて，7節を数学・統計学の問題にあてている。

# 7 おわりに

　参照基準のねらいは，学生が経済学の学びを通じて何を身に付けることができるか，から出発して教育課程を編成することを促すことにある。そのような思考は，経済学の定義と経済学に固有の特性の記述にも徹底されている。ただし，参照基準としての様式として抽象的で簡潔な記述をしていることと，学習成果の記述が後半にあり，それを受けた経済学の記述が前半にあるという構成から，ねらいが伝わりにくくなっているうらみがある。本稿が，参照基準の特色を理解する一助になれば幸いである。

　最後に，関連する学協会の参画の仕方について審議過程の課題があったことに触れておきたい。他分野では学協会の連合体や分野を代表する学会において，教育を議論する組織が形成されて議論が蓄積され，それが学術会議での参照基準につながっている例も多い。経済学ではそういった組織の活動として利用できるものがなかった。関連するものとしては，認証評価機関である大学基準協会が2004年にまとめた「経済学教育に関する基準」[8]があるが，これはシラバスの採用やコアカリキュラムの提示に力点が置かれ，学習成果の視点を重視する今回の参照基準に活用できる箇所は少なかった。また，学協会が主導した作業ではない。学術会議では短期間で参照基準を策定する必要があったことから，分科会での独自の作業として進めざるを得なかったが，かりに学協会が主体となって土台となる作業がまとめられていれば，それを活用した審議の仕

❖3……「教養の形成とその形成を主目的とする教養教育は，一般教育に限定されるものでなく，専門教育も含めて，四年間の大学教育を通じて，さらには大学院での教育も含めて行われものであり，一般教育・専門教育の両方を含めて総合的に充実を図っていくことが重要である。」（「（提言）21世紀の教養と教養教育」）

❖4……「各分野における参照基準の作成のためのサンプル」（大学教育の分野別質保証の在り方検討委員会言語・文学分野の参照基準検討分科会資料，2010年12月27日）において，「各分野の事情に応じて，（中略）独自の項目を設定したり，適宜参考資料等を付したりすることも可能である」とされており，これに即して1節を設けた。

方があり得ただろう。文部科学省が分野別質保証の在り方について学術会議に審議依頼をしたことの背景には，大学教育の内容面に対して国が直接関与することを避けるという判断がある。大学教育の自主性・自律性を尊重する趣旨からは，学協会による主体的な取り組みがあれば，それは大いに尊重すべきものと考えられる。

　参照基準は策定後5〜6年目を目安に見直しを行うことが適当とされており，今回の参照基準が恒久不変のものではない。今後，経済学分野の学協会で教育課程の在り方に関する議論する場が設定されるならば，このサイクルに沿った見直しでは今回とは違った，学協会の参画の形があり得るだろうことを最後に触れておきたい。

## 付録｜「経済学科での基礎科目の調査」手順
（国内大学の調査）

　経済学科のカリキュラムがどのような基礎科目を割り当てているのかを調査する。経済学系とされる学科等を各大学で1つリストアップする。1大学に関係する学科・コースが複数ある場合は，経済学を中核に据えるものに絞る（「経済学科」，「経済学コース」の名称をもつものを選択する等）。分科会委員有志が各大学のWebの情報から，カリキュラムの構造を判断する。2013年11月下旬から12月上旬に閲覧。

　基礎科目とする判断基準は，「必修科目である」，「全体のなかで少数の科目が重要視されている」，「必修科目がないとき選択必修科目である，基礎科目等の名称が付される等」とする。ただし，応用科目を含む多数の科目が該当する場合は基礎科目なし，と判断する。1大学について2名が調査し，判断が分かれた場合は別の1名が加わり，審議の上，結論を出す。

（海外大学の調査）

　QS WORLD UNIVERSITY RANKINGS BY SUBJECT 2013 - ECONOMICS & ECONOMETRICSによる世界のトップ50大学をリストアップする。米国17，英国6，オーストラリア4，香港3，中国2。日本からは東京大学，京都大学が入

表A｜世界の大学の経済学の学士課程における基礎科目の位置づけ

| ミクロ経済学 マクロ経済学 | 政治経済学 | 経済史 | 比率 |
|---|---|---|---|
| ○ |  |  | 85%程度 |
| ○ |  | ○ | 5〜10%程度 |
| ○ | ○ | ○ | 5%程度 |

る。1大学について2名が調査し，判断が分かれた場合は別の1名が加わり，審議の上，結論を出す。Webで不明の8大学を除く42大学を分類した結果は表Aの通りである。

**参 考 文 献**

[1] 日本学術会議(2010)，「(回答)大学教育の分野別質保証の在り方について」(平成22年7月22日)
[2] 日本学術会議(2010)，「(提言)21世紀の教養と教養教育」(平成22年4月5日)
[3] Quality Assessment Agency for Higher Education (2007), *Subject Benchmark Statement: Economics 2007.*
[4] Group of National Experts on the AHELO Feasibility Study (2012), *"Economics Assessment Framework: AHELO Feasibility Study,"* OECD.
[5] OECD (2011), *"Tuning-AHELO Conceptual Framework of Expected and Desired Learning Outcomes in Economics,"* OECD Education Working Papers, No. 59, OECD Publishing.
[6] Council for Economic Education (2010), *Volunteer National Contents Standards in Economics, 2nd ed.*
[7] 中央教育審議会(2008)，「学士課程教育の構築に向けて(答申)」(平成20年12月24日)
[8] 大学基準協会(2004)，「経済学教育に関する基準」，(平成16年8月)

# 索 引

## あ行

アカデミック・フリーダム　5, 216
アクィナス　128, 129, 132, 139
アクティブラーニング　239
animal spirit　217
アブダクション　86, 90
アベノミクス　109, 145, 156, 158, 164-167, 197, 212
アリスタルコス　119
アルゴリズムの合理性　133, 142
アルバイト　238, 240, 244, 253, 254, 256, 261
ECTS（欧州単位互換・累積制度）　43
市川惇信　110, 115, 124
一般均衡理論　58, 83, 87
イノベーション　109-112, 120, 127, 137, 142
上からの近代化　228
AHELO（OECDの高等教育学習成果の評価）　22, 27, 36-41, 43, 44, 46, 52-54, 146, 268, 294-296
エージェント・ベース・コンピューティング　131
NCEE（アメリカ経済教育協議会）　15, 51
FD（Faculty Development）　72, 73, 238, 240

## か行

会計学　104-106, 113, 230
概念操作　111
価格調整　83, 89, 221
学習構造　215, 230, 231
学修者志向　41
学修成果／学習アウトカム（leaning outcomes）　26, 31, 37-39, 41, 44, 45, 52, 53, 74, 267, 268, 278, 281
学生参画型FD　240
確定していない真理　120
価値づけ　68
過労死防止法　263
希少資源の最適利用　14, 15
キャリア教育　55, 231, 244, 256-259, 263, 264

QAA（英国高等教育質保証機構）　22, 43-45, 51, 294-296
教育学, 規範的・社会的必要からの　225
教育学, 児童や生徒の認識を中心にした　225
教育機会　120
均衡理論　216, 217, 220, 221, 223
金融政策　145, 153, 155, 157-161, 164, 166, 167
クーン　114, 115, 118, 124
クルーグマン　115, 116, 118, 156, 163, 167, 209
車の両輪論　104
群衆行動　138
ケア・エコノミー　182
ケア労働（介護労働）　178, 185, 193
経営学　19, 20, 44, 65, 68, 103-106, 113, 227, 250, 259, 278
経験主義　228
経済学教育の一元化　120
経済学の多様性　4, 21-23, 29, 57, 59, 72, 79, 80, 121, 123, 145, 147-149, 151-153, 161-164, 174, 181, 213, 214, 216, 230, 243, 271, 292
経済学の定義　14, 21, 22, 26, 27, 57, 58, 79, 213, 244, 266, 269, 293, 296, 297, 299
経済学に固有の特性　28
経済学に固有の能力　31
経済教育学会が積み上げてきた年来の成果　229
経済的センス　223, 229
経世済民　126
系統主義　228
啓蒙思想の流れ　222
限定合理性　63, 65, 66, 132, 139, 152
限定合理的総合　130, 139
功利主義　23, 30, 130
合理的経済人　170, 175-177, 180, 214, 220, 227
合理的個人　96, 170
合理的選択　21, 213
国際標準　24, 25, 29, 37
国際フェミニスト経済学会　171, 172
古典派価値論　65, 117, 119
コペルニクス　119

索引　　303

## さ行

再生産理論　84, 88
再生産労働　179
最低賃金法　88
搾取　70, 93-97, 99-102, 221
三層モデル　84-86, 90
ジェネリックスキル　31, 73, 228, 238, 277, 294-296
ジェンダー　25, 170-174, 176, 177, 179-183, 193, 270
ジェンダー経済格差・差別　174, 176, 180, 270
市場の失敗　221
市場の調整機能　214, 216, 221
質的転換答申　234, 237
質保証／分野別質保証，大学教育の　3, 17-19, 22, 23, 26, 27, 36, 37, 44, 45, 51-54, 124, 146, 166, 196, 240, 243, 248, 257, 262, 264-266, 268, 269, 284, 287, 289-291, 294, 299-301
資本主義　33, 71, 72, 93, 95, 97, 99, 100, 101, 118, 129, 174, 202, 203, 205, 212, 244-246, 248, 274, 282
市民性　26, 33, 215, 267, 282, 283, 291
市民の教養　106, 107
社会・経済システム　125
社会保障　61, 155, 169, 170, 180, 181, 193, 260, 262
就職　55, 71, 103, 107, 169, 227, 244, 248, 250-254, 256-262, 264, 290
主流派経済学　57, 58, 61, 65, 66, 71, 73, 91, 92, 96, 99-102, 120, 126, 151, 161, 213, 214, 216, 218, 220, 244, 245, 246
純粋経済学　125, 126, 130-132, 135-139, 141, 142, 144
純粋な経済力　137
所得税　186, 262
所得分配　13-15, 48, 221, 222
神学的合理主義　126
進化経済学　4, 21, 76, 216, 223
新古典派　14, 21, 23, 37, 39, 59, 62, 64-66, 68, 69, 86, 87, 116-122, 142, 145, 150, 152, 153, 156, 159, 161, 170, 171, 174-177, 187-191, 193, 196, 202, 203, 217, 220

新古典派でない経済学　187-190
新トマス主義　129
数学教育　74
数量調整　221
スコラ学　127-130, 132-134, 139, 141, 142
生活経済テスト　13, 15
生産関数　39, 62, 83, 100, 217
生産量調整　117
生存権　56, 69
制度派経済学　185, 191, 203
生物学的研究　223
1960年代型日本システム　191, 192

## た行

大学基準協会　34
大学教育の職業的意義　55, 56, 57, 59, 60, 62, 64, 65, 72, 76, 77, 249, 258, 262
多元主義的な教育　120-122
男性稼ぎ主家族　190, 191
地域経済の不均等発展論　203, 210
地域政治経済システム論　210
地域内再投資力論　204, 210, 212
地球環境問題　246, 282
中教審答申　18, 233, 257, 258
中教審答申の中間まとめ　233, 234, 237
チューニング（調和化）　36, 41-44, 53, 54
中流意識の解体　226
賃金弾力性　185-187, 189, 192, 193
追体験　108, 112, 120
デフレ　145, 153-159, 161, 163-167, 180
投資行動　217
土台・上部構造論　98
トロウ　237
トロピカル幾何学　131

## な行

内発的発展論　204, 206, 210
日本的雇用慣行　191
日本フェミニスト経済学会　22, 23, 172
能力（学力）の競争　226

## は行

パートタイム労働者　192, 193
パート労働者　185, 186, 188-193
橋本メソッド　239
パラダイム　108, 110, 114-120, 122, 123
反証可能性　80-82
非正規雇用　155, 226, 248, 253, 254
非市場労働　177, 179, 180
103万円・130万円の壁　186-189, 191, 192
平等な所得分配　14
フィールドワーク　32, 196, 206-210, 212, 231, 238, 280
フェミニスト経済学　4, 171-178, 180, 181, 183
複雑系選択理論　132
二つの経済学　116
物理法則の援用　223
フリードマン　82, 163
フルコスト原理　117
ブレークスル　110-112, 115, 120, 121, 123, 124
ベンチマーク　44-46, 50-52
法解釈　111, 123
ポスト・ケインジアン　151, 152, 156, 221
ボロニヤ・プロセス　41-44, 52

## ま行

マーシャル　79, 117, 297
学びの主権者　241, 242
マルクス経済学　21, 23, 24, 57, 58, 69, 71, 73, 76, 77, 91, 93, 96, 98-102, 116, 117, 122, 150-153, 156, 163, 164, 187, 190, 191, 193, 216, 217, 222, 230
マルクスの基本定理　95, 96
モデル化／モデル構築　28, 34, 47, 50, 275, 284

## や行

要素還元主義　28

## ら行

ラカトシュ　82, 85
楽ティブラーニング　239
リフレ派　155-161, 164
リベラル・アーツ教育　35, 125, 143
ルーカス批判　86
歴史的・制度的アプローチ　29, 79, 147, 243, 271
労働価値説　117
労働供給　185-192
労働時間　62, 172, 193, 246, 247, 252, 256, 260, 262, 263
労働知識　243, 244, 256, 259, 262, 263
労働力の窮迫販売　187, 190, 191
ロビンズ　14, 21, 22, 79, 213
論理的体系性　112

## わ

ワールド・エコノミクス・アソシエーション（WEA）　53